이종기 교수의 술 이야기

술 을 알 면 세 상 이 즐 겁 다

이종기 교수의
술이야기

이종기 지음

다훈미디어

머리말

―

 술을 테마로 한 여행은 언제나 즐겁다. 유럽의 와인 투어를 비롯해 일본의 사케 투어, 스코틀랜드의 위스키 투어, 중국의 백주 투어 등의 여로에는 그 지역의 독특한 자연 환경과 술의 장인들이 창조해 낸 이야기가 여행객을 반기기 때문이다. 유명한 술 산지에는 수많은 양조장이 수준 높은 공동의 이미지를 창출하면서도 개별적으로 특이성을 지니며 농업과 관광업을 떠받들며 클러스터를 형성하고 있다. 양조업은 그 지역의 가장 오래된 산업이며 역사이다.

 필자는 몇 년 전 세계 와인 문화 원형 콘텐츠 사업의 자문역을 맡으면서 유럽의 와이너리 수 십 군데를 한 번에 돌아본 적이 있다. 굴지의 와이너리에 종사하는 와인 전문가들과 산지의 특성을 살펴보며 많은 생각을 했다. 중세 르네상스를 주도했던 도시 피렌체에 있는 안티노리 가문은 키안티 와인의 대부로서 1,000년이라는 긴 세월 동안 와이너리를 지키며 최고급 와인을 생산하고 있다. 현존하는 안티노리 종가는 1385년에 지어졌으며 현재는 안티노리 궁으로 불리고 있다. 로마 시대에 건설된 피에몬테 지방의 바롤로, 바르바레스코 와이너리에서는 로마의 후손들이 2,000년 이상 와인을 만들고 있으니 포도 재배 기술과 와인 품평 능력은 가히 그들의 DNA에 새겨져 세대를 이어 오는 것 같았다.

보르도의 고도 생떼밀리옹 외곽에 자리 잡은 샤토 슈발 블랑을 방문했을 때의 충격은 아직도 생생하다. 슈발 블랑의 제조 책임자는 30대 후반의 청년이었다. 이토록 젊은 사람이 어떻게 이런 최고급 와이너리 책임자가 될 수 있었을지 눈을 의심하지 않을 수 없었다. 필자는 그에게 어디서 와인 제조술을 배웠냐고 물었다. 그는 한쪽을 가리켰는데 바로 샤토 페트뤼였다. 자기 아버지가 그 유명한 샤토 페트뤼의 와인 메이커였던 것이다. 그는 아장아장 걸을 때부터 아버지를 따라 포도원과 와이너리의 모든 것을 체득했다. 나는 이때부터 떼르와terroir를 논할 때 사람을 떼놓고 설명할 수 없다고 느꼈다. 떼르와란 지형과 국지적 기후 그리고 토양, 이런 자연적 요소에 사람의 재배 방법과 장인 정신 및 열정 그리고 명주를 평가하고 소비하는 소비자들의 전통과 문화의 총화인 것이다.

지난 2005년 필자는 충주 탄금호 자락에 세계 술 문화 박물관 리쿼리움을 건립했다. 술 마시기 좋아하더니 술 제조 기술, 술 관련 유물, 술 이야기에 파묻혀 헤어나지 못하는 꼴이란 스스로 생각해봐도 가관이다. 그러나 1909년 일제의 주세령 시기부터 3대가 단절된 한국의 술과 술문화를 고양시키기 위해서는 갈 길이 멀기만 하다. 리쿼리움을 건립하고 운영하면서 한국의 음주문화가 얼마나 낙후됐는지 뼈저리게 느끼곤 한다. 오묘한 빛깔, 향기와 감칠맛이 오관을 즐겁게 하는 술자리에서 재미있는 술 이야기가 꽃피는 음주문화로 살맛나는 세상을 여는 데 일조하고 싶은 마음이다.

이 책을 수정 보완하여 다시 내면서 독자들이 술에 대해 바르게 알고 한국에 건전한 음주 문화가 더 널리 보급되기 바란다. 또한 세계의 명주를 이해하면서 한국의 술 산업이 농업과 관광업을 부양하는 산업으로 부흥하기를 기원한다.

끝으로 리쿼리움을 운영하며 문화의 전도사로서 온갖 어려움을 감내하는 아내 김종애 관장과 늘 바른 문화 보급에 열정을 다하는 다할미디어 김영애 대표께 감사드린다.

2009년 12월

이종기

차 례

머리말   5

1장 술의 세계
1ᅵ 전설로 본 술의 기원   15
2ᅵ 인류의 역사보다 긴 술의 역사   21
3ᅵ 술의 종류   32
4ᅵ 술의 맛과 향기   36
[더 읽어보기] 술잔의 세계   46

2장 태양의 딸 와인
1ᅵ 와인의 역사   51
2ᅵ 와인의 종류   66
3ᅵ 와인과 라벨   117
4ᅵ 와인과 테이블 매너   123
[더 읽어보기] 요리와 함께하는 와인   132

3장 세계인의 음료 맥주
1ㅣ 맥주의 탄생과 제조   137
2ㅣ 유럽의 맥주   149
3ㅣ 맥주 즐기는 법   165
[더 읽어보기] 맥주 전쟁   168

4장 생명의 물 위스키
1ㅣ 위스키의 탄생과 숙성   173
2ㅣ 위스키의 종류   178
[더 읽어보기] 한국인을 위한 맛과 향, 골든 블루   196
3ㅣ 세계의 유명 위스키   198

5장 연금술의 술 브랜디
1ㅣ 브랜디의 이름   219
2ㅣ 꼬냑의 유명 브랜디   224
[더 읽어보기] 노르망디인들과 칼바도스   234

6장 다양한 증류주
1. 이뇨제용으로 제조된 진 — 239
2. 무색, 무미, 무취의 술 보드카 — 242
3. 태양과 정열의 술 럼 — 248
4. 사막의 술 테킬라 — 251
5. 액체의 보석 리큐르 — 255

7장 한국의 술
1. 우리나라 술 이야기 — 263
2. 한국의 절기주 — 270
3. 한국의 전통주 — 275
  [더 읽어보기] 손쉽게 만드는 다양한 침출주 — 286

8장 중국의 술
1. 중국 술의 역사 — 291
2. 서민들의 술 황주 — 294
3. 중국의 증류주 고량백주 — 296
4. 중국의 8대 명주 — 299

9장 일본의 술
1ㅣ 일본 술의 역사　　　　　　　　　　　　　　　　311
2ㅣ 일본 술의 종류　　　　　　　　　　　　　　　　316
　[더 읽어보기] 일본의 명주 사케　　　　　　　　　324

10장 토속주 이야기
1ㅣ 세계의 토속주　　　　　　　　　　　　　　　　329

1장

술의 세계

1
전설로 본 술의 기원

노아의 만취

흰 수염이 성성한 노아의 얼굴이 취기로 불그레 달아올랐다. 저 멀리 아라라트산 정상으로부터 신의 음성이 또렷하게 들려왔다.

> 노아야 너의 마음속에 늘 지금과 같은 믿음을 간직하거라. 네게 어떠한 사악함도 깃들지 않도록 모든 것을 벗어버려라. 그리고 신의 피를 통하여 부활하는 신성을 마음껏 향유하여라…….

노아는 옷을 벗기 시작했다. 노아의 마음은 신에 대한 경외심으로 가득 차올랐다. 이윽고 벌거숭이가 된 노아는 더욱 경건하게 와인잔을 두 손으로 떠받들고 하늘에 고했다.

만물의 창조주인 신이시여. 저, 노아는 신의 은총으로 이 포도주를 마시나이다. 이 포도주를 마시는 것은 당신께 가까이 가려 함입니다…….

노아는 일찍이 신으로부터 가장 선한 인간으로 점지됐다. 아담과 이브의 실낙원 이래 인간 세계는 타락으로 치달았다. 이에 노한 신은 물의 심판을 내리기로 작정하고 노아로 하여금 방주를 준비하도록 했다. 노아는 120년에 걸쳐 배를 만들었다. 신의 지시에 따라 각종 동물을 한 쌍씩 선정하고 온갖 식물의 씨앗을 배에 실었다. 마지막으로 노아의 아내와 세 아들 부부를 태우자 비가 쏟아지기 시작했다. 150일 동안 쉬지 않고 내린 비로 세상은 온통 물바다가 됐다. 노아의 방주에 실린 선택된 생물만 살아남았을 뿐 땅덩이는 태초와 다를 바 없는 모습으로 변해 버렸다. 홍수가 끝나고 노아의 방주가 기착한 곳은 아르메니아의 아라라트산 기슭이었다.

노아는 신께 무슨 제물을 드릴까 궁리에 궁리를 거듭했다. 그는 대홍수 이전에 매년 추수 감사제에 포도주를 제물로 썼던 기억을 떠올렸다. 가을에 수확이 끝나면 포도 덩굴은 죽어버린다. 그러나 봄이 되면 대지에 다시 움이 돋고 포도 덩굴은 부활한다. 가을에 포도 덩굴을 자르면 수액이 솟아나는데

흑해 연안의 터키와 아르메니아의 국경이 있는 아라라트산에는 노아의 방주가 기착했다는 전설이 있다.

사람들은 이를 인간의 피에 비유했다. 노아의 족속들은 이것이 신의 부활의 상징이라고 믿었다. 더욱이 포도로 빚은 포도주는 썩지도 않으며 그것을 마시면 배탈도 나지 않았다. 그 묘한 액체는 온갖 괴로움을 잠재워주었고, 때로 신의 음성을 들려주기도 했다. 노아는 포도원을 만들고 거기서 수확한 포도로 포도주를 담갔다. 포도주가 익어 신께 제를 올리면서 노아는 한 잔 한 잔 거듭해서 포도주를 들이켰다. 지난 120년간의 생활이 머릿속에 파노라마처럼 펼쳐졌다. 신에게 구원을 받은 기쁨과 안도감이 온몸을 휩쌌다. 곧이어 신의 심판을 받은 무리들이 홍수 속에서 아비규환을 이루던 풍경도 떠올랐다. 노아는 대취하여 그 자리에서 잠이 들었다.

　노아에게는 세 아들이 있었는데 둘째 아들 함은 아버지의 벌거벗은 모습을 보고 부끄러워했다. 장자인 셈과 셋째인 야벳은 뒷걸음질로 다가가 그에게 옷을 덮어 주었는데 나중에 술에서 깨어난 노아는 자기의 벌거벗은 모습을 본 함에게 벌을 주었다. 술에서 깨어나자 다시 인간의 모습으로 돌아온 것일까? 희고 검은 양면을 가진 술의 세계가 이렇게 하여 인류 앞에 펼쳐지게 된 것이다.

신화에 나타난 술의 세계

그리스 신화에서 제우스의 아들 디오니소스로 등장하는 바커스는 각지를 두루 다니면서 사람들에게 포도 재배 방법과 함께 와인 마시는 즐거움을 가르쳐 주었다. 바커스는 원래 트리키아의 산에서 식물과 동물의 생명과 대지의 풍요를 관장하는 신이었다.

　그는 어느 날 바다를 건너 표연히 방랑길에 올랐다. 아티카의 마을에 도착한 바커스는 사람들에게 포도 재배와 와인 제조법을 가르친 다음 함께 와인을

손잡이가 둘 달린 그리스 시대 와인 컵. 바커스를 납치한 해적들을 돌고래로 둔갑시킨 신화의 내용을 새겼다.

마시고 축제를 벌였다.

이때부터 그는 주신酒神으로 추앙을 받게 된다. 그를 따르는 여인들을 박카이라고 불렀는데 박카이들은 저녁이 되면 와인을 흠뻑 마시고 대취하여 횃불을 들고 산과 들을 배회하다가 짐승을 만나면 그 자리에서 죽여버리곤 했다. 박카이들이 머물며 춤추다 간 자리에서 꿀과 와인이 솟아났으므로 사람들은 그들을 쫓아다녔다.

미켈란젤로 메르시 (카라바지오)가 그린 주신 바커스

한편 바커스의 입국을 거부한 테베의 국왕 펜테우스는 그 벌로 곰이 되어 박카이들에게 죽임을 당했다. 후세의 주당酒黨들은 와인을 거부하는 자의 말로가 어떤 것인가를 보여주는 주신의 경고 메시지라고 이를 해석한다.

예나 지금이나 사람들은 어느 정도 자기의 속마음을 감추고 살아가는 모양이다. 그리스인들은 사람들이 술을 마시면 바커스의 조종을 받아 자신의 마음속에 있는 진실을 밝힌다고 믿고 있다. 이른바 '인 비노 베리타스In Vino Veritas(술 속에 진리가 있다는 의미의 라틴어)', 즉 취중진정발醉中眞情發의 효시라 하겠다.

이러한 신화들은 포도의 원산지가 중앙아시아이며, 그곳에서부터 그리스와 지중해 연안으로 퍼져 나갔다는 식물학자들의 학설을 뒷받침하고 있다. 와인 제조법의 전파 경로 역시 이와 다르지 않을 것이다.

우리나라에도 술에 관련된 신화나 전설이 있다. 하루는 천제의 아들 해모수가 지상에 내려와 놀다가 연못가에서 물의 신인 하백의 세 딸을 만난다. 그들의 미모에 반해 사랑에 빠진 해모수는 마음을 사로잡기 위해 술을 권한다. 기꺼이 그 술을 받아 마신 큰딸 유화는 술에 취해 수궁으로 돌아가기를 거부했다. 마침내 해모수와 하룻밤의 달콤한 사랑을 나눈 유화는 열 달 후, 커다란 알을 낳았는데 그 알 속에서 나온 것이 고구려를 건국한 동명성왕, 주몽이다.

중국에서는 하 나라의 시조인 우 임금의 딸 의적이 처음으로 곡주를 빚었다고 전해져 온다. 우 임금은 순 임금에게서 왕위를 선양 받은 어진 인물로서 오늘날 군주의 이상형으로 간주되고 있다. 의적은 누룩을 써서 술을 만들었다. 우 임금은 딸이 정성스레 빚은 술을 마시고 그 맛과 취기에 감탄했다. 그러나 그는 후세에 술 좋아하는 사람들이 많아지면 나라가 망할 수도 있다고 걱정하면서 의적에게 술을 자주 만들지 말라고 주의를 주었다.

수백 년 후 우 임금이 우려했던 대로 하 나라의 마지막 왕인 걸은 너무나도 주색을 즐긴 나머지 주지육림酒池肉林의 설화를 남긴 채 은 나라에게 망하고 말았다.

> # 2
>
> # 인류의 역사보다 긴
> # 술의 역사

이러한 전설들을 보면 아무래도 술꾼들에게는 신과 통하는 무엇이 있었던 모양이다. 이미 전설 속에 술이 등장하는 것을 보면 술이 생성된 시기는 인류가 출현하기 이전이었을 것으로 짐작된다. 사실상 술은 자연발생적으로 생겨난 것으로 보인다.

 태고적 원시림의 과일나무 밑에 조그만 웅덩이가 하나 있었다. 무르익은 과일이 하나 둘 떨어져 웅덩이에 쌓였고, 과일들이 문드러지면서 과즙이 고였다. 여기에 나뭇잎이 떨어져 웅덩이를 덮었다. 그러면서 효모가 번식하게 됐고, 마침내 발효가 일어났다. 효모는 과일껍질이나 흙과 물, 그리고 공기 중의 어디에나 있는 것. 효모에 의해 알코올 발효가 일어나 술이 빚어졌다. 주변의 동물들은 마른 목을 축이느라 웅덩이에 고인 물을 마셨다. 영리한 원숭이들도 우연히 이 물을 마시고는 황홀감에 도취됐다. 그 맛을 잊지 못한 원숭이들은 나무 밑둥치나 바위의 움푹 파인 곳에 과일을 담아 술을 만들었다. 일본의 철학자인 시미즈는 젊은 시절 산 속에서 수도를 하다가 원숭이와 사귀게 됐다. 하루는 원숭이를 따라갔다가 원숭이들이 바위틈에 과일 등을 넣고 술을 만들어 마시며 노는 것을 보았다.

고대 수렵시대의 사람들은 이와 같은 방식으로 과실주를 만들었을 것이고, 유목시대에는 가축의 젖을 자연 발효시켜 젖술을 만들기도 했다. 농경시대에 접어들면서 인류는 곡물을 이용하여 술을 만들게 됐다.

그렇다면 농경시대의 사람들은 곡물을 어떻게 당화(糖化)시켰을까? 가장 원시적인 당화법은 입으로 씹는 방법이었을 것이다. 실제로 누룩을 만들어 당화하는 방법이 사용되기 이전에는 곡물을 입으로 씹어서 술을 빚는 방법이 널리 이용됐다고 한다. 이런 원시적인 방법은 지금도 아프리카, 남태평양 군도 등에서 발견된다고 한다. 고대 중국에서도 예쁜 처녀들로 하여금 쌀밥을 씹게 하여 당화

고대 그리스 항아리에 새겨져 있는 **포도주 제조 그림**

시킨 후 빚었다는 '미인주'에 관한 기록이 있다. 마치 어미가 음식을 씹어서 아기에게 먹이는 것과 같은 방식이다. 술을 만들기 위해 이런 일도 있었다니 우리로서는 상상하기 어렵다. 과연 미인주는 술꾼들이 낳은 악취미의 소산이었을까, 아니면 여성들의 정성의 표시였을까? 도대체 술꾼들은 누구의 후예일까? 진실을 토로하기 위해 신의 힘을 빌어야 했던 바커스의 추종자인가, 아니면 모방하기를 좋아하는 원숭이들의 후예인가?

어쨌거나 그들은 오늘날까지도 황홀한 신성神性을 흉내 내기 위하여 음주를 즐기고 있다. 그러나 이러한 전설들은 술이 인간에게 즐거움을 주고 인간 사이의 벽을 허물어 주기도 하지만, 과용하면 큰 해악을 끼칠 수도 있다는 점도 일깨워주고 있다.

인류 최초의 알코올 발효

메소포타미아 문명의 발상지인 티그리스강 유역에는 고대 수메르인의 유적지가 있다. 여기서 발견된 B.C. 4500년경의 점토판에는 사람들이 포도주를 양조한 기록이 나타나 있다.

고고학자들에 따르면 와인의 제조는 B.C. 6000년경부터 시작된 것으로 추정된다. B.C. 1300년경 고대 이집트 람세스 왕의 무덤에는 포도 재배와 와인 제조에 관한 프레스코화가 있다. 이것으로 미루어 와인 제조 방법은

고대 이집트 벽화에 나타난 포도재배 및 포도주 양조 과정. 이 벽화를 통해 당시에 이미 포도원을 조성해서 포도를 재배하고 채취했다는 것을 알 수 있다. 또한 포도주를 담아 발효, 저장, 숙성시켰던 그릇 '암포라'를 사용했다는 것과 나일 강에서 와인 교역이 이루어졌다는 것도 읽을 수 있다. 당시 왕과 귀족들이 포도주를 즐겨, 그들에게 진상하는 와인 제조 과정으로 이해한다. 이 벽화는 영국 대영박물관에 소장돼 있다.

바빌론 지방에서 이집트를 거쳐 그리스, 로마로 전파됐음을 알 수 있다.

알코올 발효는 효모가 당을 섭취하여 알코올과 이산화탄소 및 물로 분해하는 것을 말한다. 알코올 발효가 일어나려면 다음과 같은 조건이 맞아야 한다. 첫째는 효모가 이용할 수 있는 당이 풍부해야 한다. 둘째는 산소 공급이 차단되

어야 한다는 점이다. 산소가 공급되면 효모는 당을 생활 에너지로 사용하면서 증식을 계속하게 되며, 산소가 없는 상태에서만 알코올 발효를 일으키기 때문이다. 셋째는 적정한 온도(5~25°C)를 맞춰줘야 한다는 점이다. 인류가 이 세 가지 조건을 발견하는 데만도 수만 년은 족히 걸렸을 것이다. 효모는 자연 상태에서 어디에나 존재하므로 포도즙(포도당)을 넣고 밀폐한 다음 따뜻하게 해주는 것만으로 신비스러운 와인을 얻을 수 있었을 것이다.

당화 기술의 발달

인류가 곡물을 이용하여 처음으로 술을 빚은 것은 B.C. 4000년경으로 추정된다. 곡물에 들어 있는 전분을 효모가 직접 이용할 수는 없다. 당화하는 과정이 선행돼야만 한다. 인류가 포도주를 제조한 이래로 곡물을 당화하여 술을 빚는 기술을 발견하기까지는 약 2,000년이 소요됐다. 이러한 당화 방법의 발견은 양조 기술의 발달사에서 획기적인 전환점이 됐다.

당은 식물의 엽록소에서 태양에너지를 받아 탄소동화작용을 통해 생성된 탄소원자 6개와 수소원자 12개, 그리고 산소원자 6개로 구성되는 기본적인 6탄당($C_6H_{12}O_6$, 이것을 단당이라 한다)을 말한다. 단당單糖은 구조에 따라 여러 가지가 있는데 그중에서 대표적인 것이 포도당이다. 포도 등의 과즙에는 당이 단당 형태로 존재하고 있다. 그러나 대부분의 식물은 당을 변형하여 사용하거나 저장한다. 곡물의 씨앗이나 감자 등의 뿌리에 저장된 전분은 단당이 수백만 개씩 결합된 것이다. 이러한 전분을 잘게 쪼개서 당으로 분리하는 작용이 당화이다. 즉 전분과 당의 관계를 크기로 비교한다면 야구장과 야구공의 관계 정도로 비유할 수 있지 않을까 싶다.

당화 방법은 크게 두 가지로 나눌 수 있다. 하나는 보리나 수수가 발아할 때 생성되는 당화 효소를 이용하는 방법으로 서양에서 맥주를 제조할 때 사용되는 방법이다. 다른 하나는 곰팡이가 자라면서 발생시키는 당화 효소를 이용하는 방법으로 중국의 황주나 우리나라와 일본의 청주를 제조할 때 사용되는 방법이다. 서양의 맥아와 동양의 누룩이 술도가의 신주단지처럼 여겨졌던 것은 바로 이 때문이다.

증류 기술의 전파

일찍이 아라비아 지역의 연금술사들은 새로운 물질을 만들기 위해 온갖 실험을 다했다. 그들은 와인과 맥주를 증류시켜 새로운 액체를 만들었는데 이 액체는 마시면 기분이 황홀해지고, 상처에 바르면 소독이 되는 마치 생명수와도 같은 것이었다.

증류란 양조주를 가열하여 먼저 증발하는 알코올 성분을 응축시켜서 농축하는 과정을 말한다. 알코올은 친수성이므로 물에 잘 녹아 있다. 그러나 알코올의 끓는 온도는 78°C로 물의 끓는 온도 100°C보다 훨씬 낮다. 한편 증기 상태의 알코올은 차가운 면에 닿으면 쉽게 응결되는 성질을 지니고 있다. 사람들

중세 단식 증류기

중국식 증류기

은 이 두 가지 사실을 발견하고는 질그릇이나 동으로 증류기(고리)를 만들었다.

　동서양의 문물은 전쟁과 무역을 통하여 상호 교환됐다. 12세기 십자군 운동에 참여했던 수사들은 알코올 증류 기술을 터득하여 본국으로 돌아갔다. 프랑스로 돌아간 이들은 와인을 증류하여 브랜디를 만들었고, 스코틀랜드와 아일랜드로 돌아간 사람들은 위스키를 만들었다. 비슷한 시기에 아라비아의 증류 기술은 실크로드를 타고 중국과 한국으로 전파됐다.

　18세기 들어 위스키나 브랜디가 대량으로 제조되기 이전의 증류기는 동서양을 막론하고 거의 같은 모양을 하고 있었다. 우리나라의 민속 박물관에서 볼 수 있는 조선시대 말기의 동고리나 스코틀랜드의 위스키 박물관에서 볼 수 있는 17~18세기의 증류기가 거의 동일한 형태를 갖추고 있는 것은 그 원산지가 동일하다는 사실을 보여주는 것이다.

과학의 발전과 양조 기술의 발달

인류는 수천 년 동안의 경험을 통해 용케도 술을 빚어왔다. 그러나 19세기에 들어와 파스퇴르가 니이담의 자연발생설을 뒤엎는 실험을 하기 전까지는 아무도 알코올을 만들어내는 참 일꾼이 효모라는 사실을 알지 못했다. 그의 실험은 지극히 간단한 것이었다. 그는 두 개의 유리 플라스크에 맥즙을 넣고 밀봉한 다음 하나는 끓이고 다른 하나는 끓이지 않은 채로 따뜻한 곳에 두었다.

이때 끓이지 않은 쪽에서는 발효가 일어났으나 끓인 쪽에서는 전혀 변화가 없었다. 이 실험을 통해 그는 끓인 쪽에 발효가 일어나지 않은 것은 발효를 일으키는 어떤 존재가 사멸했기 때문이라는 사실을 증명했다. 이 실험을 통해 미생물이 존재한다는 사실을 규명한 파스퇴르는 현미경을 발명하여 발효를 일으키는 매개체가 효모라는 것을 밝혀냈다. 19세기 초반의 이 간단한 실험은 미생물학 발달사에서 하나의 금자탑으로 간주되고 있다.

효모는 먹이인 당이 있고, 산소가 풍부하며, 적정한 온도가 유지되는 곳에서 약 20분마다 2배로 증식한다. 그러나 효모는 밀폐된 공간에서 산소가 다 소비된 이후에만 비로소 알코올 발효를 일으키기 시작한다. 다시 말하면 알코올 발효는 산소가 부족한 상태에서 효모가 생명을 연장하는 방법으로, 이 발효는 당이 다 소진될 때까지 지속된다. 효모가 알코올 발효를 일으킬 때 당이 에틸알코올로 변하는 양은 효모의 양이나 온도, 산소량 등에 따라 정해지기 때문에 이러한 조건들을 적절히 조정함으로써 생산수율을 향상시킬 수 있다.

한편 양조 기술자들은 술의 품질이 알코올 발효 시에 부산물로 생성되는 300여 가지의 미량 성분에 좌우된다는 사실을 밝혀냈다. 오늘날의 양조 과정에서는 술의 향과 맛에 영향을 주는 미량 성분들을 적절히 조정함으로써 술의 품질을 관리하고 있다.

19세기 중엽 연속식 증류기가 발명된 이래, 세계 각지에는 다양한 원료를 이용한 여러 가지 증류주가 개발됐다. 또한 각종 화학적 분석 방법이 개발되면서 숙성에 관한 품질 관리 기술이 발전하기 시작했다. 오늘날의 양조에서는 효모의 품종 개발, 원료의 처리, 제품의 균일성 유지, 경제적 수율관리에 이르기까지 미생물학, 양조용 기계의 제작, 그리고 자동 제어 기술 등 모든 산업기술이 총망라되어 응용되고 있다.

포장 기술

10세기 중엽 유리병이 대량 생산되기 이전까지 대부분의 술은 배럴 등의 대형 용기(벌크)에 담겨서 유통됐다. 예로부터 많이 사용되어 온 것은 50리터, 100리터, 180리터 등의 목제통이었다. 물론 소용량의 도자기는 나무통보다 더 오랜 역사를 지니고 있으나, 술의 포장 용기로서는 지나치게 고가이고 다루기도 어려웠으므로 상업적으로는 거의 이용되지 않았다. 대형용기가 어떻게 사용됐는지는 오늘날 20~50리터의 생맥주나 막걸리 유통과정을 보면 쉽게 알 수 있다.

1970년대만 하더라도 우리나라에서는 커다란 독에서 막걸리를 사발로 퍼서 마셨다. 생맥주의 경우도 세계적으로 공히 커다란 알루미늄이나 스테인리스 통에 담겨서 각 업소로 배달되고 각 업소에서 잔에 따라 판매하는 형태로 유통되고 있다.

유리병은 고대부터 사용되기는 했으나 기계적으로 대량 생산되기 이전에는 도자기와 같이 가격이 매우 비싼 고급 용기였다. 그러나 19세기 중엽부터는 저가로 대량 생산되기 시작하여 주류의 포장 용기로 각광을 받게 됐다. 경제적으로 소포장이 가능해지자 병이나 상표, 병마개 등의 디자인이 제품의 판매에 막대한 영향을 미치게 됐다. 우리 속담에도 있듯이 '같은 값이면 다홍치마'는 동서고금을 막론하고 통하는 진리가 아닌가. 포장 용기가 대량 생산되기 이전에 특별히 제작된 용기 가운데는 예술적인 가치가 높은 것이 매우 많았다. 수제품이므로 동일한 것이 거의 없었을 것이다.

기계로 대량 생산되는 용기에 예술적 변화를 주는 데는 한계가 있게 마련이다. 그런 연유로 맥주 등의 저가 제품들은 비교적 디자인이 단순하지만, 위스키나 브랜디 등의 고가 제품의 경우는 다양한 예술적 디자인이 포장에 채택되어 많은 술들이 장식용으로도 사용되고 있다. 20세기 중반부터는 알루미늄 캔이 실용화되어 맥주 포장에 사용되고 있으며, 최근에는 플라스틱이나 종이 재질까지도 주류 포장에 사용되고 있다.

이러한 용기의 발전뿐만 아니라 술을 용기에 주입하거나 마개를 덮고 상표를 붙이는 기계들도 발전을 거듭하여 다양한 디자인의 제품을 쏟아 내고 있다.

3

술의 종류

술은 기본적으로 에틸알코올을 함유하고 있는 음료이다. 그러나 많은 의약품이나 청량음료에도 소량의 에틸알코올이 혼입되어 있으므로 편의상 이들 제품과 구분하기 위해, 술은 알코올 함량이 1% 이상인 음료라고 정의하고 있다.

술에는 수백 가지 성분이 들어 있으나 일반적으로는 물과 에틸알코올을 주성분으로 한다. 당분이 많이 함유된 리큐르를 제외하고는 대부분 술에 함유된 물과 에틸알코올 이외의 성분들은 모두 합쳐 봐야 0.1% 미만이다. 따라서 술을 알코올이라고 하는 경우도 많다.

알코올은 무색 무미이며 휘발성이 있는 액체로서 강력한 독성을 지니고 있다. 알코올 농도가 13%에 이르면 대부분의 미생물은 활성을 잃게 되고,

20% 이상의 알코올 농도에서는 사멸하게 된다. 70%의 알코올은 상처의 소독약으로 사용된다. 알코올은 사람이 마시는 경우 진정제로 작용하기도 한다. 알코올이 지닌 이런 특성으로 인해, 술은 쉽게 오염되지 않는 고급 음료로 애용돼 왔다.

술은 제조 방법이나 생산 지역에 따라 다양하게 구분된다. 그러나 통상적 분류법인 제조 방법에 의한 분류에 따르면 술은 다음의 세 가지로 구분된다. 첫째 과일이나 곡물을 효모로 발효시킨 양조주(Fermented Liquor)이며, 둘째는 양조주를 재차 증류한 증류주(Distilled Liquor), 셋째로는 증류주에 기타의 여러 가지 성분을 혼합한 혼성주(Compounded Liquor)이다.

양조주

과일주　과즙을 천연 발효시켜 숙성 여과한 술. 과일 자체의 향미가 술의 품질에 많은 영향을 준다. (이하 괄호 안은 원료를 나타냄)
와인(포도), 사이다(사과), 발포성 와인(샴페인을 말한다. 포도)

곡물주　곡물을 당화하여 효모로 발효시킨 술. 당화 효소를 내는 미생물과 효모의 종류에 따라 품질이 달라진다.
맥주(보리), 황주(쌀 · 수수), 막걸리(옥수수 · 밀 · 쌀)

기타 식물의 수액, 줄기, 뿌리 등을 원료로 하는 술

야자주(야자나무 수액), 팔케(용설란 수액)

증류주

위스키 곡물을 발효시켜 만든 양조주를 다시 증류하여 숙성시킨 술

몰트 위스키 보리를 싹 틔워 만든 맥아로만 만든 위스키

그레인 위스키 옥수수, 보리 등의 곡물로 만든 위스키

블렌디드 위스키 몰트 위스키와 그레인 위스키를 혼합하여 만든 위스키

브랜디 와인이나 사이다(사과주)를 증류하여 숙성시킨 술

포도 브랜디 꼬냑과 아르마냑 등

사과 브랜디 칼바도스 등

진 주정에 주니퍼 베리, 코리안더, 계피 등의 향료 식물을 침출시켜 증류하거나 주정에 향료 식물의 엑기스를 첨가한 술

럼 사탕수수의 당밀을 발효시켜서 증류한 술

보드카 옥수수, 감자 등의 전분질을 발효, 증류하여 만든 것을 활성탄으로 여과한 무색, 무취, 무미의 술

테킬라 용설란 수액을 발효, 증류시켜 만든 술

백주 수수, 조, 쌀 등의 곡물을 발효, 증류시켜서 도자기에 저장하여 숙성시킨 중국의 전통 증류주

소주 주정을 희석하고 조미료를 첨가한 한국과 일본의 증류주

혼성주

양조주와 증류주를 혼합하거나 증류주에 향료 식물이나 과즙 등을 섞은 술이다.

강화 와인 와인과 브랜디를 섞어 알코올 도수를 높인 술
셰리, 베르무트, 포트

칵테일 양조주나 증류주에 다양한 음료나 과일을 섞은 술

4

술의 맛과 향기

술의 숙성 기간

1970년대만 해도 시골에서는 집안의 대소사 때 쓸 술을 직접 담가 마시는 것이 흔했다. 때문에 명절이나 제사 또는 혼사나 회갑연에 쓸 술을 담그기 위해서는 보통 한 달 전부터 준비를 해야 했다.

술독에 술을 담근 후부터 마실 수 있게 될 때까지 걸린 기간을 술의 숙성 기간이라고 한다면 이런 가용주들의 나이는 기껏해야 한 달 정도일 것이다.

인삼, 모과 등의 약재를 소주에 담근 침출주의 나이는 저장 기간에 따라 몇 년이 될 수도 있다. 귀한 손님을 대접할 때 술병을 꺼내 놓고 "이 술, 삼 년

묵은 거야." 하면서 자랑하는 모습을 흔히 볼 수 있었다. 한편 소주(증류주) 제조법이 발명된 이후의 고분에서 나온 술이나, 밀조꾼들이 동굴에 감춰 놓았다가 나중에 발견된 술 중에는 숙성기간이 수백 년에 이르는 것도 있다.

증류주가 나오기 이전에는 술이 오래 묵으면 썩어서 겨울철에는 3~4개월 정도 저장할 수는 있지만 무더운 여름철에는 기껏해야 2~3일밖에 보관할 수 없었다. 일반적으로 알코올 농도가 13% 이하일 때 미생물이 번식할 수 있다. 특히 초산균이나 젖산균이 번식하여 소위 식초가 되어버리는 경우가 비일비재했다. 따라서 오래된 술이 귀할 수밖에 없었다.

오래된 술을 귀하게 여긴 또 하나의 이유는 술을 썩히지 않고 오래 묵히면 향이 좋아지고 맛이 부드러워지기 때문이다. 술의 원천인 알코올 발효 시에는 메틸알코올, 아세트알데히드, 에틸에스테르와 같은 미량의 성분들도 함께 만들어진다.

알코올 발효가 어느 정도 진행된 후에 온도를 낮추어 발효를 서서히 진행시키면 술의 향미가 좋아진다. '술이 익는다' 라는 말은 바로 이러한 현상을 일컫는 것이다. 증류주는 목통에 저장해서 숙성시키는데 이 숙성기간을 주령 酒齡이라고 한다.

위스키나 브랜디는 오크통에서 숙성된다. 숙성을 하면 우선 통에서 색이 우러난다. 보통 오크통을 새로 만들면 내부를 불로 그을려 태운다. 오크통의 두께는 3cm인데 그을리는 부분의 두께는 2~3mm 정도이다. 그을린 오크통 내부의 표피는 미세한 숯 알갱이와 그을린 조각들로 변화된다.

술병과 술독

애주가들은 술을 담는 그릇에도 정성을 쏟았으니 수천 년 전의 묘지에서도 종종 술병이 출토된다. 술병은 다른 그릇과 같이 목기, 토기, 청동기, 고급 금속(금, 은)기, 도자기, 유리 등의 재료로 다양하게 발달됐다.

술병은 술을 따르는 용도뿐만 아니라 실내 장식용으로도 많이 사용되어 왔다. 귀한 손님에게 술을 대접하는 관습과 함께 술병이나 술잔도 예술적으로 품위 있게 제작하고 장식했다. 오늘날에도 이러한 전통이 이어져 동서양을 막론하고 응접실 장식장에는 술병이 몇 개씩 진열되어 있는 것을 쉽게 볼 수 있다.

유리병이 대량 생산된 이후에도 술 제조회사에서는 수시로 특별한 용기를 개발하여 역사적 의미를 기념하거나 소비자들을 유혹했다. 영국 여왕의 즉위에 맞춰 개발한 로얄 살루트나, 귀족적인 품위를 나타내는 나폴레옹 병 등이 그러한 예이다. 술을 마시지 않는 여성들도 한정량으로 발매되는 술(병)을 장식용으로 수집하는 일이 많다. 술 제조업계에서는 이러한 요구에 따라 다양한 미니어처Miniature를 생산했다. 이렇게 되다 보니 미니어처 수집이 취미인 사람들도 많아졌다.

술병의 모양은 상상할 수 있는 모든 것을 흉내 냈다. 집, 바이올린, 종, 범선, 자동차, 사람, 물고기, 펭귄, 말, 꿩, 대포, 주전자, 왕관, 기차, 지구본 등등. 술병은 참으로 좋은 장식물이다.

서양 술병의 모양은 기본적으로 주둥이가 긴 용기이다. 그러나 우리나라나 중국, 일본에는 손잡이와 뚜껑이 있는 주전자 모양의 도자기 술병을 많이 사용했다. 동양에서는 수수와 쌀을 주원료로 술을 빚었는데, 이런 원료로 만든 술은 데워서 마셔야 제 맛을 냈다. 주전자형의 술병이 발달한 이유가 이런 데 있지 않을까 생각된다.

반면 서양 술은 와인을 제외하고는 보리를 주원료로 맥주, 위스키 등을 만들었다. 보리로 만든 술은 차게 해서 마시는 관습이 있으므로 술병을 단순한 모양으로 만들었을 것이다. (일설에 의하면 보리는 추운 겨울을 지내면서 자라므로 찬 기운이 더 어울리고, 수수나 쌀은 여름에 자라므로 더운 기운이 더 잘 어울린다 한다.)

술 만드는 용기에는 큰 항아리나 목통이 쓰였다. 동양에서는 청주, 황주, 탁주 등의 술을 주로 항아리로 담갔다. 중국에서는 오늘날에도 백주를 담그는 데 큰 독을 사용하고 있다.

서양에서는 맥주, 와인, 증류주의 발효 시에는 소나무로 만든 대형 통을 사용했고 와인이나 증류주의 숙성 시에는 오크통을 사용했다. 스테인리스 스틸이 발명된 이후에는 발효 시에 스테인리스 용기를 주로 사용하나 전통적인 고급술을 만드는 업체에서는 아직도 목통을 사용한다.

기원전 13~15세기 아나톨리아에서 만들어진 수사슴 모양의 술병

증류주를 숙성하는 데 서양에서는 오크통을 사용하고 중국에서는 항아리를 사용하는데 어떤 것이 좋은 방법이라고 단정 짓기는 어렵다.

술독은 주로 기능적으로 발달된 반면 술병은 예술적으로 발전했다. 술병과 술잔은 더욱 좋은 술맛을 내게 하고, 보다 정감 어린 공간을 연출하는 애장품으로 자리 잡고 있다.

이 작은 조각들로부터 갈색의 색소와 목질의 성분인 리그닌, 그리고 분해 산물인 방향족芳香族의 분자들이 우러나게 된다. 탄화된 부분은 숯처럼 숙취를 많이 일으키는 성분들을 흡착하여 술을 순화시켜 준다. 또한 술에 함유되어 있는 수백 가지 성분들은 서로 화학반응을 일으켜서 향기가 좋은 성분들로 바뀌고 맛도 부드러워지는 것이다. 숙성 중의 변화는 대략 다음 그래프와 같이 진행된다.

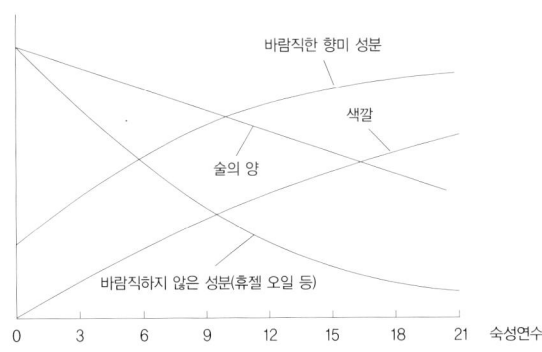

즉 바람직한 향미 성분은 서서히 증가하여 18년에 이르면 숙성이 거의 완결되어 술이 매우 부드럽고 향기로워진다. 숙취를 일으키는 휴젤 오일 등은 숙성이 진행됨에 따라 급격히 줄어든다. 또한 색깔은 초기에 급격히 짙어지며 숙성이 진행되면서 계속 짙어진다. 물론 숙성 중에 자연 증발이 되어 술의 양은 1년에 2~4%씩 감소된다.

판매업체에서는 일반적으로 술의 숙성기간을 기준으로 품질의 우수성을 주장한다. 그러나 주령이 높다고 해서 반드시 술의 품질이 우수한 것은 아니다. 숙성 이전에 어떤 원료를 썼으며, 어떤 제조 공법을 거쳤는지가 더 중요하다.

그래프에서 알 수 있듯이 일반적으로 증류주를 목통에 숙성시킬 때는 통상 18년이면 숙성이 완료되며, 그 이상 숙성을 하는 경우 목통에서 원하지 않는 성분이 지나치게 우러나서 오히려 풍미가 손상되는 경우도 있다. 진정한 술꾼이라면 자기 입맛에 맞는 술이 최고지 굳이 술의 숙성기간 논쟁에 휩싸일 필요가 없다.

알코올의 도수

미국이나 영국에서 생산한 술의 알코올 농도는 'PROOF'로 표기되어 있다. PROOF가 도대체 무슨 뜻일까? 진위를 가린다는 말일까, 아니면 물이 방수가 된다는 뜻일까? 물론 그런 이야기는 아니다.

알코올이 농도에 따라 비중이 다르다는 사실을 발견하기 전까지는 알코올 농도를 측정하기란 불가능했다. 알코올 농도가 5% 이상 차이가 나면 냄새나 맛으로 대충은 구분이 되겠지만 정확한 것이야 알 수 없었을 것이다.

위스키 제조과정에서 알코올 농도의 측정을 통해 공정을 관리하는 것은 매우 중요한 일이다. 발효가 완료됐는지, 혹은 위스키 증류를 어느 시점에서 중단해야 하는지를 결정하려면 정확한 알코올 농도를 알아야 하기 때문이다.

1700년대 초 스코틀랜드에서는 증류주에 주세를 부과하기 시작했는데 세리와 양조업자 사이에 분쟁이 일어났다. 영국은 일찍부터 종량세 제도(알코올 농도에 따라 주세를 부과하는 제도)를 도입했던바 과세의 기준이 되는 알코올 농도를 둘러싸고 옥신각신했던 것이다.

당시는 다음과 같은 방법으로 알코올 농도를 측정했다. 100% 순알코올은 비중이 0.79로 물보다 가벼우므로 알코올 농도가 높은 술에는 기름이 가라앉는다. 따라서 기름이 가라앉는 형태를 보고 알코올 농도의 높고 낮음을 추측했다.

알코올의 휘발성이 높아서 끓는점이 78.5°C라는 것을 이용하여 천에다 일정량의 알코올을 흡수시킨 다음 천이 마르는 시간을 측정하여 알코올 농도를 추정하기도 했다.

알코올의 인화성을 이용한 방법도 있다. 화약에 술을 부어서 불이 붙지 않으면 언더 푸르프Under Proof, 파란색 불꽃이 꾸준히 붙어 있으면 푸르프Proof, 그리고 화약이 폭발하면 오버 푸르프Over Proof라 했다. 알코올 농도를 시험하는 사람들끼리 화약에 부은 알코올에 불꽃이 타오르면 "이것 봐, 알코올 농도가 높다는 것이 증명(Proof)됐잖아."라고 말한 데서 PROOF라는 말이 생겼다고 한다.

그러나 알코올은 농도가 60% 이상이면 위험물로 분류될 정도로 폭발성이 강한 물질이기 때문에 그런 측정 방법은 대단히 위험한 것이었다. 이 문제를 해결하고자 1802년 영국 정부는 확실한 알코올 농도 측정법에 관하여 현상금을 걸고 공모를 했다. 응답해온 안 가운데 8가지가 선정됐는데 사이키스가 고안한 비중계가 최우수작으로 채택됐다. 그는 알코올이 농도에 따라 비중이 달라진다는 점을 이용하여 오늘날 비중 측정에 쓰이는 비중계를 고안했다. 그는 영국 정부로부터 상금으로 2,000파운드의 거금을 받았다.

이때 발명된 주정계로 100PROOF를 환산해 보니 알코올 농도가 57.1%였다. 이후 국제적인 미터법이 제정되자 영국식 프루프 시스템Proof System은 사용이 중지되고 퍼센트(%) 단위의 농도 표시법이 일반화됐다.

미국에서는 알코올 농도 50%를 100PROOF로 정했다. 따라서 미국산 술의 농도는 PROOF 값의 1/2이라고 생각하면 된다. 가령 86PROOF인 미국산 버번 위스키의 알코올 도수는 43%인 것이다. 다 아는 사실이지만 우리나라에서는 알코올 농도를 도(%)로 표시하고 있다.

술의 맛과 향기

술의 질은 사람이 느끼는 순서대로 향과 맛, 그리고 뒤끝으로 평가할 수 있다.

알코올 발효는 효모가 당을 에틸알코올로 변환시키는 과정이다. 이때 새로 생기는 물질의 대부분은 물론 에틸알코올이지만 부산물로 수백 가지 미량 성분들이 생성된다. 메틸알코올, 아세트알데히드, 에틸에스테르 등이 그것이다.

술에는 수백 가지 향기 성분이 있는데 사람이 느낄 수 있는 농도는 모두 다르다. 이 지각 농도는 대개 PPM(백만 분의 일) 단위의 극미량이다. 술의 향과 맛은 이 미량 성분들의 조합에 의해 결정된다고 볼 수 있다. 에틸알코올은 휘발성으로 인한 자극 이외에는 무색, 무미, 무취이기 때문이다.

향과 맛을 표현하는 방법은 매우 다양하다. 같은 술을 마시고

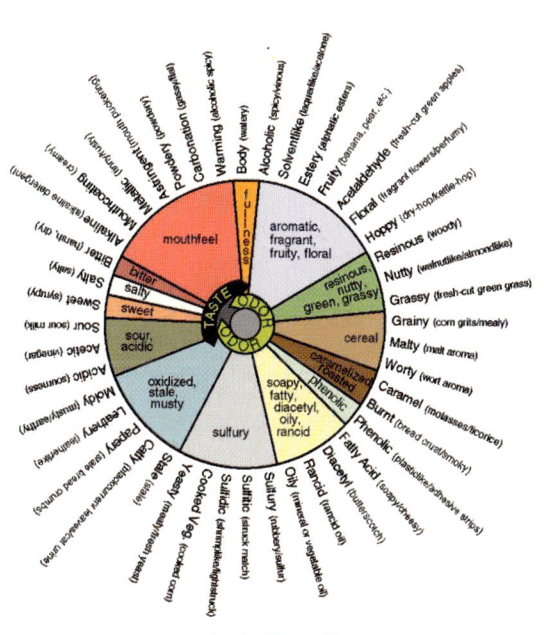

아로마 테이스트 휠

도 사람마다 다른 표현을 쓴다. 객관적인 기준이 없기 때문이다. 가령 신맛이라 하면 맛을 보는 사람이 신맛을 느낀 경험이 다 다르기 때문에 같은 말을 사용했다 하더라도 실제로는 다른 내용일 수 있다. 김치의 신맛과 식초의 신맛, 그리고 사과의 신맛이 다 다른 것과 마찬가지이다.

그러나 일반적으로 많이 쓰이는 용어를 정리하면 다음과 같다.

향기 향기로운(Fragrant: 과일 향, 꽃 향), 톡 쏘는(Pungent: 자극적이고 휘발성이 큰, 날카로운 향), 기름 냄새(Oily), 약 냄새(Medicinal), 곰팡이 냄새(Mouldy), 나무 냄새(Woody)

맛 단맛(Sweet), 단맛이 없을 때(Dry), 신맛(Acidic, Sour), 쓴맛(Bitter)

입에서의 느낌 부드러운(Smooth, Silky), 거친(Harsh)

향과 맛이 일정하게 유지되는 제품을 만들기 위해 전문가들은 술의 질을 주로 후각을 통하여 평가한다. 연속해서 몇 개의 샘플을 평가할 수 있는 방법은 냄새를 맡는 방법밖에 없기 때문이다. 맛은 가장 중요한 요소이지만 하나의 샘플을 감정하면 술이 입 속에 묻기 때문에 다음 샘플의 평가에 영향을 미친다.

후각은 술의 품질을 관리하는 데 필수적인 잣대가 된다. 여러 가지 술이 최종 제품으로 탄생되기 전에 블렌딩된다. 예를 들어 포도주는 포도의 품종

또는 수확연도에 따라 원료의 질이 달라지므로 일정한 품질의 제품을 내기 위해 서로 다르게 양조된 것을 섞는다. 비슷한 이유로 위스키나 브랜디도 블렌딩을 한다.

블렌딩을 하는 사람을 마스터 블렌더라고 하는데 이들은 때에 따라 하루에 수십 종류의 술을 감정해야 한다. 즉 그 회사 술의 품질은 마스터 블렌더의 코끝에 달려 있다 해도 과언이 아니다. 블렌더들은 신선한 공기가 잘 통하는 그늘진 곳에 별도의 사무실을 갖고 있다. 그들이 샘플을 감정하는데 영향을 줄 요소를 없애기 위해서이다.

와인을 즐기는 방법. 먼저 윤택을 살펴보고 향을 맡아본 뒤 맛을 음미한다.

술의 향기를 잘 모으기 위해 냄새 맡는 잔은 튤립 모양으로 만들어졌다. 휘발성이 강한 성분이 먼저 코를 자극하고 숨을 들이킴에 따라 전반적인 향이 코로 흡입된다. 마스터 블렌더는 머리에 기억되어 있는 냄새와 견주어 향을 판별하고 제품의 배합 공식을 정한다. 블렌더는 자신만의 고유한 경험과 판단으로 술을 감정하므로, 사람들은 블렌더들을 예술가라고 부른다. 고도의 과학기술로도 넘보지 못하는 영역이라 할 수 있다.

더.읽.어.보.기
술잔의 세계

 술잔은 소뿔이나 조롱박 등의 자연에서 나는 그릇을 사용하는 데서 시작했을 것이다. 문명이 발달함에 따라 석기, 목기, 토기, 자기와 여러 가지 금속잔이 만들어졌다. 단순하게 만들어진 술 따르는 용기에서 형태나 무늬를 넣은 작품에 이르기까지 예술성의 분포도 넓다. 기능적인 면에서도 술의 종류나 마실 때의 기후 등에 따라 다르다. 따라서 멋들어진 술잔은 수집용품으로도 인기가 있다.
 조선 후기의 실학자 이익의 《성호사설》에는 주기보酒器譜(술잔에 관한 내력)가 있는데 예부터 내려오는 술잔의 종류를 설명했다. 술잔은 크기에 따라 다섯 종류로 나뉘는데, 가장 작은 잔을 '알맞다' 는 뜻의 작(酌), 가장 큰 잔은 '이 잔으로 마시면 취하여 다른 사람에게 책망을 받는다' 는 뜻의 산(散)이라 했다고 한다. 이런 것을 보면 사람들은 예로부터 술잔에 관해 흥미가 많았던 것 같다.
 술잔은 마시려는 술의 종류나 도수(알코올 농도)에 따라 다른 것이 사용된다. 향이 매우 강하거나 그다지 감미롭지 않은 술을 마실 때는 주둥이가 넓은 잔을 쓰고, 향이 약하거나 미묘한 술에는 향이 모아져야 제대로 감상할 수 있으므로 주둥이가 오므라든 잔이 사용된다. 맥주와 동동주 같이 도수가 낮고 양이 많은 술에는 큰 잔이, 위스키나 브랜디 등의 고도주에는 작은 잔이 사용된다.
 이 밖에도 술잔의 모양은 서양식 와인 잔같이 대롱이 있는 것과 보통의 컵과 같이 대롱이 없는 것, 그리고 독일식 저그(Jug)와 같이 뚜껑이 있는 것과 없는 것 등으로 나뉜다. 대롱이 있는 것은 동양의 향로처럼 조형미를 낼 수 있는데 이 잔을

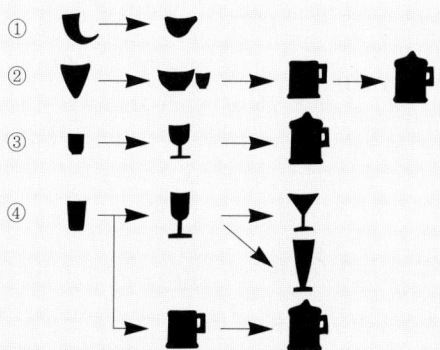

술잔의 변천 ①자연에서 구한 잔 ②토지, 자기, 목기 ③금속(금, 은, 청동) ④유리잔

이용하면 손에서 잔으로 전달되는 체온을 조절할 수 있다는 장점이 있다. 즉 화이트 와인은 낮은 온도로 저장된 상태로 음용되는데 보통 때는 대롱만 쥐고 술을 마시지만 경우에 따라서 술이 담긴 부분의 밑을 손바닥으로 거머쥐기도 한다. 그러면 낮은 온도에서 보존되어 있던 휘발성 향기 성분이 부드럽게 밖으로 나와 코끝을 자극하게 된다. 투구형으로 장식된 독일 맥주잔은 대개 도자기로 되어 있는데 맥주 속의 탄산가스와 거품을 보존하기 위해서 사용된다.

동양의 술잔은 대부분이 도자기제였다. 백주나 소주의 잔은 크기가 작고 청주잔은 중간 크기이며 막걸리 잔은 커다랗다. 우리나라 일본의 청주나 중국의 황주 등 쌀을 원료로 만든 술은 50~60°C로 데워서 마시는데 도자기 잔과 잘 어울린다. 금속으로 만든 잔도 있는데 금, 은잔은 최고급이며 주석잔은 맥주의 신선도를 잘 유지시켜 준다.

오늘날에는 거의 자취를 감추었지만 그릇이 귀하던 옛날에는 소의 뿔로 만든 잔이 흔했다. 이것을 본떠 만든 밑이 뾰족한 잔이 있는데 일단 술을 따르면 마시든지 아니면 들고 있어야 할 것이다. 그래서 '술을 들다'라는 말이 나왔는지도 모르겠다.

2장

태양의 딸 와인

1

와인의 역사

와인의 품질은 포도의 품질에 따라 달라진다. 포도의 품질은 품종뿐 아니라 재배 지역의 토양, 포도가 익을 무렵의 일조량과 기온 등에 따라서도 차이가 난다. 따라서 오랜 전통을 가진 와인 메이커가 동일한 포도원의 포도를 사용하여 만든 와인이라 하더라도 해마다 그 품질이 달라지는 것이 당연하다. 그래서 와인은 가장 역사가 오래고 가장 다양한 술이라는 평을 받는다.

사람들이 언제부터 와인을 마시기 시작했는지는 아무도 모른다. 다만 구약 성경에서 노아가 대홍수 후에 아라라트산에 정착하여 첫 농사를 지은 다음 포도주를 담가 마시고 대취하는 것으로 미루어 보아 그 이전부터 이미 포도 재배와 와인 제조가 보편화되어 있었다고 봐야 할 것이다.

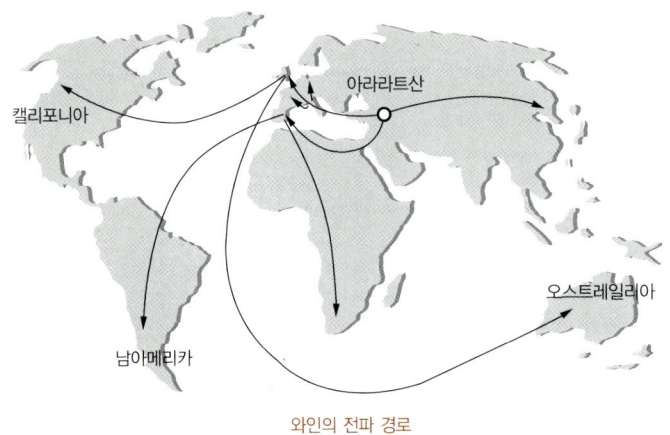
와인의 전파 경로

한편 그리스 신화에서는 제우스의 아들인 바커스가 포도 재배와 포도주 제조법을 지중해 연안으로 보급시킨 것으로 나온다. 포도의 원산지가 흑해와 카스피해 사이의 소아시아 지역이라는 식물학자들의 주장도 이러한 신화나 전설과 대체로 일치하는 것 같다. 지금도 흑해 연안에 위치한 아르메니아 공화국의 아라라트산에는 대규모 포도원이 많고, '아라라트' 브랜디는 품질이 우수한 것으로 정평이 나 있다.

와인이 본격적으로 전파된 것은 로마시대 때 일이다. 와인의 은은한 취기에 흠뻑 매료된 로마의 지배자들은 프랑스, 스페인 등의 식민지에 포도원을 조성하여 좋은 와인 확보에 열을 올렸다. 그 덕분에 프랑스의 보르도, 부르고뉴 등지에 있는 특급 포도원들은 로마시대 이래 2,000년 동안 명주를 생산하고 있다.

와인은 기독교 전파와 함께 그 뿌리를 더욱 깊이 내리게 되는데, 이것은 기독교 종교의식에서 와인을 필수품으로 여겨 온 것과 관련이 있을 것이다. 신·구약 성경에서 와인을 언급한 구절은 수도 없이 많다. 특히 예수는 최후의 만찬에서 제자들과 더불어 빵과 와인을 나누어 먹으며 다음과 같이 말한다.

이 빵은 나의 살이요, 이 와인은 나의 피니라. 내가 너희를 위하여 흘리는 나의 피니라.

그 때문에 와인은 성스러운 신의 선물로 간주되어 미사주로 사용됐다. 중

기독교에서는 포도와 와인을 성물로 여겼다. 포도나무를 부활의 상징으로, 레드 와인을 그리스도의 피로 여긴 것. 중세 수도원에서는 포도원을 만들고 와인을 제조했으며, 와인과 맥주 제조를 전담하는 수도사도 있었다.

세에는 수도원이 와인 생산을 담당했으며 와인의 제조 방법 또한 수도원에서 발전됐다.

16세기에서 20세기 초반까지는 유럽 각국의 식민지 확산과 더불어 포도의 재배와 와인 제조 기술이 전 세계로 전파됐다. 오늘날에도 와인의 종주국은 프랑스, 이탈리아, 스페인 등이지만 미국, 오스트레일리아, 남미에서 생산되는 와인들도 점점 그 영역을 넓혀 가고 있다.

고대 귀족 와인

포도를 좋아하는 한 페르시아 왕이 '독'이라고 쓴 항아리에 포도를 보관했다. 며칠이 지난 후 자신의 할렘(첩들의 거처)에서 주목받지 못하던 한 부인이 삶의 의욕을 잃고 그 항아리의 '독'을 마셨다. 그런데 '독'은 맛이 뛰어났고 그 부인은 다시 원기를 회복했다. 부인은 왕에게 그 '독'을 따라 한 잔 바쳤다. 왕은 부인을 다시 총애하기 시작했고, 포도 발효를 허락했다.

이 유쾌하고 낭만적인 이야기는 와인이 이 페르시아 왕 시대에 이미 제조됐다는 것을 의미한다. 그러나 포도가 페르시아 지역에서 처음으로 재배됐고, 이미 포도주가 제조되고 있었던 것이 사실이다.

식물학자들에 의하면 포도의 원산지는 소아시아 지방 아라라트산 부근으로 알려져 있다. 최초의 포도 품종이 무엇인지는 불분명하지만, 우리가 아는 비니페라vinifera 종은 자연에서 진화한 것이다. 비니페라는 야생 포도와 다르게 자웅동체이고, 무성생식을 한다. 이는 비니페라가 돌연변이를 일으킬 가능성이 상당히 높고, 다양한 품종으로 분화를 거듭했음을 설명해준다.

고대 무덤에서 포도와 와인에 대한 부장품이 발견되는데, 와인은 장례에서도 많이 쓰였던 것 같다. 또한 사회 지도층 사이에서 널리 퍼졌던 것 같다. 대중은 발효된 대추 야자 주스나 다른 유사 맥주 음료를 마셨다. 이집트인들은 그들의 무덤에 벽화를 남겼고, 이로부터 우리는 그들의 포도 재배 및 와인 양조 기술이 본질적으로 근대까지 사용되던 기술과 같다는 것을 알 수 있다. 그들은 포도를 굽은 칼로 따서 소쿠리에 담았다. 술통은 아카시아나무로 만들었고, 그 안에 포도를 넣은 다음 작업노래에 맞춰 밟았다. 이러한 풍경은 오늘날 포르투갈 와인인 포트에서도 볼 수 있다.

그리스 와인 유물. 와인 음주는 그리스 회화에서 가장 선호되던 주제였다.

그리스인들은 아마도 바빌로니아에서 와인 제조법을 배웠을 것이다. 그리스 사람들의 기록에 의하면 그들은 오래되고 묽은 와인을 좋아하고, 이를 저장하기 위해서 암포라만 사용했기 때문에 오늘날의 마데이라 와인(포르투갈 특산 와인)과 비슷할 것으로 추정된다. 고대 지중해 연안 지역에서 와인은 고소득 농산 가공품이었다. 가격이 높고 꾸준한 수요가 있었기 때문이다. 고대 이집트 무덤 벽화에는 암포라를 실은 배 그림이 있는데, 이것은 당시 이미 와인 교역이 활발했다는 증거이다.

로마인들은 그리스 전통에 자신들의 방법을 덧붙였다. 그들은 술을 저장하기 위해 나무통을 사용했다. 로마인들은 기원전 58년 골(프랑스)지방을 점령하며 나무통 기술을 배워왔다. 유리병도 있었지만 밀폐 방법이 없어 18세기 후반 코르크 마개가 발명될 때까지 사용되지 않았다. 로마인들은 암포라보다 효율적인 나무통에서 와인을 숙성시켰다. 하지만 여전히 대부분의 와인은 묵직하고 달아 물을 타서 마셔야 했다. 그것도 담수가 아니라 해수를 넣기도 했다. 향수도 첨가제의 하나였다. 이렇게 나무통에 와인을 저장하던 모습은 오늘날 이탈리아의 농촌에서 볼 수 있다.

로마인들은 세력을 확장하며 포도를 전파했다. 그리스인들은 기원전 600년경 마르세유를 세웠으나 로마인들은 이를 그들의 기지로 삼아 론 강을 따라 올라갔다. 알자스를 제외한 프랑스와 독일의 라인과 모젤의 모든 주요 와인생산 지역은 과거 로마 때부터 시작된다.

중세 수도원 와인

기독교를 국교로 선포한 로마 제국의 콘스탄티누스 황제 이후 각 지역에서는 수도원과 포도원이 지속적으로 늘어났다. 기독교의 종교의식(성찬식)에서 와인이 필수품이었기 때문이다.

중세 암흑기에 와인은 교회의 통제를 받았다. 와인은 종교예식뿐 아니라 외로운 수도승들의 정신을 고양하기도 했다. 수도승들은 다양한 포도를 심고 또 심어 이러한 실험의 결과로 유럽 각 지역의 기후와 풍토에 적합한 포도 품종이 보급됐다.

이는 물론 하룻밤에 이루어진 것이 아니며, 이 시기에 개발된 많은 와인 제조기술이 오늘날에도 이어진다. 샹파뉴 지방은 원래 가벼운 레드 와인이 유명했다. 영국의 헨리 4세가 처음으로 샹파뉴champagne(하얀 백악질 평야란 뜻) 지방이라 이름 붙였다.

부르고뉴 지방은 여행이 힘들어 잘 알려지지 않았다. 부르고뉴의 영주들

중세 이탈리아 플로렌스 교회의 구휼 사업. 서민들에게 빵과 와인을 나눠주는 모습이다.

이탈리아 토스카나 지방의 특산 포도주 키안티를 제조하는 양조장의 모습을 담은 태피스트리

은 이 지역의 가치를 알고 이를 지배하기 위해 많은 전쟁을 했다. 많은 지주들이 그들의 땅을 수도원에 바쳐 오늘날까지 이어지는 포도원 시스템이 됐다. 프랑스 혁명은 이 땅들을 다시 나누어 세속화(민영화)했다.

정치는 언제나 와인의 발전에 큰 영향을 미쳤다. 영국은 그들이 '클라렛 claret'이라고 부른 보르도의 와인을 13세기 초에 발견했다. 이는 1703년 메수엔 조약Methuen Treaty(포르투갈이 영국의 직물을 수입하는 대신 영국은 포르투갈의 포도주를 수입할 때 프랑스 포도주보다 관세를 적게 낸다는 조약)으로 프랑스 와인이 저렴한 포르투갈 와인에 비해 비싸질 때까지 500년간 영국의 가장 인기 있는 와인이었다. 포르투갈 와인은 오늘날의 포트 와인이 아니라 드라이 와인이었지만, 이 조약으로 영국과 세계의 와인 음용 문화가 바뀌었다.

오늘날 알려진 대부분의 와인들은

그들의 조상과 이름만 비슷할 뿐이다. 샹파뉴는 드라이 레드 와인으로 부르고뉴 와인과 경쟁했다. 이 시기에 와인이 건강에 주는 이점들이 널리 인식되어 두 지역의 와인 중 어느 것이 더 건강에 좋은지 논쟁이 붙었다. 루이 14세는 부르고뉴를 더 좋아하여 샹파뉴는 새로운 정체성을 찾아 나섰다. 레드 와인이 화이트 와인, 뱅그리vin gris, 핑크 와인으로 바뀌기 시작했다. 이때 약간의 탄산이 섞이기도 했다. 오늘날의 강한 탄산을 갖는 샴페인은 동 페리뇽이 만들었다. 동 페리뇽으로 알려진 장 우다르 신부(Frere Jean Oudart)는 최초로 병에 코르크 마개를 사용했다. 이전에는 기름에 절인 헝겊뭉치가 사용됐다. 샴페인은 효모를 제거하여 맑게 하는 것이 중시됐다.

포트는 앞에서 언급한 것처럼 정치적 편의에 의해 유명해진 포르투갈의 드라이 레드 와인에 지나지 않았다. 영국에서 포르투갈 와인은 포르투갈 라벨을 붙인 불법 밀수 보르도 와인에 밀려 처음에 별로 인기가 없었다. 1678년 두 영국의 와인상은 두오르 강 근처의 라메고 수도원장을 만나 '핑~토Pinha~to'란 와인을 마셨다. 이 와인은 약간 달았고 두 사람은 흥미를 보였다. 수도원장은 이것이 스페인식(셰리)으로 발효를 마치기 전에 브랜디를 넣어 당도를 높였다고 했다. 상인들은 그 와인을 가져와 오래 보존하기 위해 더 많은 브랜디를 넣었다. 이 와인은 큰 성공을 불렀고 두오르 강의 강화 와인 제법이 탄생했다.

독일의 와인은 리스링Riesling(포도 품종의 하나)을 사용했음에도 오늘날의 당도로 만들어지지는 않았다. 1775년 슐로스 요하네스버그의 한 수도원에서 실수로 수확을 늦게 했고, 같은 해 이 와인을 병에 담았다. 이 운 좋은 실수는 슐

로스 요하네스버그에 전할 공식 수확 지시문서를 도둑질당한 전령자 덕분이었다. 그가 도착했을 때 포도들은 썩어 있었다. 하는 수없이 이 포도로 만든 와인이 훗날 독일 와인 역사를 바꾼 늦따기 와인이 되었다. 프랑스 보르도의 소테른느 지역의 샤토 디캉 역시 비슷한 스위트 와인 발견 이야기를 갖고 있다. 보르도의 와인들도 많은 변화를 겪었다. 영국이 프랑스 와인 수입 금지령을 해제하자 보르도 와인은 인기를 되찾았다. 영국 사람들은 이미 포르투갈의 강화 와인에 익숙해져 고급스러운 프랑스 와인에 걸맞는 식단을 갖지 못했다. 최고의 샤토에서 나온 고급 와인들도 카오르나 에르미타쥬(저가와인 산지)와 섞이고 브랜디가 첨가됐다. 19세기 중반에야 영국 사람들은 순수한 보르도 와인을 즐기게 됐다.

와인 산업의 재앙, 흰가루병과 필록세라

캘리포니아의 비니페라 보급에는 아고스톤 하라즈티의 공이 크다. 하라즈티는 1856년 캘리포니아에서 여러 차례 노력 끝에 소노마에 좋은 포도원을 갖게 됐다. 그는 거기에 큰 집을 지어 뷰나 비스타Buena Vista 와이너리를 세웠다. 1861년 하라즈티는 캘리포니아 총독의 명으로 유럽에 포도나무를 구하러 갔다. 그는 300여 종, 총 10만 그루의 포도나무를 가져왔다.

    19세기에 세계 와인 산업은 큰 변화를 겪었다. 첫 번째는 파스퇴르에 의

한 사상적 변혁이었다. 파스퇴르는 발효가 미생물의 산물이라고 했고 발효가 부족한 것은 미생물의 부족이라 했다. 이것은 과학계에는 큰 충격이었지만 와인 업자들에겐 호재였다. 결과적으로 특정 효모 사용으로 특정 결과물이 나온다는 연구결과가 나왔지만 이는 오늘날까지도 와인 만드는 방법을 변하게 하지는 않았다. 파스퇴르는 전통적 방법이 항상 좋지도, 나쁘지도 않다는 것을 실험해 보이며 와인 양조를 근대화했다. 이는 와인 제조의 기술적 혁신으로 이어져 오늘날까지 왔다.

두 번째 사건은 포도의 흰가루병(Powdery Mildew)이다. 이 곰팡이가 포도나무의 녹색 부분을 공격해 검고 시들게 만들었다. 전파도 빨라 19세기 중

오크통에 저장한 무통 로쉴드

반에는 그 여파가 어마어마했다. 유럽의 포도원들은 거의 황폐화됐고 유황을 뿌리는 것이 그나마 좋은 예방대책이었다. 많은 식물종이 죽었고 가장 중요한 일부만 다시 심었다. 흰가루병에서 살아남은 일부도 필록세라Phylloxera(파괴자라는 뜻의 포도나무 뿌리 진딧물 해충)가 오자 또 다시 위기를 맞았다.

아직 흰가루병의 타격에서 벗어나지 못한 유럽의 포도원 주인들은 대서양 건너편에 더 끔찍한 일이 일어난 것을 상상도 못하고 있었다. 필록세라는 황록색의 진디로 크기가 1mm도 안 된다. 그것이 미국을 휩쓸어 평화롭던 야생 포도들을 공격했다. 1860년에는 연구를 위해 유럽으로 오던 포도에 옮겨져 유럽에 퍼졌다. 미국 포도나무들은 이미 필록세라에 어느 정도 내성이 생겼지만 유럽의 비니페라 포도는 무방비 상태였다. 필록세라는 유럽 전체에 퍼져 포도 뿌리에 살며 숙주를 죽여 나갔다. 1868년 필록세라의 존재가 발견됐지만 재앙이 이미 퍼진 뒤였다. 미국 포도들이 내성이 있어 치료제가 될 수 있다는 사실이 밝혀졌지만 너무 늦었다. 흰가루병과 진딧물의 습격으로 유럽의 포도원들은 살아남기도 힘들었다. 필록세라를 피해 프랑스의 와인업자들은 스페인과 신세계(미대륙)로 가서 와인 제조 기술을 전파했다.

이후 포도 선택은 지역과 포도원에 가장 적합한 품종으로 최적화됐다. 와인 제조 기술도 전 세계적으로 수준이 높아졌다.

또 다른 시련, 미국의 금주법

미국에서는 1820년부터 금주운동이 시작되어 100여 년간 큰 영향을 미쳤다. 1880년 캔자스주가 처음으로 금주운동을 시행했는데, 교과서와 문학작품에서 술과 와인 관련 표기가 삭제됐다. 성경의 와인도 문제가 되어 성경의 와인은 포도 주스라는 선전이 시작됐다.

1860년 필록세라가 캘리포니아를 강타하여 포도원들이 큰 고생을 했다. 결국 유럽처럼 야생 미국 포도 뿌리가 접목되고서야 문제가 해결됐다. 캘리포니아의 와인 산업은 계속 발전하여 1900년 파리박람회에서 캘리포니아 와인이 미국 시장에서 고급 와인을 독점했다.

파리박람회는 캘리포니아에 큰 횡재였다. 베린저Beringer와 군트락-분트슈Gundlach-Bundschu는 유럽 와이너리 수준으로 인식됐다. 동부의 와이너리도 메달을 받았다. 하지만 이런 영예도 금방 사라지고, 1976년이 돼서야 다시 인정받을 수 있었다.

1920년 금주법(Volstead Act)과 18번째 수정조항 헌법으로 미국 전역에 금주가 시행됐다. 단 버지니아의 사과 농가를 위해 애플 사이다만이 허용됐다. 그리고 오로지 가정용 비알콜 사이다와 과일 주스만이 연간 200갤런씩 허가됐다. 포도원들은 절망 속에서 포도주스를 팔기 시작했다. 전통적 비니페라가 주스로 좋지 않아 알리칸테 부셰Alicante Bouchet가 대신 접목됐다.

캘리포니아의 포도 재배자들은 5년간 호황을 누렸다. 냉장운송 수단이 없어 포도가 동부로 가기 힘들어지자 가격이 올랐기 때문이다. 1925년 기차가 오가고 냉장운송 차량이 생기자 포도 과잉으로 시장이 바닥을 쳤다. 1971년까지 포도 수확은 항상 잉여량이 생겼다. 자가 양조뿐 아니라 의료용 와인 토닉 역시 처방전 없이 구입이 가능했고, 냉장을 하면 약초들이 가라앉아 위에 향미가 좋은 술이 남는다는 것이 밝혀졌다. 와인을 얻기 가장 좋은 때는 종교 세례 때였다. 유대교에서 가정용 와인 구입을 요구하자 허용됐으며, 랍비들이 모임 때 와인을 살 수 있었다. 그러자 갑자기 수많은 랍비와 모임들이 우후죽순으로 생겼다. 금주법을 피해 3.2도 맥주가 생산됐다. 와인 역시 11도까지 허가됐다가 3.2도로 내려갔다. 다행히 1933년 말 금주령이 폐지되고 모든 주류 판매가 허용되자 와인 산업은 부흥하기 시작했다. 2차 대전 후 새로운 금지령이 생겼다. 강화 와인이 열악한 주류를 대체했고 이들을 방출하기 위해 새로운 세금이 매겨졌다. 주류 단체들은 와인의 세금 혜택을 없앨 기회로 여겨 여기에 찬성했다. 와인 단체들은 의회를 설득하여 1954년 강화라는 단어를 와인 라벨과 광고에서 없애도록 했다.

현대의 미생물학과 산업 기술을 적용하여 캘리포니아 와인은 다시 전성기를 맞이했다. 금주령 이전에 맛보았던 성취에서 자신감을 얻어 유럽 와인들과 블라인드 테이스팅blind tasting(라벨을 가린 상태에서 와인을 시음하고 평가하는 테스트)을 겨뤘으며, 많은 시음자들이 캘리포니아 와인을 선택했다. 미국에서 와인이 이미 생산되고 있었지만 캘리포니아만이 비니페라 종을 사용해 유럽과 경쟁할 수 있었다.

2

와인의 종류

 와인은 색깔에 따라 화이트 와인과 레드 와인, 그리고 그 중간색인 로제 와인으로 나뉜다. 화이트 와인은 청포도의 과즙만을 발효시켜 포도로부터 색소가 우러나지 않고 산뜻한 맛이 나도록 한 것이다. 레드 와인은 과즙뿐만 아니라 과피의 색소를 추출하여 색깔을 내고 묵직한 맛이 나도록 한 것이다. 로제 와인은 적포도를 으깨어 화이트 와인을 담그는 방법으로 발효하거나 발효된 적포도와 백포도를 섞어서 제조한다.

 포도의 수확 시기는 약간 덜 익었을 때가 가장 좋다고 한다. 이때가 산도도 적절하고 향도 산뜻하기 때문이다. 이 포도를 따서 1~2주일 동안 발효시키면 포도당이 알코올과 미량의 향미 성분으로 변한다. 발효가 완료되면 찌꺼기에 함유된 바람직하지 않은 냄새를 제거하기 위해 여과를 한다.

갓 발효된 와인은 맛과 향이 거칠기 때문에 이를 다듬기 위해서는 숙성 과정이 필요하다. 숙성은 오크통에서 하는 방법과 병에 넣어서 하는 방법이 있다. 와인의 향기는 포도 자체에 함유되어 있는 아로마Aroma와 발효와 숙성 과정에서 생성되는 부케Bouquet로 나뉜다. 숙성 기간 동안 아로마는 점점 옅어지고 부케가 짙어진다고 한다.

고급 와인의 라벨에는 포도의 수확 연도 빈티지Vintage가 표기되어 있는데 이것은 그 해의 온도, 일조량 등에 따라 포도의 질이 달라지기 때문에 매우 중요하게 취급된다. 와인 전문가들이 평가하는 빈티지는 매우 신빙성이 있다. 프랑스 메독 지방의 빈티지를 예로 들면 1961년, 1977년, 1978년, 1983년, 1985년산 등이 높은 평가를 받고 있다. 라벨에 적힌 지역 범위 또한 와인을 평가하는 기준이 되는데 범위가 좁을수록 고급 와인이라고 봐도 무난하다.

일반적으로 레드 와인을 마시면 암을 예방하고 장수할 수 있는 것으로 알려져 있다. 이것은 포도에 함유된 폴리페놀이라는 물질이 산화 방지제 역할을 하기 때문이다. 이런 작용으로 인해 실제로 동맥경화가 억제되고 심장병 발병률이 낮아진다고 한다.

세계에서 일 인당 음주량과 와인 음용량이 가장 많은 프랑스인들이 다른 유럽인들이나 북미인들에 비해 심장병에 걸리는 숫자가 적고 장수하는 사람이 많다는 사실이 이를 증명한다.

주요 포도 품종

카베르네 쇼비뇽

피노 누아

샤르도네

리슬링

메를로

말벡

쉬라즈

프랑스 와인

보르도와 부르고뉴

와인에 대해서는 문외한이라 할지라도 보르도나 부르고뉴가 프랑스의 와인 명산지라는 사실 정도는 알고 있을 것이다. 보르도나 부르고뉴는 명성에 걸맞은 뛰어난 자연 조건을 지니고 있다. 이들 두 지역은 공히 수확기에 일조량이 많으며, 배수가 뛰어난 사력질 토양을 보유하고 있다. 이러한 기후와 토양 조건은 포도와 와인의 품질에 결정적인 역할을 한다.

한 예로 부르고뉴산 포도의 주품종인 피노 누아는 부르고뉴 지방에서는 세계 최고의 와인을 생산하지만, 미국에서 재배된 피노 누아로 제조된 와인의 품질은 형편없는 수준이다.

보르도와 부르고뉴 지방에는 샤토Chateau가 잘 발달되어 있다. 샤토란 원래 성곽이나 장원의 대저택을 말하는 용어이나 오늘날에는 와인과 관련하여 포도원을 뜻하는 말로 쓰이고 있다. 프랑스의 원산지 표시법(AOC)에 의하면 샤토는 일정 면적 이상의 포도원으로 와인 제조와 저장 시설이 완벽하게 갖추어진 곳을 의미한다. 보르도 지방에는 3,000여 개의 샤토가 있다. 역사가 깊은 샤토에서는 성곽과 조화를 이룬 아름다운 포도원이 관광객의 발길을 멈추게 한다.

보르도 지방의 유명한 지역으로 지롱드 강을 끼고 있는 메독Medoc을 비롯해 그라브Graves, 소테른느Sauternes, 포메롤Pomerol, 생떼밀리옹Saint Emilion 등이 있다.

프랑스 와인 원산지 표시법에 의한 분류

A.O.C. (Appellation d'Origine controlee: 원산지명 통제 와인)

1855년부터 시작되어 1935년에 시행된 이 제도는 고품질 와인을 보증하는 라벨로 널리 인정받고 있다. 토양 및 경작의 위치, 포도품종, 포도재배 방법과 수확량, 양조, 숙성까지 법으로 규정해 놓고 있다. 경작지의 경우 토양에 따라 아주 작은 단위까지 구분하는데 어떤 경우는 바로 길 건너 포도원인데도 등급 분류가 다를 만큼 아주 자세하게 나뉘어 있다. 그뿐 아니라 생산된 후에는 포도주 화학분석과 국립원산지명연구소(INAO)가 주도하는 시음회를 통과해야만 라벨이 주어진다. 프랑스 와인 전체 생산량의 35%를 차지한다.

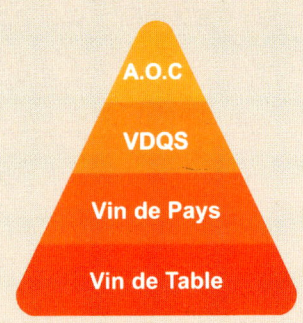

VDQS (Vin Delimites de Qualite Superieure: 우수 품질 제한 와인)

1945년부터 시행된 이 제도 역시 생산지역, 포도품종, 알콜함양 도수, 헥타르당 생산량, 포도재배 방법, 양조법을 정해놓고 엄격한 품질관리를 하고 있다. AOC로 올라가기 위한 대기 단계로 볼 수 있으며, 프랑스 와인 전 생산량의 2%를 차지한다.

Vin de Pays (지방 와인)

이 단계까지는 원산지명이 정해져 있는데, 그 지역이 위의 두 단계 와인보다 넓게 정해져 있다. 포도품종과 단위 면적당 생산량이 정해져 있으며 간단한 성분 분석과 시음위원회의 심사를 거친다. 프랑스는 전통적으로 와인에 지역명을 붙이는데, 최근에는 프랑스에서도 미국, 호주 와인 등과 같이 한 가지 포도품종만으로 생산하여 그 품종의 이름을 붙이는 벵 드 뻬이가 증가하고 있다. 전체 생산량의 15%를 차지한다.

Vin de Table (테이블 와인)

생산지역이나 생산연도의 표시가 없고, 프랑스에서 사용된 와인이면 모두 이렇게 표기할 수 있다. 가격이 저렴해서 일상적인 식사 때 항상 테이블에 놓이는 와인이다. 전체 생산량의 38%를 차지한다.

부르고뉴 : 광역 지역 이름
꼬뜨 뒤본 : 구역 이름
필리니 몽트라세 : 마을 이름
필리니 몽트라세 라프쉐예 : 끌로 이름

보르도 : 광역 지역 이름
메독 : 면, 읍 이름
마고 : 마을 이름
샤토 마고 : 샤토 이름

샤토 라피트 로쉴드

메독은 세계 레드 와인의 심장부라고도 할 수 있다. 약 3,000만 평에 달하는 포도원에서 연 500~700만 상자의 레드 와인을 생산하고 있다. 메독의 와인은 숙성 초기에는 타닌 함량이 높으나 숙성이 진행됨에 따라 그윽하고 기품 있는 향미를 발산하여 완벽한 레드 와인이라는 찬사를 얻고 있다.

1855년에 정해진 그랑 크뤼 클라세Grand Cru Classe(특급 포도원)는 오늘날까지도 그대로 유지되고 있는데 최고의 명문으로는 역시 메독의 샤토 마르고Margaux, 샤토 라피트 로쉴드Lafite-Rothschild, 그리고 샤토 라투르Latour 등이 손꼽히고 있다.

그라브는 영어로 'Gravel(자갈)' 인데 이 지역의 토양이 배수가 잘 되는 자

샤토 라투르

갈밭이라는 데서 유래한 이름인 것 같다. 1970년대 중반 이전에는 화이트 와인이 더 많이 생산됐으나 그 이후로는 레드 와인을 더 많이 생산하고 있다. 그라브의 레드 와인은 부드럽고 숙성된 맛이 강하며 화이트 와인은 신선하고 산미가 강하다. 이 지역 최고 명문으로는 샤토 오브리옹Chateau Haut Brion을 들 수 있다.

소테른느는 뛰어난 화이트 와인을 생산하는 지역으로 이 와인의 품질은 독일의 늦따기 포도로 제조한 와인과 유사하다. 이 지역의 수확기 기후는 일교차가 매우 심한 편으로 낮에는 햇볕이 강하고 밤에는 이슬이 많이 내리며 아침에는 안개가 짙게 낀다. 그 때문인지 잘 익은 포도에는 곰팡이가 피는데 이 곰팡이가 스위트 와인에 미묘한 향기를 나게 만들어 준다. 소테른느 와인으로는 샤토 디캉Chateau d'Yquem이 유명하다.

포메롤은 연간 30~40만 상자를 생산하는 조그만 지역인데 와인의 품질이 매우 뛰어나서 가격이 비싼 것이 특징이다. 이 지역에서 생산되는 와인은 맛이 부드러우며 향이 신선하고 풍부하다. 포메롤의 샤토 페트뤼Chateau Petrus는 보르도에서 가장 값비싼 와인을 생산하는 곳으로 유명하다.

생떼밀리옹 지역은 풍치가 뛰어나고 좋은 와인을 생산하여 이미 로마시대부터 널

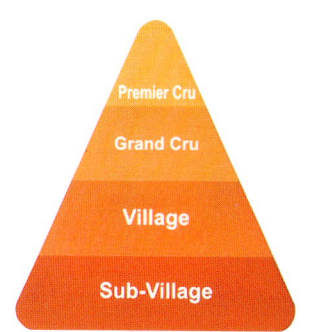

Premier Cru : 세계 최고급 와이너리 (샤토 마고 등)
Grand Cru : 고급 와이너리
Village : 중상급 와이너리
Sub-Village : 중급 와이너리

보르도의 와인 등급표

유명와인	포도 품종
레드 샤토 페트뤼(Chateau Petrus) 샤토 마고(Chateau Margaux) 샤토 라투르(Chateau Latour) 샤토 라피트 로쉴드(Chateau Lafite Rothschield) 샤토 무통 로쉴드(Chateau Mouton Rothschield) 샤토 오브리옹(Chateau Haut-Brion) **화이트** 샤토 디캉(Chateau d'Yquem)	**레드** 카베르네 쇼비뇽(Cabernet Sauvignon) 메를로(Merlot) 카베르네 프랑(Cabernet Franc) **화이트** 쇼비뇽 블랑(Sauvignon Blanc) 세미용(Semillon)

보르도의 유명 와인과 포도 품종

세계 최고의 와인으로 손꼽히는 부르고뉴 와인 로마네 꽁띠 포도밭

리 이름이 알려져 있었다. 이곳에서는 레드 와인만을 생산하고 있다. 생떼밀리옹의 와인은 달콤하고 부드러우며 향긋한 과일향이 강한 것이 특징이다. 유명한 샤토로는 오손느Ausone와 슈발 블랑Cheval-Blanc이 있다.

부르고뉴의 AOC급 와인 생산 지역으로는 샤블리Chablis, 코트 도오르Cote d'Or, 마코네Maconnais, 보졸레Beaujolais 등이 있다.

샤블리는 부르고뉴의 여타 와인 산지에서 멀리 떨어져 있으나 예로부터 부르고뉴 와인 단지에 속하는 것으로 분류됐다. 이곳의 와인은 섬세한 신맛과 신선하고 깨끗한 과일향이 특징이며, 이곳은 실로 세계 최고의 화이트 와인 산지로 자리 매김되고 있다. 샤블리의 유명한 포도원으로는 레 클로Les Clos,

블랑쇼Blanchots 등이 있다.

코트 도오르는 영어로 '황금 언덕(Golden slope)'인데 가을 포도밭의 노란 단풍 색깔에서 유래한 것으로, 언덕길을 따라 길게 뻗어 있는 세계적인 와인 산지의 표본이라 할 만한 지역이다. 이곳의 와인 생산량은 메독의 3분의 1 정도인데 해마다 공급이 달려서 예약을 해야만 살 수 있을 정도로 인기가 높다. 화이트 와인은 코르통 샤를마뉴Corton-Charlemagne가, 레드 와인은 샹베르탱Cham-bertin이 유명하다.

마코네는 마콩시와 붙어 있는 지역으로 와인의 맛이 가볍고 신선하다. 마코네 지역의 와인은 비교적 값이 싼 데 비해 품질은

Grand Cru : 약 40개의 최상급 와이너리(총 생산량의 1%)
Premier Cru : 고급 와이너리(총 생산량의 11%)
Commune : 중상급 와이너리(총 생산량의 23%)
Sub-Village : 중급 와이너리(총 생산량의 65%)

부르고뉴 와인 등급표

유명와인	포도 품종
레드 로마네 꽁띠(Romanee-Conti) **화이트** 몽트라셰(Montrachet) 코르동 샤를마뉴(Corton Charlemagne) 레 클로-샤블리(Le Clos) 발뮈르-샤블리(Valmur) 바용-샤블리(Vaillon)	**레드** 피노 누아(Pinot Noir) 가메(Gamay) **화이트** 샤르도네(Chardonnay)

부르고뉴의 유명 와인과 포도 품종

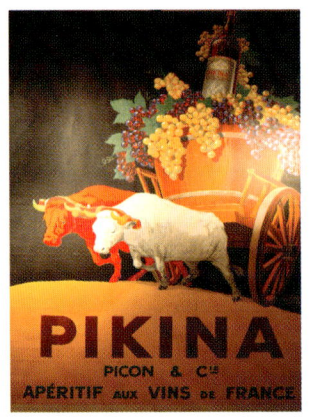 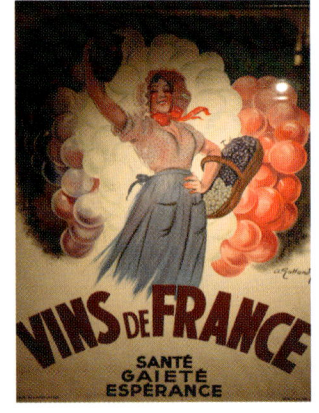

보졸레 누보 광고 포스터들

우수하다. 마콩의 푸이 푸세Pouilly-Fuisse는 품질이 뛰어나며 가격도 비싸다.

보졸레 지역은 부르고뉴 지방 와인 생산량의 60%를 차지하고 있다. 이곳의 토양은 배수성이 그다지 좋지 않아 포도 자체의 아로마는 그다지 좋지 않은 편이다. 그 때문인지 보졸레 지역의 와인 생산업자들은 전통적인 방법에서 과감하게 탈피하여 포도의 품종과 발효 방식을 현대적인 다산성 방식으로 바꾸고, 판매에서도 '보졸레 누보(새로운 보졸레)'라 하여 최단 기간 내의 배달 방식을 도입하고 있다. 보졸레 와인은 기존 레드 와인과 화이트 와인의 특성을 함께 가지고 있다. 보졸레 지역의 대중 와인은 상표에 보졸레Beaujolais나 보졸레 수페리어Beaujolais Superieur로 표기한다.

프랑스의 지명이나 샤토명을 다 아는 것을 불가능한 일이다. 그러나 세계 각지로 수출되는 프랑스 와인 가운데서 우수한 품질의 것을 선택하기 위해서는 최소한 보르도와 부르고뉴의 지명이나 유명한 샤토명 정도라도 알아두는 것이 좋다.

샤토 디캉 이야기

프랑스의 엘리제궁에서 열리는 수많은 연회에서는 언제부터인가 샤토 디캉을 공식 접대주로 써 왔다. 일본 왕궁에서도 공식 연찬에 이 술을 낸다.

샤토 디캉은 미국의 3대 대통령 토마스 제퍼슨이 1784년산 250병을 산 이래 미국에서 최고의 와인으로 여겨졌다. 나폴레옹 시대에는 1802년산을 많이 저장했으며, 러시아의 왕궁에서도 1847년산 900리터를 사서 저장했다. 해마다 판매량이 7만 병으로 한정되어 있어 예약하지 않고는 살 수 없다.

샤토 디캉은 어떻게 오랫동안 품위를 유지할 수 있었을까? 샤토 디캉이 자리 잡고 있는 지역은 보르도의 소테른느인데 가을 아침 안개가 많이 끼고 낮에는 햇빛이 많아 포도의 당도가 풍부하고 늦따기를 하면 곰팡이가 적절하게 낀다.

포도 수확시기를 판정하는 것은 매우 중요한 일이다. 또한 수확하는 인부들의 섬세한 감각도 와인의 품질을 유지하는 데 큰 몫을 한다. 포도의 품종, 토양 성분, 포도원의 지형, 햇빛을 받는 각도 등에 따라 또는 포도원의 각 구획마다 포도 따는 시기가 다르기 때문이다. 따라서 한 포도원이라 하더라도 잘 숙성된 곳은 따되 덜된 곳은 나중에 수확한다. 포도송이를 하나하나 골라서 따므로 시간도 많이 걸리고 비용도 많이 든다. 또한 수확량도 해마다 달라 어떤 해에는 디캉 포도원의 수확량 중 25%만이 품질 기준에 합격한다. 그런 해에는 포도 한 그루에서 1병의 디캉 와인이 생산되는 셈이다.

1986년 런던의 크리스티 경매장에서 1784년산 샤토 디캉이 3만 6천 파

샤토 디캉

운드에 경매된 적이 있다. 샤토 디캉이 오랫동안 명성을 지킬 수 있었던 것은 이렇게 엄격한 품질관리 기준이 여러 세대에 걸쳐 지켜졌기 때문이다.

독일의 늦따기 와인

독일인들은 양질의 와인을 만들려고 오랜 기간에 걸쳐 무던히도 애를 써 왔다. 그러나 이탈리아, 스페인, 프랑스 등 지중해 연안국에 비해 기후가 한랭하고 음습하여 포도의 질이나 작황이 별로 좋지 않았다. 그래서 그들은 특별한 포도

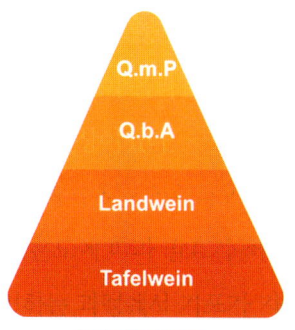

Q.m.P(Qualitatswein mit Pradikat)
설탕을 일체 첨가하지 않은 최고의 와인

Q.b.A(Qualitatswein bestimmter Anbaugebiete)
특정 지역에서 산출되는 중급 품질 와인

Landwein(란트바인)
타펠바인보다 더 강하고 드라이한 상급 타펠바인

Tafelwein(타벨바인)
프랑스의 벵 드 따블에 해당하는 보통의 테이블 와인

독일 와인 등급표

Q. m. P. 와인의 포도 수확 시기에 따른 분류
- 카비넷(Kabinett) : 잘 익은 포도로 생산된 와인. 알코올 함량이 낮고 가볍다.
- 슈페트레제(Spatlese) : 잘 익은 포도를 통상적 시기보다 늦게 수확하여 당도를 높인 포도로 생산한 와인. 단맛이 있다.
- 아우스레제(Auslese) : 과숙한 포도 송이를 선별하여 딴 포도로 만든 와인
- 베렌아우스레제(Beerenauslese) : 과숙하여 곰팡이가 엉켜 있는 포도 알만 골라서 만든 와인. 이것을 "보트리티스 시네리아(Botryits cinerea)" 혹은 "노블 롯(Noble rot)"이라 부른다. 이 포도는 당도가 높아 매우 달며 곰팡이에서 유래한 향기로운 산도 역시 높아 와인이 잘 숙성되도록 돕는다.
- 트로켄베린아우스레제(Trockenbeerenauslese) : 건포도가 될 정도로 마른 상태의 포도 알을 골라서 만든 와인
- 아이스바인(Eiswein) : 겨울에 포도나무에서 언 상태의 포도를 수확하여 만든 와인. 이 포도는 얼어있을 때 즙을 짜는데, 이렇게 하면 얼음은 그대로 있고 고농도의 포도 주스만 나온다. 이 와인을 아이스 와인이라 하며 매우 고상하고 가격이 비싸다.

재배 기술과 수확 방법을 연구했다. 그 결과 오늘날에는 라인가우 지역과 모젤 자르 루버 지역의 특수 와인이 당당히 세계의 고급 와인 대열에 오르고 있다.

독일의 라인 계곡에 가면 겨울철인데도 주렁주렁 열린 포도송이가 하얀 눈으로 뒤덮여 있는 풍경을 흔히 볼 수 있다. 이것이 바로 포도의 늦따기 기법(스페트레제Spatlese)인데, 이 기법은 발견된 후 최고급 스위트 와인을 만드는 고

독일 와인의 역사
- AD 1세기 로마로부터 전파됐다.
- 1888년 실로스요하네스부르크 수도원이 슈페트레제 방법을 확립했다.
- 20세기에는 포도육종과 재배법, 양조법 개선으로 아이스바인 등 획기적인 와인을 양조했다.
- 1965년 품질관리법이 제정됐다.

주요산지	유명와인	포도 품종
모젤-자르-루버 (Mosel-Saar-Ruwer) 라인가우(Rheinegau) 라인헤센(Rheinhessen) 팔츠(Pfalz) 나에(Nahe)	Bernkasteler Doctor Schloss Vollrads Balbach Dr. Burklin Wolf Weingut KrugerRumpf	**화이트** 리슬링(Riesling) 실바네르(Silvaner) 물러-트루가우(Muller-Trugau)

독일의 유명 와인과 포도 품종

전적인 포도 수확 방법으로 자리 잡았다.

중세의 수도원은 와인 생산을 독점하고 있었다. 따라서 당시의 수도사들은 와인 제조 기술을 보호하고 발전시키는 데 지대한 공헌을 했다. 18세기 라인 계곡의 포도원에서는 수도원장의 허락 없이 포도를 수확하는 것이 엄격히 금지되어 있었다.

1775년 실로스요하네스부르크에 있는 한 수도원장이 회의에 참석하기 위해 다른 지방에서 머물고 있었다. 그 사이 그의 수도원에 속한 포도원의 포도가 익었는데, 수도원 사람들이 수확 허락을 받기 위해 백방으로 노력을 했으나 허사였다. 이윽고 수도원장이 돌아와 보니 포도가 농익어서 쭈글쭈글해지고 하얀 곰팡이마저 피어 있었다. 수도원 사람들은 하는 수없이 그 상태로 포도를 수확하여 와인을 담갔다. 그런데 이게 웬일인가. 전에 없이 맛좋은 와인이 만들어진 것이다. 풋포도에서 나는 시고 약간 떫은맛은 익어감에 따라 사라지는데, 이 늦따기 포도로 제조한 와인은 당도가 더 높으면서도, 동시에 곰팡이로부터 발생한 향긋한 신맛이 그대로 남아 있었다. 한마디로 지극히 이상적인 와인이 만들어진 것이었다.

이 밖에 잘 익은 포도송이만 따서 만든 와인과 건포도 상태로 만든 와인, 그리고 포도송이가 얼어버린 다음에 수확하여 만든 와인이 있다. 라인 계곡의 장인들이 기후적 한계를 역이용하여 멋진 와인을 만들어낸 것이다.

양조학이 상당히 발달한 후에 알려진 사실이지만 늦따기 기법은 두 가지 면에서 매우 과학적이다. 첫째는 포도송이가 자연 상태에서 얼고 녹으면서 바람에 의한 수분의 증발이 일어나 냉동건조 효과로 인해 당도가 높아진다는 것이다. 둘째는 포도 맛이 미묘하게 변화되고 발효를 일으키는 미생물 집단이 다양해진다는 것이다.

결과적으로 이 미생물들은 와인에 섬세한 맛과 향을 내게 한다. 이러한 현상(귀부병)을 가리켜 프랑스에서는 푸리튀르 노블레Pourriture Noble, 독일에서는 에델포일레Edelfaule, 영어로는 노블 롯Noble Rot이라고 부른다.

미국 와인

미국의 와인 산업은 뉴욕주에서 처음 시작했으나, 사람들이 황금을 찾아 서부로 대이동하면서 캘리포니아에서 발달되기 시작했다. 미국의 동부는 대륙성 기후로 겨울이 너무 추워 포도 재배에는 그다지 적합하지 않았다. 이에 비하여 서부 해안지방은 포도 재배에 이상적인 기후를 가지고 있었다. 태평양 연안의 캘리포니아는 맑은 날이 많아 일조량이 풍부하고 겨울에도 별로 춥지 않다.

미국의 와인 제조용 포도는 대부분 유럽종이거나 미국에 자생하는 토종 포도의 개량종이다. 미국 토종 포도는 겨울 강추위에 대한 내성은 강하지만 이상한 냄새(Foxy Flavor)가 나기 때문에 와인 제조용으로는 적합하지 않다. 유럽종 중에서 화이트 와인용인 샤르도네 등은 미국의 기후와 토양에 잘 적응했으나, 레드 와인용인 피노 누와 등은 성공하지 못했다. 이러한 문제점을 극복하기 위해 미국의 와인 제조업자들은 토종 포도와 유럽 포도를 접붙여서 미국의 기후에 알맞고 품질이 좋은 포도를 생산했다. 그 가운데 대표적인 품종으로는 화이트 와인용 세이블 블랑Seyval Blanc과 레드 와인용인 바코 누아Baco Noir 등이 있다.

미국은 17세기에 유럽으로부터 이주한 청교도들이 중심이 되어 세운 국가이므로 청교도적인 전통에 따라 금주 운동이 많이 일어났다. 1차 대전 직후 전 세계 주류 산업에 지대한 영향을 끼친 14년간(1920년 1월~1933년 12월)의 금주령으로 미국 와인 산업에도 암운이 드리울 수밖에 없었다.

미국의 와인 산업은 1960년대에 들어서면서 급속도로 발전하기 시작했다. 미국은 신세계였다. 따라서 어떠한 새로운 시도도 전통적인 형식에 구애되지 않고 자유롭게 실험할 수 있는 곳이 바로 미국이었다. 와인에 있어서도

미국 와인의 역사
- 17세기 말 동부에서 이민자들이 전파했다.
- 서부에서는 19세기 프란체스코 선교사들이 전파했다.
- 1919년에서 1933년까지 금주령이 내려졌으며, 교회 미사주만 예외였다.
- 1960년대 값싼 저급 품질의 저그(jug) 와인이 인기였다.
- 1972년 캘리포니아 와인이 프랑스 와인 품평회에서 고급으로 인정받았다.
- US Davis 양조학과 설립으로 현대식 와인 산업이 발전하기 시작했다.

미국 와인의 특징
- 와인명 및 품종
해당 품종이 75% 이상 사용된 경우 그 품종을 라벨에 명시할 수 있다.
- 지역명
미국 와인법규에 의해 AVA(American Viticultural Area)라고 지정된 지역의 명칭만을 사용할 수 있다.

주요산지	유명와인	포도 품종
나파 밸리(Napa Valley)	Robert Mondavi Sterling Vineyard Frog's Leap	**레드** 카베르네 쇼비뇽(Cabernet Sauvignon) 메를로(Merlot)
소노마 카운티(Sonoma County)	Arrow Wood Kenwood Fisher	진펀델(Zinfandel) 피노 누아(Pinot noir)
나이아가라(Niagara)	Inniskillin Ice wine	**화이트** 샤르도네(Chardonnay) 쇼비뇽 블랑(Sauvignon Blanc) 세미용(Semillon) 비달(Vidal) 리슬링(Riesling)

미국의 유명 와인과 포도 품종

이러한 창의성이 유감없이 발휘됐다.

캘리포니아의 유씨 데이비스 U.C. Davis 대학에서는 양조학과를 설치하여 포도의 품종 개량과 발효 및 숙성에 있어 현대적인 기술을 접목하는 연구를 실시하고 있다. 캘리포니아의 와인 업계는 이 대학과 긴밀히 협조하면서 다양한 신제품을 개발하고 있다.

유럽의 포도밭에는 등급이 매겨져 있고, 와인 생산은 전통적인 방법에 의해 엄격하게 규제되고 있으므로 새로운 산업기술을 적용하는 데 어려움이 많다. 그러나 미국은 자율적으로 보다 생산성이 높고, 현대인의 감각에 맞는 와인을 생산할 수 있다는 장점이 있다.

캘리포니아 포도원은 크게 3개 지역으로 나뉘는데 샌프란시스코 북쪽 해안에 위치한 나파 밸리Napa Valley와 소노마 카운티Sonoma County 지역, 캘리포니아 중부 내륙의 산 죠퀸 밸리San Joaquin Valley, 그리고 남부 해안지역의 몬트레이 카운티Monterey County와 산타 클라라Santa Clara가 있다. 캘리포니아에서는 미국에서 생산되는 와인의 약 90%가 생산되며 그 가운데 약 80%는 중부 내륙의 산 죠퀸 밸리 지역에서 생산된다. 나파 밸리와 소노마 카운티의 비중은 약 10%에 불과하지만 고급 와인은 대부분 이곳에서 생산된다. 그밖에 유명한 와인 메이커로는 볼리에 빈야드Beaulieu Vineyard, 로버트 몬다비Robert Mondavi, 샤토 세인트 장Chateau St. Jean 등을 꼽을 수 있다.

이탈리아 와인

이탈리아는 로마시대부터 와인의 종주국이었다. 근래에는 프랑스 와인의 품질이 좋아 보르도와 부르고뉴 와인이 유명하긴 하지만 이탈리아 와인의 명성은 여전하다.

이탈리아는 유럽에서 가족들 간의 유대 관계가 가장 끈끈한 나라다. 그늘은 대대로 내려온 전통적 방법에만 의존하여 품질 개선에는 소홀했으나 1963년부터 프랑스의 AOC제도를 모방하여 DOC제도를 실시한 후 좋은 와인을 많이 생산하게 됐다.

이탈리아는 지중해성 기후로 국토 전역에서 포도가 재배되고 어떠한 품종이라도 잘 자란다. 따라서 레드 와인과 화이트 와인의 생산 비율을 쉽게 조절할 수 있다.

이탈리아 와인은 묵직하고 텁텁하며 산도가 낮은 것이 특징이다. 지중해성 기후로 인해 포도의 당분 함량이 높고 산도가 약하기 때문이다. 대부분이 레드 와인이고 오크통에서 장기간 숙성하며, 화이트 와인의 수요가 늘어남에

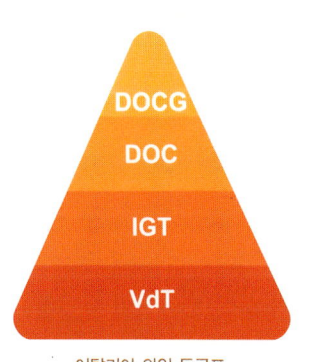

이탈리아 와인 등급표

DOCG(Denominazione Origine Controllata e Garantita)
최고 품질의 와인. 프랑스의 AOC 등급에 해당한다. 바르바레스코, 바롤로, 몬탈치노, 몬테풀치아노, 키안티 등이 대표적 지역들이다.

DOC(Denominazione Origine Controllata)
지속적으로 높은 품질을 유지하는 와인들에 부여되며, DOCG 등급으로 상향조정될 수도 있다. 대부분의 DOCG와 DOC 와인들에게는 빈티지 연도가 표기되어야 한다.

IGT(Indicazione Geografica Tipica)
새로 제정되어 아직 잘 사용되지 않고 있다. 프랑스의 '벵 드 뻬이'에 해당한다.

VdT(Vino da Tavola)
대부분이 아주 평범한 와인이다. 프랑스의 '벵 드 따블'에 해당한다. 그러나 이런 등급의 와인들에서도 슈퍼 스타급의 좋은 와인을 찾을 수 있다.

이탈리아 와인의 역사
- 기원전 7세기 그리스로부터 전파됐다.
- 로마시대에 현재 유명 와인 단지가 조성됐다.
- AD 1세기 로마시대 전역(전유럽)으로 와이너리가 전파됐다.
- 1963년에 DOC제도가 도입됐다.

주요산지	유명와인	포도 품종
피에몬테(Piedmonte) 바롤로(Barolo) 바르바레스코(Barbaresco) **베네토(Veneto)** 발포리첼라(Valporicella) 화이트 - 소아베(Soabe) **투스카니(Tuscany)** 키안티(Chianti) 몬탈치노(Montalcino)	Giacomo Conterno Vietti Bruno Giacosa Gaya Allegrini Pieropan Santa Sofia Brolio Castellare Soldera Blondi-Santi	네비올로(Nebbiolo) 네비올로(Nebbiolo) 코르비나(Corvina) 가르제나가(Gargenaga) 트레비아노(Trebbiano) 산지오베세(Sangiovese) 그로소(Grosso)

이탈리아의 유명 와인과 포도 품종

따라 그 생산량도 증가하고 있다. 이탈리아 와인의 주산지는 북서부 산악 지대의 피에몬테Piemont 지방과 북동부의 베네토Veneto 지방, 그리고 투스카나Tuscany 지방이다.

피에몬테에서는 이탈리아를 대표하는 레드 와인을 생산하는데 바르바레스코Barbaresco, 바롤로Barolo가 유명하다. 여기서 생산되는 와인은 알코올 도수가 높고 감칠맛도 있으며 신맛, 떫은맛, 쓴맛이 조화를 이루고 있다.

베네토 지방에는 베로나를 중심으로 주변에서 대량의 와인을 생산하는데, 발포리첼라, 바르돌리노의 레드 와인, 소아베의 화이트 와인이 유명하다. 이 중에서 가장 유명한 것은 소아베의 드라이한 화이트 와인이다.

환상의 전원 플로렌스가 있는 투스카니 지방은 가장 품질이 우수한 와인을 생산한다. 특히 키안티의 레드 와인은 세계적으로 명성이 높은데, 레드 와인에 화이트 와인을 섞어서 제조하는 것이 특이하다.

축복받은 땅, 칠레 와인

묵직한 맛과 짜임새 있는 타닌으로 어우러진 칠레 와인은 질에 비해 매우 저렴한 가격으로 와인 애호가의 남다른 관심을 받고 있다. 특히 카베르네 소비뇽 품종으로 빚은 칠레산 레드 와인은 훌륭한 와인 중의 하나로 꼽히고 있다. 칠레는 포도 재배에 알맞은 기후와 토양을 모두 갖추고 있는 나라이다. 특히 모래질의 토양 덕분에 19세기 전 세계에 퍼진 필록세라로부터 전혀 피해를 입지 않은 유일한 나라이기도 하다. 칠레의 수도 산티아고 주변은 남위 30도의 작열하는 태양과 안데스 산맥에서 흘러내리는 맑고 풍부한 물로 우수한 품질의 포도를 생산하고 있다.

남북이 길고, 동서는 아주 좁은 칠레는 아주 오래 전부터 포도 재배와 양조를 시작했지만 오늘날 칠레 포도주의 특색이 나타나기 시작한 것은 1985년 이후부터이다. 실베스트레 오차가비아라는 안목 있는 칠레인은 당시 주로 재배됐던 스페인 품종 대신 프랑스 보르도 지역의 품종으로 대체해 나갔다. 그가 들여온 품종은 카베르네 소비뇽, 카베르네 프랑, 코트, 피노 누아, 리슬링,

세미용과 소비뇽 등이었다. 이후 수많은 광산주가 와인 사업에 관심을 갖게 됐으며, 이들은 새로운 품종의 도입 이외에 프랑스의 전문가를 초빙해서 최신 양조기술을 배웠다. 그래서 칠레산 와인은 보르도의 양조 공정과 유사하다. 칠레의 최고급 와인은 광산주가 모여 살았던 산티아고 부근 지역에서 생산되고 있다. 포도 경작지는 약 10만 8,200헥타르에 달한다.

칠레 와인의 장점은 앞서 언급했듯이 맛이 풍부하고, 어느 정도 깊이를 지니고 있으며 알맞은 밸런스를 보인다는 것이다. 또한 칠레 와인은 남국의 기온으로 유럽 여느 나라들의 와인에 비해 타닌이 보다 우순하고 부드러워 마시기가 한결 수월하다. 물론 맛이 단조롭고 투박하다는 단점도 있다.

칠레의 포도원

칠레의 레드 와인 중에서는 1984년산이 최고 품질로 기록되고 있으며 1980년, 1981년, 1982년, 1985년, 1986년산 품질도 높이 평가받고 있다.

칠레산 와인을 접하는 소비자는 특히 이름에 유의해야 하는데 예를 들면 산타 리타 우나 메다야 레알은 등급 자체가 다르며, 질적으로도 큰 차이를 보인다. 많은 사람은 이와 같은 라벨 때문에 종종 혼란스러워 한다. 다른 와인 생산국처럼 포도 재배와 양조를 규제하는 법이 없었던 칠레는 1995년이 돼서야 일종의 원산지 호칭제도인 DO제도를 도입했다. 이 법에 의하면 만일 와인 라벨에 재배지를 명시하려면 적어도 75% 이상의 포도가 해당 지역에서 생산된 것이어야 하고, 포도 품종을 라벨에 표시하려면 적어도 75% 이상을 그 품종의 원액을 사용해야 하며, 수확연도를 명시할 때도 당해 연도산이 적어도

칠레 와인의 역사
- 1850년 보르도의 카베르네 쇼비뇽, 메를로 등 레드 와인 포도 품종이 전파됐다. 산티아고 마이포 계곡에 우수한 포도원이 조성됐다.
- 1870년 프랑스 포도 진드기 난 때 각광을 받았다.
- 1882년~1889년 국제 와인 품평회에서 우수상을 수상했다.
- 1902년 알코올 중독자 문제가 심각해지자 와인 고율 주세 정책을 실시했다.
- 1938년~1974년 연간 와인 생산량을 총량 30리터/head, 포도재배 면적 102,00헥타르로 규제하자 국제 시장에서 칠레 와인이 자취를 감췄다.
- 1974년~2000년 스페인과 프랑스 와인 회사들이 투자하여 국제적인 포도원을 조성했다.
- 1982년 샤르도네 품종이 성공했다.
- 1995년 원산지 통제법(DO)을 실시했다.
- 1996년 적포도 품종 카메네르(Carmenere)가 대성공했다.

주요산지	유명와인	포도 품종
산티아고(Santiago)	Montes Alpha Almaviva	레드-쉬라즈(Shiraz) 카베르네 소비뇽(Cabernet Sauvignon)

칠레의 유명 와인과 포도 품종

75% 이상이 되어야 한다. 이 법률에 따라 5개의 권역이 포도의 산지로 지정됐다. 그중 가장 중요한 와인 산지는 중앙계곡(Valle Central)으로 칠레 와인의 라벨에서 가장 흔히 볼 수 있는 지역이다.

다양한 스타일의 호주 와인

호주의 와인 생산은 해마다 늘고 있으며, 와인 애호가의 수도 급속히 불어나고 있다. 또한 다양한 와인 대회가 열려 포도주 생산과 장려에 적극적이다. 호주는 이탈리아에 이어 두 번째로 미국에 와인을 많이 수출하는 나라이다.

호주 와인은 와인 양조와 포도 재배가 세계 최고의 첨단 기술과 장비로 이루어지며 항상 새로운 포도 재배 방법과 와인 양조법을 개발하고 있다. 호주인이 발명해 낸 종이팩 포장 와인은 야외 나들이나 스포츠를 즐기는 어떠한 장소에서도 간편하게 음용할 수 있다. 캔 맥주와 같이 종이팩 와인이 보편화될 수 있다는 것이 와인업계의 설명이다. 호주산 와인은 대체로 품질에 비해 가격이 저렴하여 누구나 부담 없이 즐길 수 있다.

화이트 와인은 호주에서 생산되는 와인의 약 60%를 차지한다. 30% 만이 레드 와인이다. 화이트 와인에서는 샤르도네가 주종을 차지하고 그 다음이 리슬링, 세미용이다. 주종을 이루는 레드 와인은 쉬라즈와 카베르네 소비뇽이다. 늦게 수확하여 생기는 귀부곰팡이로 달게 만든 리슬링도 생산된다. 그러

나 호주에서 가장 질 좋은 와인을 생산하
는 뉴사우스 웨일즈의 헌터계곡에서는
세미용이 가장 유명하다. 이 와인은 세월
과 더불어 숙성되면서 맛이 깊이를 더해
가는데, 10여 년이 지나면 부드러운 크림
과 같은 맛을 내며 은은히 퍼지는 오렌지
향의 여운을 주는 와인이 된다. 또한 가
장 호평 받는 지역이라는 '그랜지Grange'
라는 이름이 붙여져 펜폴즈 양조장에서 생산되고 있다.

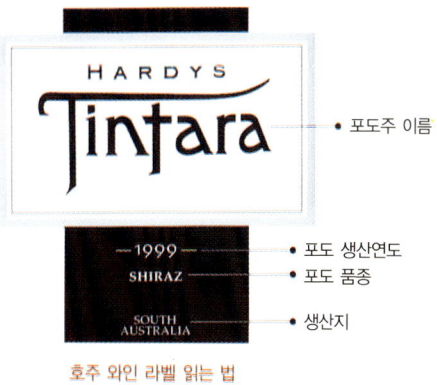

호주 와인 라벨 읽는 법

스파클링 와인 역시 빼놓을 수 없는 상품이다. 호주에서 생산되는 와인은

호주·뉴질랜드 와인의 역사
- 1788년 필립 총독이 포도를 전파했다.
- 1830년 남동부 이주자들이 헌터 밸리, 바로사 밸리 등에 포도원을 조성했다.
- 1870년대 프랑스 진드기 난 이후 호주 남부지역에 와이너리가 발전했다.
- 1925년 영국 수입 와인에 특혜관세를 도입했다.

주요산지	유명와인	포도 품종
뉴 사우스 웨일즈(New South Wales) 헌터 밸리(Hunter Valley) 빅토리아(Victoria) 야라 밸리(Yarra Valley) 사우스 오스트레일리아(South Australia) 바로사 밸리(Barossa Valley) 쿠나와라(Coonawarra) 뉴질랜드(Newzealand)	Tyrrell's wine Mount Pleasant Chateau Tahbilk Coldstream hills Peter Lehmann Pewsey Vale Wynns Penfolds Hunter's	**레드 와인** 쉬라즈 카베르네 소비뇽

호주·뉴질랜드의 유명 와인과 포도 품종

20%가 스파클링 와인이므로, 이들은 대개 샴페인 방법으로 양조된다. 피노 누아, 샤르도네를 사용해서 드라이한 부릿(brut, 'dry'로 표기한 것보다 더 드라이한 맛을 나타낸다) 스타일로 생산된다.

호주는 북부 이탈리아 지방에서처럼 레드 와인으로 스파클링 와인을 만들기도 하지만 이것은 대개 국내 소비용으로 쓰인다. 가장 유명한 스파클링 와인은 빅토리아 지역에 있는 세펠트에서 생산된다. 세펠트는 여러 지역의 포도를 혼합하여 스파클링 와인을 만든다.

저렴하게 판매되는 종이팩 와인 역시 호주 와인 생산의 58%를 차지한다. 이것은 상당히 다양한 와인 품종으로 만들어지는데, 샤르도네, 머스캣 알렉산드리아, 프랑스종인 콜롱바르나 트레비아노와 같은 품종으로 양조된다. 대체로 맛은 좀 떨어지는 단점이 있으나, 종이상자에 붙여 놓은 꼭지로 따라 마시는 이 와인은 들고 다니기 간편해서 일상생활에서도 간편하게 와인을 즐길 수 있다는 장점이 있다.

레드 와인의 경우 쉬라즈 이외에 카베르네 소비뇽, 메를로, 피노 누아, 비오니에 등이 있고, 화이트 와인에는 샤르도네 다음으로 세미용, 리슬링 등이 주류를 이루고 있다.

호주 와인은 과일맛이 많이 나고 우리에게 익숙한 맛을 지니고 있기 때문에 우리나라 사람들이 선호하는 와인 중 하나이다.

신선하고 풋풋한 뉴질랜드 와인

뉴질랜드는 최근 좋은 와인 생산국으로 주목받고 있다. 뉴질랜드는 기후가 온화하고 강수량이 적당해 드라이한 화이트 와인을 만드는 훌륭한 생산국으로 알려져 있다.

유명한 와인 산지로는 노스 아일랜드의 호크스 베이와 기즈번이 있다. 사우스 아일랜드에서는 말버러가 가장 큰 와인산지에 속한다.

뉴질랜드에서 재배되고 있는 포도 품종은 샤르도네, 게브츠트라미너, 향이 좋은 소비뇽 블랑이다. 카베르네 소비뇽과 피노 누아로부터 품질 좋은 드라이 레드 와인도 생산된다.

뉴질랜드의 화이트 와인 중 세계적으로 인정받고 있는 소비뇽 블랑은 열대 과일향이 풍부하고 달콤한 과일맛과 향기로운 맛이 난다. 현재 우리나라에 가장 알려진 뉴질랜드 와인은 빌라 마리아Villa Maria이다. 그리고 2006년 코리아 와인 챌린지(2005년부터 개최된 국내 유일의 국제 와인 경쟁대회)서 소비뇽 블랑으로 만든 실레나Silena가 대상을 얻어 한국시장에서 많은 인기를 얻고 있다.

열정과 낭만의 스페인 와인

1880년경 유럽 대륙은 와인 기근에 휘말리게 된다. 미국으로부터 필록세라가

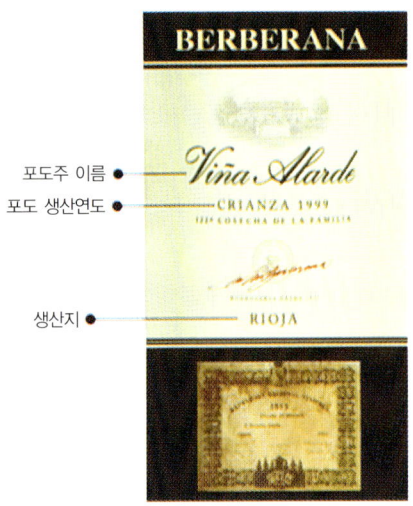

포도주 이름
포도 생산연도
생산지

스페인 와인 라벨 읽는 법

유입되어 포도의 싹을 갉아먹어 포도원을 황폐화시켰다. 그리하여 보르도 사람들은 필록세라 난을 피해 피레네 산맥을 넘어 스페인 북부 리오하 지역에 포도원을 조성했다. 이들로부터 전수된 포도 재배 기술과 양조 기술은 스페인 와인의 품질을 한 등급 올려놓았다.

스페인 와인은 이탈리아만큼 역사가 오래됐을 뿐 아니라, 8세기경 이슬람 교도들이 스페인을 지배할 때 소아시아의 다양한 포도 품종이 유입됐다는 특징이 있다. 스페인은 이탈리아와 마찬가지로 기후와 토양 조건이 적절하여 전국적으로 포도가 재배되며, 테이블 와인에서 강화 와인, 스파클링 와인(에스프모소)까지 다양한 와인을 생산하고 있다.

주산지는 북부의 리오하를 비롯하여 중부 내륙의 고원 라만차La Mancha 지역, 그리고 북동부 해안의 페네데스Penedes 지역이다. 리오하 알타에서 생산되는 레드 와인도 세계적으로 유명하며, 와인의 품질을 개선하고 지키기 위해 리오하에서는 원산지 통제 호칭법을 제정하여 다른 지역의 와인과 차등을 두고 있다. 카탈루냐 지방의 페네데스 지역에서는 에스프모소가 유명하고, 씁쓸한 맛의 화이트 와인과 레드 와인도 생산하고 있다.

스페인 · 포르투갈 와인의 역사

- 기원전 5세기 그리스로부터 전파됐다.
- AD 1세기 로마시대 스페인 전 지역으로 와이너리가 전파됐다.
- 중세에 현재 유명 와인 단지가 조성됐다.
- 1870년대 프랑스 포도 진드기 난 이후 리오하 지역에 와이너리 붐이 일어났다.
- 1965년에 DOC제도를 도입했다.

주요산지	유명와인	포도 품종
리오하(Rioja)	**레드** Marques de Riscal La Rioha Alta Pardo Enea(Muga)	템프라닐로(Tempranillo)
리베라 델 드웨로(Rivera del Duero)	Vina-Sicilia(Unico) Alehandro Fernandez Pesquera	
헤레즈(Jereze)	Sendman(Sherry Wine)	

스페인의 유명 와인과 포도 품종

스페인 강화 와인인 셰리주 숙성고

DOCa(Denominacion de Origen Calificada)
1급의 원산지 통제 와인

DO(Denominacion de Origen)
2급의 원산지 통제 와인

Vino de la Tiorra(비노 델 라 티에라)
프랑스의 '뱅 드 뻬이'급 와인. 그 지역 내에서 생산되는 포도를 60% 이상 사용해야 한다.

Vino De Mesa(비노 데 메사)
테이블 와인

스페인 와인 등급표

포르투갈 와인

포르투갈은 전체적으로는 지중해성 기후 지대이나 대서양에 면한 서부 지역은 해양성 기후가 나타나며 내륙 지역으로 갈수록 지중해성 기후의 영향을 크게 받는다. 따라서 포도주의 주산지는 바다에서 떨어진 내륙 지역이다. 포르투갈도 스페인과 마찬가지로 고대 페키니아인들에 의해 포도가 전파된 것으로 알려져 있다. 포르투갈은 포도주 생산에 있어서 유럽의 다른 어떤 나라보다 전통을 고수하고 있다. 일부 지역에서는 아직도 포도즙을 발로 밟아 짜기도 하며, 완전히 수작업으로 와인을 양조하기도 한다.

포르투갈에서는 다양한 토종 품종이 재배되고 있다. 1986년에 EU에 가입하면서부터는 시품종의 재배도 널리 확산되고 있으며 유럽에서는 스페인

주요산지	유명와인
두오르(Douro)	Barca Velha
	Sendman(Port Wine)
알렌테호(Alentejo)	Quinta do Carmo
	Fonceca

포르투갈의 유명 와인과 포도 품종

에 이어 4위의 와인 생산국이다. 포르투갈을 대표하는 와인은 유명한 포트 와인이다. 주정강화 포도주인 이 포트는 포르투갈을 세계적인 와인 생산국으로 알리는 데 크게 기여했다.

포르투갈은 1인당 와인 소비량이 연간 100병이 넘을 정도로 많은 와인을 소

두오르 강 계곡의 와이너리

비하며 그 대부분은 테이블 와인이다. 가장 일반적인 와인은 로제 와인으로 마테우스Mateus와 랑세르Lancers 회사가 유명하다. 저렴한 가격의 화이트 와인과 레드 와인도 많이 생산되고 있다. 마데이라 와인도 디저트 와인으로 유명하다.

귀부 와인의 제왕 헝가리 와인

헝가리 와인 산지는 카르파시안 분지를 중심으로 발달했다. 이곳은 대륙성 기후와 해양성 기후 및 지중해성 기후가 모두 영향을 미치는 곳으로 매년 기후 변동에 따라 와인 생산량과 품질이 달라진다. 포도 재배면적은 총 13,000헥타르로 이 중 띠스자 강과 다뉴브 강 사이의 대평원에 위치한 세 곳이 전체 와인 생산지의 45%를 차지한다. 나머지 와인 산지는 대부분 1,000~5,000헥타르의 작은 단위로 되어 있다. 특히 토카이는 총 면적이 6,000헥타르 밖에 되지 않으나 토카이 싸모로드니Tokaj Szamorodni와 토카이 아쑤Tokaj Aszu를 생산하는 지역이 2,000헥타르에 달할

귀부병에 걸린 포도송이

정도로 고급 와인을 생산하고 있다.

헝가리는 세계적으로 유명한 스위트 와인인 토카이 와인의 생산지이다. 토카이는 마을 이름이며 영어식 표기인데 헝가리에서는 'Toakaj'라고 표기하며 와인을 나타낼 경우에는 'From'이란 뜻의 'i'를 붙여 'Tokaji'라고 표기한다. 헝가리의 동북쪽에 위치해 있으며 해발 500m인 토카이 마을에서 생산되는 와인은 백포도로 만든다. 이 지역은 토양이 화산토양으로 와인에서 독특한 향이 뿜어져 나오며 띠스자 강과 주변의 높은 산들로 인해 안개가 자주 발생하는데 이 안개의 영향으로 보트리티스 시네리아Botrytis Cinerea라는 회색 곰팡이균이 발생하게 된다. 이 현상을 일본말로는 귀부貴腐라 하는데 말 그대로 '귀하게 썩었다'라는 뜻이다. 여름에 덥고 건조하며 가을에 따뜻하고 습하면 포도는 귀부병에 잘 걸린다. 또는 오전에는 안개가 끼고 오후에는 태양이 비치면 그 습기 때문에 포도가 귀부병에 걸린다. 이 병에 걸리면 과즙의 수분이 없어지면서 포도가 건포도처럼 변한다. 이 포도는 농축된 달콤한 포도즙을 함유하고 있는데 이를 발효하여 와인을 만들면 그 자체로 꿀처럼 당도가 높은 달콤함과 강한 향기를 지닌 와인이 되는 것이다.

이러한 와인들로 유명한 것이 프랑스 보르도 지방의 소테른느와 독일의 트로겐베렌아우스레제와 헝가리의 토카이이다. 토카이는 귀부병에 걸린 포도로 만든 달콤한 맛의 화이트 와인으로 엷은 황금빛을 띤다. 토카이 와인은 세계에서 가장 오랜 기간을 저장해 마실 수 있는 와인으로 루이 15세는 이 와인을 자신의 연인인 마담 퐁파두르에게 선물하면서 '왕들의 와인, 와인 중의 제왕'이라고 불렀고, 러시아를 포함한 동유럽 국가들에서는 만병통치약으로 여겨 귀족들만 즐겼다.

토카이 싸모로드니 와인은 헝가리의 가장 좋은 화이트 와인이다. 싸모로드니는 드라이한 것과 스위트한 것이 모두 만들어지며 와인의 당도가 품질을 나타내는 것은 아니다. 알코올 도수는 14도이며 드라이 싸모로드니는 오크통에서 숙성되는 동안 노란 갈색으로 변해가며 복합적인 향이 발달하게 된다. 좋은 향은 신선한 빵과 구운 빵의 향이 난다. 와인의 산도와 바디Body(입안에서 느껴지는 와인의 무게감)는 향과 어우러져 특유의 맛을 낸다. 이 와인은 로스트한 고기나 가금조류에 어울린다.

스위트 싸모로드니는 보통 포도의 머스트Must(발효되지 않은 포도즙)에 아쑤 포도를 넣어 머스트의 당도를 25도까지 올린 다음 발효시켜 만든다. 발효 시 당분을 완전히 발효시키지 않고 2~3%의 당분이 남도록 한다. 스위트 싸모로드니는 가장 널리 이용되는 토카이 와인이다. 보통 숙성 기간이 최저 3년 이상인 이 와인은 상표에 포도 품종이 표기된다.

토카이 아쑤 에쎈시아Tokaj Aszu Eszencia는 가장 귀하고 드문 와인이다. 에쎈시아는 작황이 매우 좋은 해에 아쑤 포도를 수확하여 통에 넣어두면 포도 자체의 무게에 눌려 저절로 흘러나온 주스를 말한다. 따라서 주스의 당도가 매우 높아 발효도 서서히 진행되며 때로는 몇 년에 걸쳐 이루어지기도 한다. 이 주스만을 발효시켜 130리터들이 겐지통에서 숙성시킨 와인을 아쑤 에쎈시아라고 한다. 최고급 토카이 와인으로 무화과와 살구향을 지니고 있다.

아르헨티나 와인

세계 5위의 와인 생산 국가인 아르헨티나 와인은 스페인에서 전파됐다. 포도는 1557년 스페인 이민자들이 처음 아르헨티나에 상륙 했을 때 도입됐다. 아르헨티나인들의 와인 음주량은 1인당 연간 45리터로 대부분의 와인이 국내에서 소비된다.

아르헨티나의 와인 제조자들은 품질보다는 양에 관심이 많았다. 그러나 경제 사정이 악화되면서 1990년대부터 수출에 눈떠 많은 와이너리들이 품질 경쟁에 나섰다. 2000년대에 들어서는 관광을 겨냥한 와이너리들이 늘어났다.

아르헨티나의 주요 와인 생산 지역은 북에서 남으로 대략 7지역으로 나뉘는데 그중 살타Salta 지역과 멘도자Mendoza 지역이 중심을 이룬다. 살타는 최근 각광을 받고 있는 와인생산 지역으로 해발 1,500~1,700m 정도의 고지대 카파야테 밸리Cafayate Valley에서 주로 생산한다. 이 지역의 포도 품종은 화이트 와인용으로 토론테스Torrontes가 유명하며, 특히 금세기 최고의 양조 기술자라 불리는 미쉘 롤랑이 이 지역의 와이너리를 구매하면서 애호가들의 주목을 받기 시작하였다.

멘도자는 아르헨티나 와인 산업을 이끌어온 전통 와인생산 지역이라 할 수 있다. 세계의 와인산지 중에서 가장 고산지대인 해발 3,000m에 위치하고 있다. 서쪽의 안데스 산맥에서 만년설이 녹아 내려오는 물과 뛰어난 배수력을 갖고 있는 멘도자는 최적의 떼르와를 갖추고 있다고 한다. 아르헨티나 와인

안데스 산자락에 펼쳐진 포도밭

생산량의 약 70%를 차지하고 있지만, 땅값은 미국 나파 밸리의 3% 정도여서 투자가들의 관심을 얻고 있다. 전체 와인의 85%가 레드 와인이다.

안데스 산기슭에 위치한 멘도자의 트라피체 와이너리는 1883년에 설립된 이래 수대를 거쳐 아르헨티나 와인산업에서 중요한 위치를 차지하고 있다. 트라피체 와인은 과일향이 짙은 강렬한 와인이다.

크로타Crotta 와이너리는 1919년에 설립됐다. 멘도자의 서쪽에 자리 잡은 이곳은 안데스 산맥 중턱에서 태양의 강렬한 빛을 받아 포도가 농축미를 발휘하여 과일향과 맛이 진한 포도를 생산한다.

노통Norton은 1989년 오스트리아인이 매입했다. 아르헨티나 와인산업에서 최초의 외국인 투자자인 그는 대단한 열정으로 와이너리 경영에 참여했으며, 최고 품질의 와인을 생산하기 위해 많은 노력을 했다. 현재 세계 40여 개 국가로 와인을 수출하고 있는 노통 와이너리는 아르헨티나 프리미엄 와인 수출의 선두주자로 이름을 떨치고 있다.

파스칼 토소Pascual Toso는 이탈리아 피에몬테에서 아르헨티나로 이주해 1890년 와인 농장을 시작했다. 파스칼 토소사는 이탈리아와 프랑스 최고의 포도원에서 사용하는 첨단 장비들을 구비하고 있다. 아르헨티나에서 가장 역사가 길고, 고급와인을 생산하는 포도원으로 알려져 있다. 최근 로버트 몬다비사 출신 와인 메이커가 영입되어 로버트 몬다비사 스타일의 와인이 제조되고 있다.

아르헨티나의 와인은 좋은 기후대에 위치한 광대한 토지를 바탕으로 성장 잠재력을 갖추고 있다. 최근 기지개를 켜기 시작한 아르헨티나의 와인 산업의 발전에 따라 많은 애호가들의 설렘도 커지고 있다.

이상적 기후가 빚어내는 깊은 맛의 남아공 와인

1652년 동인도회사가 남아공의 희망봉에 유럽에서 동양을 오가는 뱃사람들이 쉬어가는 장소를 만들었다. 이로 인해 남아공에 포도가 유입됐으며, 1659년 케이프 포도로 만든 남아공 와인이 처음 생산됐다. 이후 1688년 종교적 박

남아공 포도밭

해를 피해 남아공으로 이주한 프랑스인들이 남아공의 와인문화를 발전시켰다. 18세기에 이르러 케이프 반도의 콘스탄샤 지역 와인은 동인도회사를 통해 본격적으로 판매되면서 세상에 알려지게 됐다. 영국의 작가 제인 오스틴도 작품에서 남아공 와인을 소개했고, 헬레나 섬으로 유배된 나폴레옹도 콘스탄샤 와인을 위안으로 삼았다는 일화가 유명하다. 현재 남아공 와인은 80여 개국에 수출되고 있다. 이렇게 남아공 와인은 350년의 역사를 지니고 있지만 우리들에게는 신세계 와인으로 잘 알려져 있지 않은 실정이다.

남아공 와인의 매력은 지중해와 비슷한 기후조건에서 비롯된다. 긴 여름 동안 햇빛을 충분히 받아 당분을 축적하고, 바다에서 불어오는 미풍은 포도가 열기로 마르는 것을 막아준다. 여기에 온화하고 습기가 많은 겨울까지 남아공의 기후는 와인 제조에 이상적이다.

유명한 와인 산지로는 스텔렌보슈Stekkenbosch, 팔Paarl, 곤스탄티아Constantia 등이 있다. 국내에 잘 알려진 팔 지역은 케이프 반도의 북서쪽에 있는 유명한 와인 산지로 일류 와인 메이커들이 자리 잡고 있다. 전통적으로 화이트 와인이 강세를 보이는 곳이지만 지중해성 기후와 토양 때문에 지금은 레드 와인도 늘어나는 추세이다.

남아공 와인의 포도 품종은 피노타지Pinotage로 다른 나라에서 재배한 것과 약간의 차이를 지닌다. 예를 들면 카베르네 소비뇽의 맛은 프랑스 와인을 연상시키지만 꼭 그렇다고 할 수는 없다. 남아공 와인들은 프랑스 와인의 미묘함과 섬세한 맛에 캘리포니아 와인의 진한 맛을 결합시켰기 때문이다. 시간이 지날수록 복잡미묘한 과일맛이 나지만 생산 초기에 마셔도 아주 맛이 좋은 남아공 와인은 섬세하고 강렬한 지형을 우아하게 표현해낸 고급 와인이다.

강화 와인

와인에 브랜디를 첨가하여 만든 혼성주를 강화 와인(Fortified Wine)이라 한다. 강화 와인은 와인 고유의 향미와 미네랄을 그대로 함유하고 있으면서 또한 부패하지도 않으므로 장기간 보관이 가능하다. 유명한 강화 와인은 스페인의 셰리, 포르투갈의 포트, 이태리의 베르무트 등이다.

셰리주

셰리Sherry는 화이트 와인에 브랜디를 첨가한 일종의 강화 와인으로 위스키나 브랜디의 숙성법이 발달하기 전(18세기 중엽)까지 애주가들의 총애를 받았다. 미숙성된 위스키나 브랜디는 알코올 도수는 높으나 향과 맛이 거칠었기 때문이다.

셰리는 무척 합리적인 방법으로 숙성과 블렌딩이 이루어진다. 셰리 통을 3~4단으로 쌓고 윗단과 아랫단의 통들을 서로 연결하여 맨 아랫단에 있는 오래 숙성된 셰리를 따라 내고 그 만큼의 새 술을 맨 윗단의 통에 보충해 준다. 이렇게 함으로써 셰리가 자동적으로 블렌딩되는 것이다.

솔레라Solera라고 하는 이 블렌딩 방법을 통해 같은 양조장에서 늘 균일한 품질의 셰리를 생산할 수 있다. 그러나 항상 새 술과 숙성된 술이 혼합되기 때문에 생산한 포도원이나 수확연도를 표기할 수는 없다. 사방에서 모인 다양한 포도가 사용되기 때문이다.

셰리주의 3단 블렌딩

셰리는 특이한 향을 가지고 있는데 이것은 와인의 표면에 막을 형성하는 효모에 의해 생성된다. 숙성 초기 맨 윗단에서 생성된 향은 밑으로 내려오는 사이에 숙성이 진행되면서 더욱 풍부해지고 맛이 부드러워진다.

셰리는 흔히 세 가지로 나누어진다. 피노Fino는 신선한 사과 비슷한 향기가 있으나 단맛이 전혀 없어서 식전에 마시기 좋다. 아몬틸라도Amontillado는 피노보다 부드럽고 색이 진하며 약간 단맛을 가지고 있다. 올로로소Oloroso는 묵직하고 구수한 맛이 있으며 셰리 중에서는 가장 단 술이다. 올로로소는 주로 식후에 마신다.

스페인에는 유럽 국가들 중에서 가장 많은 포도원이 있으며 다양한 토질에서 다양한 품종의 포도가 생산된다. 셰리는 이런 다양함을 모두 지니고 있으면서도 통일된 맛과 풍미를 지닌 스페인을 대표하는 술이다.

포트

11세기 중엽 왕가 간의 혼인으로 프랑스 영토의 일부가 영국령이 됐는데 이때부터 프랑스 와인이 영국 및 유럽 전역으로 팔려 나가기 시작했다. 14세기 말에서 15세기 중반까지 영국과 프랑스는 영토의 영유권을 놓고 100년이 넘게 전쟁을 치렀다.

결국 영국이 패했는데 그때는 이미 영국인들의 식단에서 보르도산 레드 와인(Claret)이 단골 메뉴가 되어 있었다. 그러나 더 이상 보르도산 와인을 구할 수 없게 된 영국 와인 상인들은 스페인과 포르투갈을 찾게 됐다.

포트 운반 보트들

다른 많은 것들이 그랬듯이, 포트Port 또한 우연한 기회에 발명됐다. 1670년 영국 와인상의 두 아들이 포르투갈의 두오르 지역을 방문하여 와인을 구입했다. 그런데 그들은 긴 항해 끝에 영국에 수입된 와인이 쉬어서 못쓰게 되는 것을 여러 차례 겪었다.

그들은 배로 수송하는 동안 와인이 부패하는 것을 방지할 수 있을까 하여 와인에 약간의 브랜디를 첨가해 보았다. 그 후 영국에 돌아와 보니 와인은 부패하지도 않았을 뿐더러 단맛까지 나는 멋진 술로 변해 있었다. 그 후 포르투갈 와인에는 아예 브랜디를 첨가하고 이를 포트라 부르게 됐다.

두오르 강 계곡을 낀 포르투갈 북부 지역의 토양은 자갈과 바위가 많은 척박한 땅이다. 이 지역의 기후는 여름철에는 매우 덥고 겨울은 춥다. 이런 조건에서 자란 포도에서는 아주 독특한 향미의 와인이 생산된다. 수세기 동안 영국 상인들은 이 지역의 와인을 블렌딩하여 포트를 만들어 팔았다.

포트는 자연적인 방법으로 만든다. 포도를 으깨서 발효조에 넣으면 포도의 과피에 들어 있는 효모가 발효된다. 이때 포도당이 완전히 발효되면 와인이 너무 드라이(단맛이 전혀 없는 상태)하므로 당도가 적정 수준으로 내려갔을 때 브랜디를 첨가한다. 그러면 효모의 활동이 중지되어 자연적으로 원하는 수준의 단맛을 유지할 수 있게 된다.

포트의 최대 장점은 다양한 블렌딩을 통해 색깔, 향, 맛, 당도 등을 다양하게 갖춘 술을 만드는 데 있다. 포르투갈에서는 이 블렌더들을 테이스터Taster라고 부른다. 그들은 와인을 잔에 따라서 향기를 맡고, 불에 비추어서 색깔을 측정한다. 결국 포트의 품질은 이들 테이스터들의 오감에 의해 결정되는 셈이다.

포트는 세 가지로 나뉘는데 향과 맛이 무거운 적색의 루비 포트, 약한 호박색의 토니 포트, 그리고 청포도로 만든 화이트 포트가 있다. 특별한 빈티지가 있으면 빈티지 포트를 만들 수도 있다.

빈티지 포트는 20년 정도 숙성된 것이 가장 맛이 좋으며, 최근의 것으로는 1975년산이 매우 좋은 빈티지 포트로 평가받고 있다. 포트는 단맛이 있으므로 주로 식후의 디저트 와인으로 음용된다.

베르무트

베르무트Vermouth는 식전주로 스페인의 셰리와 함께 널리 애용되는 술이다. 셰리는 와인과 브랜디의 조화로 만들어지지만 베르무트에는 각종의 향료 식물이 들어간다. 박하를 비롯한 50~60가지의 향초가 들어가므로 맛과 향이 실로 다양하다.

우리나라에 한약재가 많이 사용되어 왔듯이 서양에서도 향초가 많이 사용됐다. 그리스에는 향초를 넣은 와인이 많은데 이탈리아의 베르무트의 고향도 역시 그리스이다.

베르무트의 주산지는 이탈리아의 피에몬테 지방이다. 베르무트는 향료 식물을 주정으로 침출시켜 추출한 다음 와인과 섞어서 만든다. 알코올 도수는 16도 내외이다. 당분이 매우 높고 색깔이 짙은 스위트 타입과 색깔이 옅은 드라이 타입이 있다.

발포성 와인 샴페인

'펑' 소리와 함께 힘차게 솟아오르는 하얀 거품이 주인공의 머리와 얼굴을 적시는 샴페인. 어느 때부터인가 샴페인은 각종 축하 모임에 빠질 수 없는 술이 됐다. 축제의 술, 샴페인은 17세기 말엽부터 전 세계의 온갖 파티, 결혼식, 각종 축제일 등의 행사에 즐거움과 웃음을 더해 주는 술로 인정받고 있다.

로마시대 이래 와인 생산업자들은 와인의 발포성 문제로 고심을 거듭해 왔다. 포도의 수확이 끝난 후 와인을 발효시키면 가을에 1차 발효가 되고 겨우내 발효가 정지되어 있다가 봄에 또 다시 발효가 일어나기 때문이었다. 이것은 기온이 올라감에 따라 미처 분해되지 못하고 남아 있던 잔당이 2차 발효되는 현상이었다.

과거에는 인위적으로 발효 온도를 조절하는 것이 불가능했기 때문에 외부 온도에 따라 발효가 좌우됐다. 따라서 와인은 발효가 끝난 후 찌꺼기를 제거하는 과정에서 기포가 자연히 날아가도록 하는 방법으로 제조됐는데, 이로 인한 와인의 손실이 많았다.

발포성 와인은 와인의 발효 시 생기는 기포를 인위적으로 보존하는 방법으로 제조되는데, 기포의 생성, 보존을 가능하게 해준 것이 코르크 마개이다. 보통 마개를 완전히 밀봉하면 2차 발효 시 내부 압력을 이기지 못해서 튀어 오르고, 마개를 느슨하게 하면 공기가 들어가서 와인이 식초로 변할 우려가 있는데 코르크의 신축성은 이 문제를 해결했다.

코르크 마개를 개발한 동 페리뇽Dom Perignon 신부는 샹파뉴 지방의 오빌레에 있는 성 베드로 사원에서 포도원 관리와 와인 제조 책임을

동 페리뇽 동상

와인 담그기

　와인을 담그는 방법은 다른 술을 빚는 것에 비해 간편하다. 왜냐하면 효모가 알코올 발효를 일으킬 수 있는 당의 대표격인 글루코오스는 바로 포도즙의 주성분인 포도당이기 때문이다. 또한 포도 껍질에는 무수한 미생물이 부착되어 있는데 그 중 효모의 수가 절대적으로 많기 때문에 포도만 으깨어 모아 놓으면 알코올 발효가 일어난다.

　그러면 어떻게 담가야 좋은 와인을 얻을 수 있을까? 우선 원하는 와인의 종류를 결정해서 원료를 구입한다. 레드 와인을 원한다면 적포도를, 화이트 와인을 원한다면 청포도를 구하는 것이 좋다. 핑크 와인을 만들고 싶다면 두 가지를 다 구입하면 된다.

　레드 와인을 담그려면 적포도(시중에서 파는 포도를 써도 가정용으로는 무난하다)를 깨끗이 씻은 후 으깨어 과피가 있는 채로 통에 담는다. 포도나 와인은 약산성을 띠므로 도자기나 항아리 또는 유리병, 스테인리스 통이 좋다.

　과즙으로 통의 80% 가량을 채우고 뚜껑을 닫되 완전 밀봉해서는 안 된다. 용기와 뚜껑 사이에 면직물을 두르고 잘 밀착시켜 닫은 후 약간 묵직한 돌을 올려 놓으면 된다. 발효가 일어나면 탄산 가스와 함께 거품이 이는데 과도한 부분이 밖으로 분출되게 배려를 하는 것이다. 서늘하고 그늘진 곳에 두고 직물로 덮어 두면 일교차의 영향이 거의 없게 된다. 알코올 농도가 높은 와인을 원하면 적절하게 설탕을 섞어도 된다.

　보통 1개월 정도면 발효가 완료되나 향미가 거칠어지므로 장기간 숙성이 필요하다. 11월 중순에는 좀 더 두터운 것으로 덮어 보온하면 된다. 12월 말 크리스마스와 연말 연시에 뚜껑을 열고 고운 천으로 거르면 검붉은 레드 와인을 얻을 수 있다.

　화이트 와인은 청포도를 압착하여 과즙으로만 발효를 시키는 것 외에 담그는 방법은 레드 와인과 동일하다. 핑크 와인은 원하는 색깔이 될 때까지 화이트 와인과 레드 와인을 적절히 섞으면 된다.

맡고 있던 인물이었다. 샹파뉴 지방은 파리의 북동부에 위치하여 포도 수확기의 날씨가 포도가 잘 익을 수 있는 온도보다 겨우 1~2도 높은 정도여서 포도가 익지 않는 해도 있었다(1987년에는 기온이 너무 낮아 포도가 완전히 익지 않았다). 따라서 동 페리뇽 신부가 샴페인을 만들기 전에는 이 지역의 와인은 싸구려 취급을 받을 수밖에 없었다.

어느 해 봄, 동 페리뇽 신부는 동료들과 겨우내 저장해 놓았던 와인 병을 점검하던 도중 병을 살짝 건드리자마자 펑 소리를 내며 마개가 튀어 달아나고 와인이 솟구쳐 흐르는 것을 보았다. 그는 동료들에게 외쳤다. "이것 보세요. 나는 지금 별을 마시고 있습니다." 동 페리뇽 신부는 이 별을 보존할 수 있는 방법을 고안하기에 이르렀다.

1690년경 동 페리뇽 신부는 스페인 수사들이 코르크 마개로 물통을 막는 것에서 힌트를 얻어 코르크를 와인 병마개로 사용해 보았다. 그 이전의 와인 병마개는 보통의 나무 마개에 아마포를 두르고 거기에다가 올리브 기름을 묻혀서 썼다. 이에 비해 코르크 마개는 탄력성이 있어서 아마포나 기름을 쓰지 않더라도 와인병을 밀폐하는 것이 가능했다. 코르크 마개를 쓴 와인은 기름이 섞이지 않아서 신선도가 훨씬 높았다. 이로 인해 와인의 숙성 기법 또한 비약적으로 발전했다.

당시에는 청량음료도 없었고, 맥주에 탄산가스를 가

샴페인 동 페리뇽

모에 샹동사에 저장된 와인들

두어 두는 기술도 없었을 때였으므로 와인 내부에서 반짝이며 솟아오르는 기포는 신기함 그 자체였다. 처음에는 샴페인을 따르면 기포가 너무 반짝거리는 바람에 '악마의 와인'이라고 기피하는 사람들도 있었다.

그러나 샴페인은 하늘로 용솟음치는 거품과 같이 즐거운 분위기를 창출하고, 맛이 상큼하며 소화에도 도움을 주기 때문에 각종 파티에서 빠져서는 안 될 필수 음료로 자리 잡게 됐다.

그러나 샴페인이 고급주로 자리 매김하기 시작한 것은 한참 뒤의 일이었다. 한 부인이 우연한 기회에 와인에 생긴 찌꺼기나 앙금을 제거하는 방법을 고안하면서 비로소 샴페인은 고급주의 대열에 오를 수 있게 됐다.

2차 발효가 일어난 다음 경사진 랙에 병을 거꾸로 비스듬히 세워 저장하면서 몇 차례 병을 회전시켜 주면 침전물이 병의 목 부분에 모이게 된다. 이때 탄산가스를 잃지 않으면서 침전물을 제거하기 위해서는 병목을 순간 냉동시켜서 침전물과 샴페인을 얼린 다음 코르크 마개를 빼고 침전물을 꺼낸다.

여기에다 꺼낸 만큼의 부피에 상당하는 양의 설탕을 넣어서 당도와 탄산가스의 압력을 조절해 준다. 이런 복잡한 과정을 거쳐서 투명한 샴페인이 탄생하게 된 것이다.

샴페인도 여느 와인처럼 포도가 여무는 시기에 일조량이 많아서 당도가 풍부하고 잘 익은 해의 것은 빈티지 샴페인으로 분류된다. 숙성 기간은 프랑스에서는 1년 이상이나 보통은 3년 이상 숙성시킨다.

발포성 와인의 생산은 개량식의 경우 대형의 밀폐식 탱크에서 발효 숙성시켜 병입하거나, 병입할 때 탄산가스를 주입하는 방법이 주로 활용된다. 그러나 샴페인의 원산지인 프랑스의 샹파뉴 지역에서는 지금도 전통적인 방법으로 세계 최고급의 샴페인을 생산하고 있다.

샴페인은 A.O.C.제도에 의해 샹파뉴 지역 내에서 생산된 제품만을 샴페인이라고 표기할 수 있다. 그러나 샴페인의 경우 보르도나 부르고뉴 지역의 제품과는 달리 지역보다는 제조 회사가 중요하다. 샹파뉴 지역 내에 있는 여러 포도원의 포도가 섞여서 제조되기 때문이다. 가장 유명한 제조 회사는 모에 샹동Moet Chandon이며 상표명은 동 페리뇽이다. 이 회사 내에는 동 페리뇽을 기념하는 동상이 있다.

    샹파뉴의 지하 와인 숙성고에는 지금도 사람들에게 인생의 즐거움을 선사할 엄청난 양의 샴페인이 숙성되고 있다.

3

와인과 라벨

1855년 나폴레옹 3세는 파리박람회 당시 프랑스 와인의 우수성을 세계 여러 나라에 널리 알리고자 우수한 와인을 선정하도록 명을 내렸다.

이 당시 보르도 지방의 와인 가운데 메독의 레드 와인과 소테른느의 화이트 와인이 그랑 크뤼 클라세에서 1등급으로 인정됐다. 이때부터 프랑스 와인은 생산지에 따라 품질의 등급이 정해지기 시작했다. 실제로 그 당시 1등급으로 자리 매김된 샤토는 오늘날까지도 그 품질의 우수성을 인정받고 있다.

프랑스 농업에서 와인이 차지하는 비중은 매우 높았다. 그러나 막상 와인은 그 품질이 너무나 다양하고 제조자의 수가 엄청나게 많아 소비자들은 도무지 무엇을 기준으로 와인을 구매해야 할지를 판단하기가 어려웠다.

또한 와인 판매자들이 너무나도 유명한 지역이나 샤토명을 상표에 도용하는 바람에 소비자들의 혼란을 가중시켰다. 1900년대에 들어서면서 이런 폐단을 없애고 생산자와 소비자를 모두 보호할 수 있는 제도가 논의됐다.

그러다가 1932년에 '원산지 명칭에 관한 규정(AOC)'이 확립되면서 비로소 이런 문제들이 일소될 수 있었다. 와인이 제조되기도 전에 그 등급이 결정되어 있다는 것은 일견 모순처럼 보일 수도 있다. 그러나 우수한 등급을 가진 포도원들은 그 명성을 지키기 위해 그만큼 품질을 철저히 관리하기 때문에 이 제도의 취지가 잘 지켜지고 있다.

실로 프랑스의 보르도, 부르고뉴 지방은 세계의 술창고라 일컬어질 만큼 와인 생산량이 많고 품질 또한 우수하다. 프랑스의 AOC제도를 본떠 이탈리아와 스페인도 자국 와인의 품질 향상을 위해 많은 노력을 기울이고 있다.

따라서 좋은 와인을 고르기 위해서는 우선 상표 읽는 법을 잘 익혀야 한다. 물론 평소에 자기가 좋아하는 브랜드가 있다면 무방하겠으나 워낙 방대한 와인 시장에서 자기 기호에 맞는 와인을 고르기란 그렇게 쉽지만은 않을 것이다.

여기서는 프랑스의 AOC제도와 상표 표기법에 대해 알아보기로 하겠다. 와인 제조업자가 원산지명을 상표에 표기하기 위해서는 다음의 8가지 사항을 준수해야 한다.

지역 명칭

가장 기본적인 사항으로서 좁은 지역명을 사용하려면 그 좁은 지역이 타당한

국소 기후를 가지고 있는 지역인지, 또한 포도 재배에 알맞은 토양인지를 검증받아야 한다.

포도 품종

원산지 등급이 동일하다 하더라도 포도의 품종에 따라 품질이 달라지므로 포도의 품종을 표기해야만 한다. 다만 이 품종은 역사적 경험에 의해 합당성이 증명된 것이어야 한다.

알코올 농도

와인은 정해진 알코올 농도 이상이어야 하며, 와인의 발효 시에 첨가되는 설탕의 양은 엄격히 준수되어야 한다.

단위 면적당 생산량

일정한 면적에서 포도의 수확량이 많으면 많을수록 와인의 희소성은 적어진다. 그 때문에 적정 수확량이 엄격히 규제되고 있다. 이 양은 대개 1헥타르의 면적당 포도즙 기준으로 4,500~5,000리터인데 경우에 따라서는 2,500리터인 지역도 있다. 이 생산량은 해마다 각 지역의 기후에 따라 조정될 수 있다.

포도원 관리 방법

단위 면적당 포도 나무수와 포도 재배 방법 및 수확 방법을 준수해야 한다.

와인 제조법

와인 발효나 숙성에 관하여 규정된 방법을 준수해야 한다.

샘플 분석

발효가 완료된 와인은 반드시 관능검사 요원들(Testing panel)의 품질검사에서 합격 판정을 받아야 한다. 두 차례 불합격하는 경우 원산지 명칭을 사용할 권리가 박탈된다.

병입

알자스 지방이나 샴페인으로 유명한 샹파뉴 지방 등에서는 반드시 그 지역 내에서 병입되어야 한다는 조건을 준수해야 한다.

    AOC제도는 이처럼 엄격하기 때문에 소비자들은 상표만 보고도 그 품질을 믿고 그 제품을 살 수 있게 됐다. 프랑스에서 생산되는 와인 가운데 15~30%는 AOC급 와인이다. 이때 상표에 표기한 지역의 범위가 좁을수록 그 제품의 품질이 우수하다는 사실을 나타내 준다.
    이 AOC 규정으로 인해 프랑스의 와인 생산업자들은 포도원의 관리를 철저히 함으로써 자기 포도원의 이름을 상표에 표기할 수 있도록 공인을 받았다. 이렇게 하여 프랑스 와인의 품질은 향상을 거듭해 왔으며, 지역과 포도원의 브랜드화가 저절로 이루어지게 됐다.

와인 라벨 읽기

아래 그림의 라벨에는 AOC 표시가 생 줄리앙Saint-Julien으로 되어 있는데 생 줄리앙은 보르도의 메독 지역 내에 있는 작은 지명이다.

따라서 Appellation Saint-Julien Controlle(아페라시옹 생 줄리앙 콩트롤레)는 Appellation Bordeaux Controlle(아페라시옹 보르도 콩트롤레)로 표기된 제품보다 품질이 좋고 가격이 비싸다. 그 중 샤토 라그랑쥬Chateau Lagrange는 생 줄리앙에 있는 유명한 포도원의 이름이다.

프랑스산 와인을 처음 접하게 되면 어떤 것을 골라야 할지 어리둥절할 수밖에 없다. 그러나 와인의 종류(레드 와인, 화이트 와인 등)를 결정하고 난 다음,

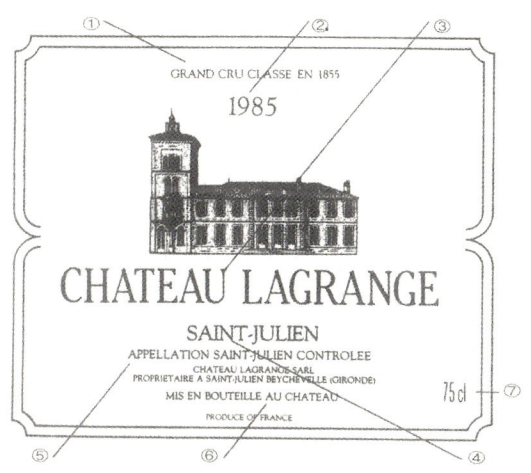

①클래스(급수) ②수확(생산)연도 ③상표명 ④지역명 ⑤AOC 표기 ⑥병입한 회사 ⑦용량

일단 AOC 표기가 있는 제품을 선택한다면 품질에 안심을 해도 큰 실수는 없을 것이다. 오랜 명성으로 얻어진 프랑스의 AOC제도는 그 자체로서 와인의 품질을 보증하기에 부족함이 없기 때문이다.

4
와인과 테이블 매너

식생활의 특성은 소비되는 술의 종류에도 많은 영향을 끼친다. 예컨대 미끈미끈한 기름을 많이 쓰는 중국요리에는 입안과 목을 화끈하게 해주는 고량주가 알맞을 것이다. 육식을 위주로 하는 서양 식사에는 와인이 빠지지 않는다. 물론 유럽의 기후와 토양이 포도 재배에 적합했기 때문에 와인이 대량생산될 수 있다는 점도 무시할 수는 없다. 그렇지만 서양인들이 식사 때 와인을 즐겨 마시는 것은 영양학적으로 균형 잡힌 올바른 선택이라 할 수 있다.

이탈리아를 비롯하여 프랑스나 스페인 등지의 포도원들 가운데는 로마 시대부터 포도밭으로 개간된 것들이 많다. 로마인들은 벌써부터 육식과 와인이 잘 어울린다는 것을 알고 있었던 것이다. 고기를 많이 먹는 사람들은 체질

프랑스 요리에 곁들인 다양한 와인들

이 산성화되기 쉽다. 그런데 와인은 자체로서는 산성이지만 사람이 섭취하여 분해될 때는 알칼리성으로 작용한다. 따라서 고기를 먹을 때 와인을 함께 마시는 것은 체질의 산성화를 방지해 주는 적절한 조화라고 할 수 있다.

테이블 매너

와인을 마실 때의 테이블 매너는 서양인들의 오랜 습관에서 비롯된 것이다. 그중 어떤 것은 기능을 살리기 위한 것이며 어떤 것은 단순한 습관에 불과하

와인과 어울리지 않는 음식

음식에 따라 어떤 와인을 마셔야 하는지 엄격한 규칙이 정해진 것은 아니지만 다음과 같은 결합은 피해야 한다. 그 하나가 베니가이다. 베니가는 식초를 주재료로 하기 때문에 이를 사용한 샐러드는 와인을 식초로 변화시킨다. 산도 마찬가지이다. 자몽이나 오렌지, 레몬 등의 산과 함께 마시면 와인의 참맛을 제대로 느낄 수 없다. 고등어 같은 기름기 있는 생선도 피해야 한다. 이것은 특히 레드 와인을 통조림 깡통 같은 맛을 내게 한다. 이 외에도 달걀이 많이 들어간 요리와 화이트 와인은 피해야 한다. 그러나 달걀을 사용한 요리라도 조리법에 따라 무난히 어울리는 것이 있다. 예를 들어 스플레 같은 요리는 화이트 와인과 잘 어울린다.

기도 하다. 따라서 단순히 습관적인 것을 그대로 따라서 할 필요는 없다.

예를 들어 와인을 마실 때의 온도는 그 와인의 품질 특성에 따라 지켜 주는 것이 향과 맛을 즐기는 데 도움이 된다. 그러나 잔에 와인을 받을 때 잔을 그대로 탁자에 놓고 받는 것 정도는 굳이 지키지 않아도 무방할 것이다.

파티가 열리는 경우 그 파티를 주최한 호스트가 우선 자기의 잔에 약간의 와인을 따른 다음 먼저 맛을 보는 것이 일반적이다. 이러한 관습의 유래에 관해서는 엇갈린 이야기가 있다. 전쟁 중 회담 타결 기념으로 술을 마실 때 그 술에 독이 들어 있지 않다는 것을 증명하기 위해 주인이 먼저 마셔 보인 데서 나온 관습이라는 것이 하나의 해석이다.

한편 코르크 마개가 발명되기 이전에는 나무 뚜껑에다 아마포를 싼 후 올리브유를 발라서 밀폐했는데, 술을 따를 때 와인에 올리브유가 혼입됐는지의 여부를 확인하기 위해 주인이 먼저 맛을 보았다는 것이 또 하나의 해석이다. 어느 쪽이 정설인지는 모르나 주인의 정중한 마음 씀씀이를 나타내 주는 멋있는 풍습이 아닐 수 없다.

고급 레스토랑에서는 웨이터나 소믈리에Sommelier(와인 및 음료 보관 및 서비스 관리자)가 카르트 드 뱅Carte de Vin(와인 리스트라는 뜻)을 가지고 와서 와인을 주문 받는다. 소믈리에는 파티의 주최자에게 와인의 상표를 보여주고 그 와인에 대하여 설명해 준다. 호스트가 와인을 시음한 다음 그 품질에 흡족해 하지 않을 경우에는 얼마든지 다른 것으로 바꿀 수 있다.

주최자가 와인에 만족하는 경우 손님들에게 와인을 따르도록 지시한다. 보통은 주최자의 오른쪽에서 시작하여 여자 손님의 잔을 먼저 다 따른 다음, 반대 방향으로 돌면서 남자들의 잔을 채운다.

첫 잔은 대개 주인의 제의에 따라 잔을 들어 건배를 외친 다음 한 모금을 마신다. 그러나 술 마시는 양에 대해서는 부담 가질 필요가 없다. 자신의 주량이나 그 날의 컨디션을 감안하여 자연스럽게 마시면 된다.

와인 다루는 법

와인을 저장할 때는 옆으로 비스듬히 눕혀서 와인 액이 항상 코르크 마개를

다양한 코르크 스크루들

적시게 해야 한다. 와인의 보관 장소는 햇빛이 안 드는 서늘한(10°C 내외) 곳이 좋다. 와인의 숙성 기간은 와인의 종류에 따라 다르지만, 대체로 로제 와인은 2~3년, 화이트 와인은 4~6년, 레드 와인은 5~15년이 적절하다.

세계의 와인 포장에 쓰이는 코르크 마개의 90%는 포르투갈산이다. 코르크 마개는 탄력이 좋고 조직이 치밀한 것이 좋다. 코르크 마개를 딸 때는 코르크 조각이 떨어지지 않도록 마개 따는 기구의 스크루 부분이 코르크 마개에 적당한 깊이로 들어갈 때까지 스크루를 회전시키는 것이 좋다.

와인잔

와인잔은 대개 튤립 모양으로 된 술을 담는 부분과 긴 대롱식의 손잡이, 그리고 원형의 받침으로 구성되어 있다.

잔을 튤립 모양처럼 주둥이 부분을 좁게 만든 이유는 와인의 향기가 한데로 모이도록 한 것이다. 술은 인간의 오관을 모두 즐겁게 하는 것이므로 와인

> **와인과 우리 음식 궁합**
>
> 불고기는 육질과 더불어 양념에서 단맛이 나기 때문에 미디엄 바디의 와인이 적당하다. 마늘을 넣어 양념이 강하다면 보드로 와인 중 생떼밀리옹이나 뽀므롤 지역의 와인이 잘 어울린다. 갈비찜은 갖은 양념으로 맛이 진하고, 단맛이 나며 소스가 많은 요리이므로 탄닌이 많고 맛이 강한 레드 와인이 좋다. 뒷맛이 오래 남지 않는 음식이므로 담백한 뒷맛을 가진 보르도 와인이 좋다.
> 삼겹살은 탄닌이 적당한 와인이 잘 어울린다. 참기름과 같은 간단한 양념에 삼겹살을 먹을 때는 보르도 그라브 지역의 맛이 강하지 않은 화이트 와인도 잘 어울린다. 전반적으로는 가볍고 섬세한 레드 와인이 적격이다.
> 파전 등 부침요리에도 와인이 잘 어울린다. 파전은 야채와 해산물, 고기 등이 골고루 들어가지만 담백한 요리이므로 과일향이 풍부하고 신선한 스타일의 약간 단맛이 나는 화이트 와인이 어울린다.
> 생선회 역시 신맛이 나고 과일향이 풍부한 화이트 와인이 잘 어울린다. 붉은 색깔의 참치는 가볍고 과일향이 나는 레드 와인도 괜찮다. 광어 위주의 맛이 섬세하고 연한 생선은 고급 화이트 와인이 잘 어울린다.

의 향과 맛 뿐만 아니라 색깔과 청징도도 중요한 요소이다. 따라서 와인잔은 수정같이 투명한 것이 좋다.

와인잔의 크기는 100ml에서 250ml까지로 다양하다. 식전이나 식후의 와인잔은 대체로 작은 것을 사용하고 테이블 와인용으로는 큰 것을 사용한다. 와인잔을 잡을 때는 반드시 대롱 부분을 잡아야 한다. 튤립 모양의 부분을 받쳐 잡으면 와인잔에 체온이 전달되어 와인의 맛이나 향에 영향을 줄 수 있기 때문이다.

와인잔에 얽힌 재미있는 일화가 있다. 최초로 만들어진 와인잔은 그리스 신화에서 가장 아름다운 여인으로 손꼽히는 트로이의 헬레네의 유방을 본뜬 것이라고 한다. 그 후 프랑스에서는 루이 16세 시절 호화와 사치의 대명사처럼 알려진 왕비 마리 앙트와네트의 유방 모양을 본뜬 와인잔을 만들었다.

왕비의 유방 모양을 흉내 낸다는 것은 동양에서는 감히 상상도 할 수 없는 일이었으니, 아름다움을 뽐내는 서양 미인들의 기개에 감탄하지 않을 수 없다.

와인 감상법

잔에 와인을 따를 때는 3분의 2 정도를 따르는 것이 일반적이다. 잔을 받을 때는 잔에 손을 대지 않고 다 따를 때까지 기다리는 것이 서양식 예절이지만 우리나라에서는 잔을 손으로 들어서 받는 것도 무방하다고 생각된다.

필자가 30년 경험을 통해 정리한 와인 감상 7단계를 소개하고자 한다. 와인을 감상할 때는 오감을 모두 사용해야 한다. 먼저 시각으로 즐기는 것이 중요하다. 미묘한 금색이 나는 화이트 와인과 분홍색의 로제 와인, 그리고 검붉은 레드 와인은 각기 청징하고 빛이 나는 휘도輝度를 가지고 있다. 크리스털처럼 투명한 유리잔에 담긴 맑은 와인을 보는 즐거움은 와인을 즐길 줄 아는 사람이 아니면 느낄 수 없다. 유리잔을 원형으로 천천히 흔들어서 와인을 잔의 내부에 묻힌 다음 잔의 내면을 타고 흘러내리는 와인을 보면 마치 바닷가에서 밀려오는 파도를 바라보는 것 같은 부드러운 율동감을 느낄 수 있을 것이다. 이것이 첫 번째 단계이다.

두 번째 단계는 와인에게서 인사를 받는 것이다. 즉, 잔을 코끝에 가까이 대고 잔에서 자연스럽게 올라오는 휘발성이 강한 향기를 즐기는 것이다. 그에 대한 화답으로 잔에 괴어 있는 향기를 들이키게 되면 휘발성이 높지 않은 향기 성분을 포함한 전체적인 향을 음미할 수 있다. 이것이 세 번째 단계이다.

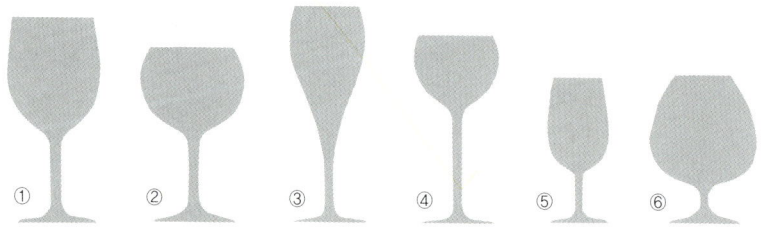

다양한 와인잔들 ①②③테이블 와인 ④라인, 모젤 ⑤세리 ⑥브랜디, 리큐르

네 번째 단계는 와인의 맛을 보는 과정이다. 와인 잔을 기울여 혀끝과 입술에서 와인의 첫맛을 감정하는 것이다. 신맛과 단맛이 이 부분에서 판별될 것이다. 다섯 번째 단계는 와인이 혀와 입천장에 퍼지며 내는 맛을 보는 것이다. 쓴맛, 짠맛과 여러 맛의 조화 여부를 느끼게 된다. 여섯 번째 단계는 와인이 목에 넘어 가며 내는 느낌을 감상하는 것이다. 마신 뒤 남는 여운을 감상하는 것이 마지막 단계이다.

이 일곱 단계를 천천히 따라 하면 와인이 지닌 깊은 속 모습까지 골고루 감상할 수 있다. 이런 방법으로 좋은 와인을 마시면 원래부터 포도에 함유된 과일향과 발효나 숙성과정에서 생성된 부케가 조화를 이룬 은은한 와인 향기를 즐기기에 부족함이 없을 것이다.

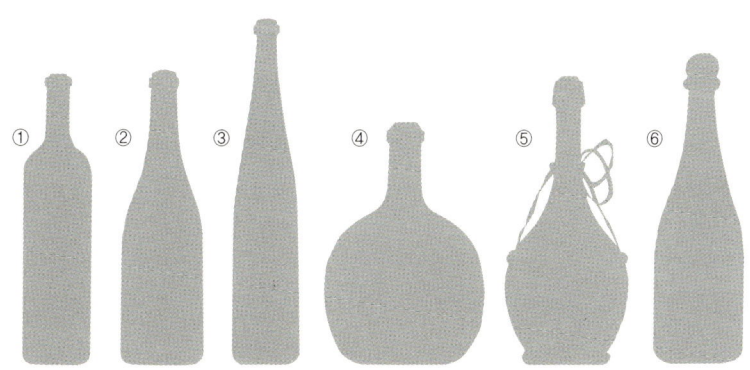

다양한 와인병들 ①보르도 ②부르고뉴 ③라인, 모젤, 알자스 ④프랑켄 ⑤키안티 ⑥샴페인, 스파클링 와인

더.읽.어.보.기
요리와 함께하는 와인

와인에 곁들이는 음식을 선정할 때는 와인의 특성을 고려해야 한다. 가장 쉬운 와인과 음식의 코디 방법은 와인의 무게감과 요리의 무게감을 조화시키는 것이다.

가령 화이트 와인은 가벼운 음식(과일, 치즈나 어패류와 생선), 레드 와인은 소고기 등 묵직한 붉은색 고기와 함께 곁들이는 것이 좋다.

와인과 요리의 두 번째 원칙은 맛의 조화이다. 와인의 맛과 요리의 맛이 서로 조화와 균형을 이루며 상승 작용이 이루어질 때 그 와인의 진짜 맛을 느낄 수 있다. 이때 요리와 와인이 서로의 맛을 침범하지 않아야 한다. 와인 맛의 성분을 갖고 기본적으로 요리와의 알맞은 조화를 맞춘다. 레드 와인의 경우에는 탄닌이 많고 적음과 탄닌의 품질에 중점을 두고, 화이트 와인의 경우에는 신맛과 단맛의 강약과 그 비율에 중점을 두고 고른다.

와인은 식사의 순서에 따라 다음과 같은 용도로 구분된다.

식전 와인
식욕을 돋우고 입안에 침이 돌 수 있도록 약간은 자극적인 강화 와인이나 신맛이 나는 화이트 와인, 또는 드라이한 샴페인이 애용된다.

알코올 농도가 약간 높은 셰리, 포트, 베르무트 등의 강화 와인이 대표적인 식전 와인이다. 화이트 와인으로는 산도가 다소 높은 프랑스의 알자스 와인, 독일의 라인모젤 와인이 많이 쓰인다.

테이블 와인

식사와 함께 반주로 마시는 와인을 테이블 와인이라 한다. 테이블 와인은 요리의 종류에 따라 다른 종류를 선택하는 것이 일반적이다.

화이트 와인은 맛이 가볍고 산뜻하므로 생선과 잘 어울린다. 일반적으로 화이트 와인은 신맛이 있어 생선의 담백한 맛과 조화를 이룬다.

단맛이 없는 화이트 와인의 경우에는 향이 강한 음식이 좋다. 예를 들어 독특한 풍미의 소시지나 카레, 기름진 중국요리 등에 곁들이면 좋다. 향이 강하면서도 가벼운 화이트 와인은 아몬드를 넣은 송어 요리나, 부드럽고 산뜻한 맛의 게살 요리, 신선한 크림과 후추, 포도주로 조미한 닭고기 요리와 잘 어울린다. 고급향이 강하면서 빛깔이 연한 음식이 좋다.

레드 와인을 육류와 함께 마시는 이유는 레드 와인에는 떫은 탄닌 성분이 많아서 육류의 기름기와 짙은 향을 완화시켜 주기 때문이다. 닭이나 오리 등 가금류의 요리에는 비교적 향과 맛이 가벼운 레드 와인이 사용되며 쇠고기나 돼지고기 등에는 중후한 보르도풍 레드 와인이 애용된다. 레드 와인은 대부분 테이블 와인으로 쓰인다.

디저트 와인

식후에 먹는 단맛이 나는 음식은 입안의 침샘을 자극하지 않으면서 식욕을 아물게 하는 의미가 있다. 같은 이유로 디저트 와인으로는 단맛이 강한 와인이 주로 사용된다. 소테른느 지방의 화이트 와인, 라인 밸리의 늦따기 와인, 나이라가라의 아이스 와인 등이 좋은 디저트 와인으로 손꼽힌다.

이러한 조합은 주로 프랑스의 궁정 미식가들에 의해 이루어진 것이다. 그들은 각각의 와인이나 음식의 맛, 소화되는 상태 등에 관한 오랜 경험을 바탕으로 이러한 조합을 만들어냈다.

3장
세계인의 음료 맥주

1
맥주의 탄생과 제조

맥주의 역사

세계에서 가장 많이 소비되는 술은 단연 맥주다. 맥주는 값이 싸고 계절을 불문하고 제조할 수 있으며, 알코올 농도가 낮다는 점에서 가장 대중적인 술이라 할 수 있다. 또한 어느 나라에서 만든 맥주든지 맛과 품질이 유사하기 때문에 어디에서나 범용성 있게 마실 수 있다는 장점이 있다. 해외여행 중 무엇을 마셔야 할지 애매할 때는 맥주를 선택하면 가장 무난할 것이다.

인체의 60~70%는 물로 구성되어 있으므로 사람이 살기 위해서는 하루라도 물을 마시지 않으면 안 된다. 사람들은 물을 공급받는 수단의 하나로 맥주

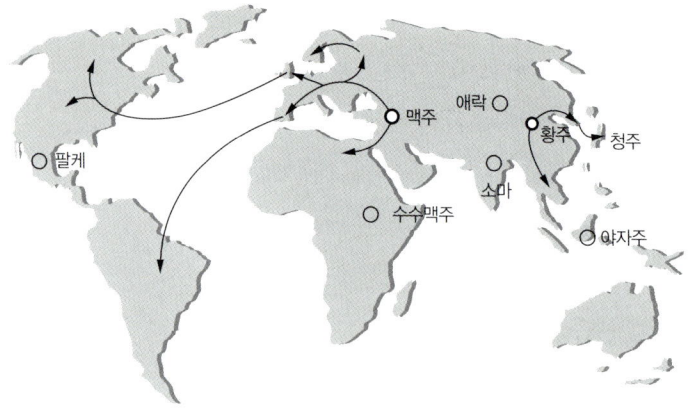

맥주의 전파 과정과 토속주 분포

를 마셨다. 옛날 사람들의 평균 수명이 짧았던 가장 큰 이유는 수인성 질병이 많았기 때문이다. 맥주는 알코올을 함유하고 있기 때문에 미생물에 대한 저항력이 강해 와인과 함께 가장 안전한 음료로 여겨졌다.

맥주에 대한 찬사는 고대 이집트 시대의 벽화로부터 오늘날 세계 각지의 생맥주 집에 이르기까지 끊이지 않고 있다. 맥주 제조에 대한 가장 오래된 기록은 B.C. 3000년경 메소포타미아의 수메르인의 유적지에서 출토된 점토판에서 발견됐다. 이 방법은 맥아를 빻아서 빵을 만든 다음, 빵에 물을 붓고 반죽하여 발효시킴으로써 맥주를 만드는 것이었다.

한편 고대 이집트에서도 피라미드 건설에 동원된 인부들에게 맥주와 마늘을 배급한 기록이 남아 있다. 따라서 맥주 제조법 역시 와인 제조법과 마찬가지로 메소포타미아 지방에서 시작되어 이집트를 거쳐 유럽 각지로 전파됐다는 것을 알 수 있다. 그런데 북유럽에는 포도가 자라지 않았기 때문에 맥주가 이 지역 각지의 토속주로 자리 잡은 것으로 보인다.

중세에는 와인과 마찬가지로 수도원에서 맥주의 양조를 담당했다. 봉건 영주들이 수도원에 양조권을 부여했기 때문에 수도원은 자가 소비하고 남은 맥주를 팔아서 많은 수익을 얻었다. 당시 최고의 두뇌 집단에 속하던 수도사들은 보리의 품종 개량과 양조기술의 발전에 엄청난 기여를 했다. 그러나 기독교에서 성경에 언급된 와인의 해석에 관해 많은 논쟁이 벌어진 것으로 미루어 볼 때 술로 인한 폐단도 적지 않았을 것이라는 사실을 짐작할 수 있다.

13세기 보헤미아(체코)의 왕 웬체슬라스는 이미 1,000여 년 전 줄리어스 시저가 찬미했던 것처럼 맥주를 '고귀하고 전능한 음료'라고 생각했다. 그리하여 그는 교황에게 맥주 제조 금지령을 풀어 주도록 건의했다. 이것이 체코에서 맥주 산업이 발달하게 된 원천이 됐으며, 이때부터 체코의 맥주가 전 유

중세에는 맥주를 신이 내린 선물로 생각했다. 물이나 우유를 마신 뒤 병이 나던 것과 달리 맥주는 마셔도 탈이 나지 않고 기분이 좋아졌기 때문이다.

럽에 지대한 영향을 끼치게 됐다. 1516년 바이에른 공국의 빌헬름 4세는 유명한 '맥주 순수령'을 반포하여 독일 맥주 산업 발전의 초석을 쌓았다.

　이전까지만 해도 각지의 맥주에는 토속 향료 식물이 첨가됐는데, 그 가운데서 호프는 맥주 제조를 위해 없어서는 안 될 필수원료로 자리 잡았다. 호프는 냉량성 작물로 체코나 독일 등지에서 주로 생산된다. 호프는 상큼한 향기를 지니고 있어서 맥주의 씁쓸한 맛을 내줄 뿐 아니라 맥주에서 윤택이 나도록 하는 청징 작용도 한다.

　18세기의 영국에서는 산업혁명 덕분에 맥주 양조 기술도 크게 발전했다. 그러나 20세기에 들어와 독일의 기술이 비약적으로 발전하면서 오늘날은 독일식 양조법이 전 세계 맥주 양조법의 모델로 간주되고 있다.

맥주의 원료

맥주의 품질은 원료의 품질과 양조 및 여과기술, 그리고 포장기술에 따라 좌우된다. 맥주의 원료는 수백 년에 걸친 품종 개량을 거쳐 육종됐으나, 해마다 기후에 따라 품질이 달라질 수도 있기 때문에 엄선하지 않으면 안 된다.

보리

보리와 수수는 양조용 곡물로서 핵심적인 역할을 해왔다. 이 곡물들은 발아할 때 탁월한 당화 효소를 만들어 내기 때문이다. 맥아(Malt)는 보리의 싹을 틔워 말린 것으로 흔히 우리가 엿기름이라고 부르는 것이다.

보리는 이로 깨물어야 부스러질 정도로 단단하지만 엿기름은 손으로 조금만 눌러도 쉽게 가루가 된다. 이것은 보리에 싹이 틀 때 나오는 당화 효소와 단백질 분해 효소가 보리에 저장된 양분들을 분해해 버렸기 때문이다. 엿기름은 보리나 수수뿐만 아니라 옥수수, 밀, 쌀 등의 곡물에 들어 있는 전분이나 단백질을 당분이나 아미노산으로 쉽게 분해시켜 준다.

양조용 2줄 보리

보통의 식용 보리는 6줄 보리로 토지 단위당 총 수확량은 많으나 양조용으로는 적합하지 않다. 맥주 양조용 보리는 2줄 보리로서, 이 보리는 낱알이 크고 발아력이 왕성하다. 2줄 보리는 유럽 등 온대 지방에서 잘 자란다. 우리나라에서는 전남, 경남, 제주 지역에서 잘 자라는 편이다.

호프

중세 이래로 서양 사람들은 맥주 제조 시에 수많은 약초나 향료식물을 넣었는데, 그 가운데 오늘날까지 사용되는 것이 호프Hop이다. 맥주의 원조라고 할 수 있는 고대 바빌로니아나 이집트에서는 호프를 쓰지 않았다. 이 시기의 맥주는 아마도 우리나라의 막걸리와 흡사했을 것이다. 호프는 맥주의 맛과 신선도를 향상시켜 주었고, 특히 보존성이 뛰어나 맥주의 대량 유통을 가능하게 해 주었을 것으로 보인다.

호프는 암나무와 수나무가 따로 있는 덩굴식물의 꽃으로서 작은 솔방울 같이 생겼다. 그 가운데 맥주용 호프는 암나무의 꽃으로 만일 암·수나무를 같이 심으면 수정이 일어나서 호프의 중요 성분이 감소되기 때문에 암나무만 따로 재배한다. 햇살이 잘 들고 서늘하며 통풍이 잘 되는 곳에서 잘 자란다.

호프는 맥주 특유의 쓴맛과 향기를 내준다. 탁한 것을 맑게 해주는가 하면 잡균의 번식을 억제하기도 한다. 신장 결석이 있는 사람들의 예방약이 바로 맥주라고 하는데 이는 호프가 가진 탁월한 이뇨 작용 때문이다. 이처럼 오늘날에는 호프가 없는 맥주는 생각할 수도 없게 됐다.

호프

호프가 맥주 양조에 기여하는 성분은 수지와 유기산이다. 이들의 조화는 매우 중요하며 맛과 향에 영향을 주고 있는데, 간혹 맥주 거품이 지나치게 솟아오르는 현상을 일으키기도 한다.

녹색 황금, 호프

독일의 어느 호프 농장에서는 일하던 여성 인부 전원이 2~3일마다 생리를 하는가 하면, 남성들의 젖가슴이 여성처럼 부풀어 오르는 현상이 일어났는데, 후에 이것은 호프에 함유된 여성 호르몬의 작용 때문인 것으로 판명됐다. 중세 수도원에서는 수녀들의 생리가 불순할 때 호프를 끓여 마시고 효과를 보았으며 체코의 농민들 사이에서는 베개 속에 호프를 넣고 잠을 자는 습관이 있었다. 호프 베개를 베고 자면 숙면을 취할 수 있었기 때문이다. 이는 호프의 노란 가루 속에 진정 작용이 있기 때문인 것으로 판명이 됐다. 그 때문인지 독일에서는 호프를 '녹색 황금'이라고 부르기도 한다.

우리나라에서는 호프가 주로 강원도 산간 지역에서 재배되는데 품질은 북한산에 비해 상당히 떨어지는 편이다. 북한산 호프는 품질이 좋기로 정평이 나 있으며, 북한이 내세우는 가장 중요한 수출품이기도 하다.

맥주 효모

효모는 자연 상태에서 땅, 식물의 표면, 공기 중의 어디에나 존재할 수 있다. 따라서 당이 있는 곳에서는 언제든지 발효가 일어날 수 있다. 그러나 보통의 조건 아래에서는 다른 미생물도 얼마든지 공존할 수 있으므로 효모 관리에 특히 철저를 기하지 않으면 안 된다. 효모의 종류에 따라 발효의 효율이나, 맥주의 향과 맛에 영향을 주는 미량 성분이 달라질 수 있기 때문에 각 양조회사마다 독특한 방식으로 효모를 관리하고 있다.

미생물은 산소가 있는 상태에서 생장 생식하는 호기성 미생물과 산소가 없는 상태에서 생장 생식을 하는 혐기성 미생물, 그리고 산소가 있을 때와 없을 때 생존 방식이 달라지는 임의성 미생물로 구분할 수 있다.

효모는 산소가 있는 상태에서는 생장 생식을 하지만 산소가 없으면 알코올 발효를 하면서 그 에너지로 생존하게 된다. 효모와 공기는 이러한 특성을 지니고 있으므로 발효 시에는 산소량을 적절하게 조절해 주는 것이 대단히 중요하다.

맥주 만드는 법

맥아 제조

보리에 적당한 수분을 공급하고 따뜻하게 온도를 맞추어 주면 싹이 튼다. 싹이 적당히 트면 맥아를 건조시킨다. 맥아는 건조 방법에 따라 효소의 활성이 달라지며, 이때 형성된 맥아의 색깔은 맥주의 색깔을 결정하게 된다.

맥아를 건조할 때 열을 많이 가하면 초콜릿색이 되는데 이 맥아로 양조한 맥주를 농색濃色 맥주라 하고, 보통의 옅은 색 맥아로 양조한 맥주를 담색淡色 맥주라

다양한 맥아의 색깔

고 한다. 오늘날 유통되는 대부분의 맥주는 담색 맥주이다. 우리나라에서 생산되는 OB, 하이트, 카스 맥주는 모두 담색 맥주에 속한다.

당화

맥아를 잘게 부수어서 맥분을 만든 다음, 담금 솥에 넣고 65°C 정도의 열수를 가하면 당화가 일어난다. 이때 부원료로 옥수수 가루를 넣어 주더라도 맥아의 효소가 있기 때문에 당즙을 얻을 수 있다. 이 당즙에 호프를 넣고 100°C로 끓이면 당즙이 살균되는 것과 아울러 호프 특유의 향기와 쓴맛이 우러나게 된다. 멸균된 당즙은 냉각 과정을 통해 발효에 적정한 온도로 맞추어진 다음 발효조로 이송된다.

발효와 숙성

발효조로 당액이 이송됨과 동시에 효모가 첨가된다. 이때 발효조 내부의 온도, 공기량, 탄산가스의 압력 등 발효 조건이 잘 조절되어야 한다. 발효시의 온도는 효모의 종류에 따라 다른데, 상면 효모는 20도 내외에서, 하면 효모는 7도 내외에서 발효를 잘 일으킨다. 발효 시 효모가 당을 분해하는 과정에서 열이 발생한다. 냉각 기술이 발전하기 전에는 영국식의 상면 발효가 맥주 양조 기술을 주도했다. 그러나 오늘날의 맥주 양조에서는 주로 독일식의 하면 발효를 이용한다.

발효의 초기에는 먼저 효모가 맥즙과 발효조 상단의 빈 공간에 있는 산소

과거에 맥주 만드는 모습을 담은 그림이다.

를 이용하여 활발하게 증식한다. 그 다음 단계로 발효조 내부에 있는 산소가 고갈이 되면 효모는 알코올 발효를 시작한다. 알코올 발효는 산소가 없는 상태에서 효모가 살아나가는 방편이다. 발효 시 효모는 당을 분해하여 에틸알코올과 탄산가스를 생성한다.

효모는 에틸알코올을 주로 만들지만 이때 수백 가지의 다른 미량 성분들이 부산물로 생성된다. 이 성분들은 맥주의 향기와 맛에 큰 영향을 주기 때문에 발생량을 잘 조절하는 것이 중요하다. 통상적인 발효과정에서는 1주일 정도의 전발효가 진행된 다음, 1~3개월 가량의 숙성(후발효) 기간이 필요하다.

전발효 기간에는 주로 당이 에틸알코올로 변환된다. 자연계는 참으로 오묘한 조절 기능을 가지고 있다. 자연 속에서는 인간을 포함한 누구도 영원한

에일과 라거

맥주의 효모는 크게 두 가지로 나뉘는데 발효가 끝나면 거품과 함께 위로 떠오르는 효모를 상면 효모, 밑으로 가라앉는 효모를 하면 효모라고 한다. 19세기 이전에는 상면 효모가 대부분이었으나 오늘날은 주로 하면 효모가 이용된다. 상면 발효시킨 맥주를 에일(Ale)이라고 하고, 하면 발효시킨 맥주를 라거(Lager)라 한다. 따라서 라거 맥주 공장은 하나의 거대한 냉장고라고 생각할 수 있다.

강자가 될 수 없다. 효모는 발효 초기에는 20분마다 2배로 증식을 한다. 그러다가 산소가 고갈됨에 따라 증식이 멈추는 대신 악조건 하에서 알코올 발효를 일으키며 생존을 유지하는 것이다. 그러나 알코올 농도가 점점 높아감에 따라 효모는 활성을 잃게 되고, 알코올 농도가 4% 이상이 되면 효모는 자가용해되기 시작한다.

효모의 전성기가 끝나면 이번에는 유산균이 번식하기 시작하는데 유산균은 젖산과 미량의 향미 성분들을 생성한다. 유산균 역시 유산의 함량이 높아지면 자가 용해된다. 숙성 기간은 이런 후발효의 과정을 위해서 필요한 것이다. 전발효만 일어난 상태의 맥주는 향이 밋밋하고 맛이 거칠다. 맥주의 향과 맛은 후발효에서 결정되기 때문이다.

여과 및 포장

맥주의 여과와 포장은 미관뿐만 아니라 위생적인 관점에서도 중요한 의미를 지니고 있다.

맥주 발효에 참여한 효모나 유산균 등 미생물까지 완벽하게 걸러 낼 수 있는 오늘날의 여과기술이 도입되기 시작한 20여 년 전부터 세계 각지에서는 '병 생맥주' 논쟁이 벌어지고 있다. 전통적으로 병맥주는 병입한 후에 맥주 내에 있는 미생물을 죽이기 위해 약 62°C로 저온 살균했다.

그러나 맥주의 온도가 올라가서 일단 데워지게 되면 향미 성분이 화학변화를 일으켜 맥주의 맛과 향이 약간은 변하게 마련이다. 음식물이 신선했을 때와 그것을 구웠을 때의 맛이 다른 것과 같은 논리다. 따라서 종래에는 병입한 후 저온 살균 여부에 따라 생맥주와 병맥주를 구분했다.

맥주의 향과 맛이 좋은지는 궁극적으로 소비자의 기호에 달려 있다. 어쨌거나 병입한 이후 저온 살균하는 방식 대신 미세한 여과 방식으로 미생물을 제거한 맥주는 '병 생맥주'라 불리게 됐다.

2

유럽의 맥주

독일 맥주

맥주의 종주국을 자처하는 독일에는 1,800여 개의 맥주 양조장이 있다. 그중에는 레벤 브로이 같은 큰 회사도 있으나 대부분은 우리나라의 막걸리 양조장처럼 소규모로 각 지역을 기반으로 하고 있다. 알프스로부터 발원하는 독일의 강들은 대부분 석회분의 함량이 높아서 음료수로는 적합하지 않다. 그 때문에 예로부터 맥주를 음료수 대용으로 마시지 않았는가 생각된다. 따라서 '독일의 대표적인 맥주가 이것이다'라고 말하기는 대단히 어렵다.

독일의 맥주 산업이 발전하는 데는 16세기 바이에른 공국의 빌헬름 4세

옥토버 페스트가 열리고 있는 테레사 가든

의 양조 정책이 큰 기여를 했다. 그전까지만 해도 대부분의 맥주는 수도원에서 제조됐다. 빌헬름 4세는 양조권을 장악하고, 공국의 직할 양조장인 '호프 브로이 하우스'를 설립했다. 그는 이른바 '맥주 순수령'을 내렸는데 그 내용은 '맥주의 원료로는 보리와 호프, 그리고 물만 사용하도록 한다'는 것이었다. 당시 각 지방의 맥주에는 갖가지 향료 식물이 사용됐는데 이 명령으로 호프가 고정 원료로 사용된 것이다.

필자는 독일인 친구로부터 파티에 초대받은 적이 있는데, 그는 10여 종의 독일 맥주를 내놓았다. 아주 쓴 것부터 쓴맛이 적은 것, 색깔이 짙은 것부터 옅은 것에 이르기까지 그 종류의 다양함을 보고 놀라지 않을 수 없었다. 독일

옥토버 페스트를 즐기는 사람들

인들은 자기들의 맥주가 세계의 으뜸이라는 자부심이 대단했다. 독일인들은 일 인당 연평균 300병(150리터)의 맥주를 마신다고 한다.

  뮌헨에서는 매년 옥토버 페스트(10월의 축제)가 열린다. 이 축제는 1810년에 바이에른의 왕비 테레사를 기념하여 처음으로 개최됐는데, 그 후로 연례적인 민속 행사가 됐다. 축제의 중심지는 '테레사 가든'이라고 불린다. 옥토버 페스트는 원래 승마, 사격, 브라브 밴드, 민속춤 등의 경기와 말, 소 등의 가축 품평회가 열리는 지방 축제였다. 이것이 100여 년의 세월이 흐르면서 맥주 페스티벌로 정착된 것이다.

  매년 9월 20일 정오, 뮌헨 시장이 첫 잔을 드는 것으로 시작되는 옥토버 페스트는 10월 첫 번째 일요일까지 계속된다. 이 축제에 참가한 500만여 명의 사람들은 마치 코끼리가 물을 들이키듯 약 500만 리터의 맥주를 마셔댄다.

옥토버 페스트에 필적할 만한 슈투트가르트의 칸스타트 축제는 1818년부터 개최됐다. 슈투트가르트에는 독일에서 가장 넓은 장터가 있는데 4,500명분의 좌석이 있는 4개의 천막에서 맥주 파티가 벌어진다.

독일에서는 전통적으로 1리터짜리 대형 도자기잔으로 술을 마셨는데 1960년대부터는 500ml, 400ml, 300ml, 250ml 등의 유리잔이 다양하게 사용되고 있다.

프랑스에는 노천 카페가, 영국에는 펍이 있는 것처럼 독일에는 비어 가든이 있다. 뮌헨 한 곳에만도 100여 개의 비어 가든이 있는데, 뮌헨 사람들은 이른 저녁부터 나무 밑에 놓인 원탁과 의자에 삼삼오오 모여 앉아서 맥주를 마신다. 겨울철에는 물론 실내의 비어홀에서 마시는데 이 비어홀에는 언제나 브라스 밴드의 경쾌한 선율과 함께 왁자지껄한 생기가 넘쳐흐른다.

영국의 전통 에일 맥주

세계 대부분의 맥주 제조 기법이 하면 발효식의 담색 맥주로 변화된 것과는 대조적으로 영국과 아일랜드에서는 아직도 상면 발효식 에일 맥주가 주로 음용되고 있다. 에일 맥주는 상온(15~25°C)에서 양조되므로 당연히 맛과 향도 상온에서 가장 좋다.

따라서 영국에는 찬 맥주가 그리 흔하지 않다. 영국 맥주의 맛에는 뭔가 독특한 요소가 있어서 익숙해지려면 다소 경험이 필요하다. 처음에는 이상하게 느껴지지만 일단 그 맛에 젖어 들면 마치 김치처럼 그 맛을 잊기 어려운 것이 바로 영국식 에일 맥주이다.

영국의 펍에 가보면 우선 맥주의 종류가 매우 다양한 데 놀라지 않을 수 없을 것이다. 조그마한 동네 펍이라 하더라도 보통 한 다스 이상의 다양한 맥주를 보유하고 있다. 스타우트, 에일, 라거에 각각 마일드나 비터가 앞에 붙어서 '비터 스타우트', '마일드 에일' 등 그 종류가 실로 다양하다.

기네스 북 때문에 널리 알려진 기네스 맥주는 짙은 초콜릿 색깔의 스타우트를 고집하고 있다. 1759년 아일랜드 더블린에서 설립된 기네스 맥주는 색

영국 맥주의 종류 및 소비 분포

1882년 겨울에 그린 마네의 마지막 작품 〈폴리-베르제르의 바〉

깔이 아주 짙은 농색 맥주로서 맛이 텁텁하며 향기가 매우 짙다. 기네스 맥주가 알려지면서 스타우트는 처음으로 영국에서 전국적으로 인기 있는 맥주가 됐는데, 그 이전에는 각 지역마다 독특한 스타일의 맥주가 있었다.

오늘날 스타우트는 포터Porter라고도 불린다. 워낙 이 맥주가 인기가 있어서 맥주 배달부가 오면 기다리던 사람들이 '헤이(이봐) 포터' 하고 부른 데서 아예 맥주 이름이 유래됐다는 얘기도 있다.

포터는 호프를 많이 넣기 때문에 무척 쓴맛이 난다. 그런데도 포터는 아일랜드 사람들의 생활의 일부분이 되다시피 했다. 아일랜드의 유명한 문인 돈 레비는 "내가 죽으면 포터의 배럴이 되어 더블린의 모든 펍으로 포터를 나르

영국 펍 실내 모습

겠노라."라고 노래했다.

영국에서 맥주 판매량이 가장 많은 바스사는 담색 에일을 생산하고 있다. 1882년 마네가 그린 유명한 술집 그림 〈폴리-베르제르의 바The Bar at the Foliera-Bergeres〉를 보면 바스 맥주가 진열되어 있다. 바스사의 사람들은 샴페인과 함께 진열된 바스의 담색 에일이야말로 세계 최고의 품질이라고 뽐낸다.

영국의 맥주집은 펍Pub과 라운지Lounge로 구분되어 있다. 하나의 술집이 두 파트로 나뉘어져 있는 경우가 일반적이다. 펍과 라운지는 특별한 차이는 없으나 대개 여자친구와 함께 술집을 찾을 경우는 라운지에 앉아서 술을 마시고 남자들끼리 술을 마시는 경우는 펍에 서서 술을 마신다.

에일 파티

중세의 영국에서는 교회에서 결혼식을 올린 다음 하객들이 전부 신부집(Bryd)에 모여서 에일 파티(Ealo)를 했다. 그 때문에 신부와 에일이라는 두 개의 단어가 합쳐져 결혼식(Bridal)이라는 단어가 생겨났다고 한다. 유럽에서 가장 보수적이며 전통 지키기를 좋아하는 영국 사람들은 오늘날까지도 에일을 즐겨 마시고 있다.

영국의 전통 펍에 가면 포켓볼이나 다트가 있어 술을 마시면서 게임을 즐기는 사람들이 많다. 영국 정부는 오래 전부터 주류 제조회사들과 함께 '센스 있는 음주' 캠페인을 벌여 왔다. 그 가운데 하나가 술을 천천히 마시자는 것이다.

영국의 펍들은 대개 맥주 제조회사들이 소유하고 있다. 제조회사들은 정부의 시책에 호응하여 펍에다 그러한 놀이 기구들을 설치함으로써 폭주를 막는 데 일조했다고 한다.

5월에서 10월 사이에는 영국의 각지에서 토산물 품평회가 열린다. 이러한 품평회는 사이먼과 가펑클이 히트시킨 노래 '스카브로 페어'를 연상시킨다.

수만 평은 족히 됨직한 넓은 광장에 수십 개의 대형 텐트가 쳐지고 각종 농산물, 동물, 수제품 등이 전시, 판매된다. 이때 갖가지 음식과 함께 필수적으로 등장하는 것이 바로 맥주다. 거품이 유난히 많은 커다란 맥주잔을 들고 토론을 벌이는 영국인들의 정겹고 활기찬 풍경이 선하게 떠오른다.

체코 맥주

세계의 맥주 애호가들은 체코 맥주에 각별한 관심을 갖고 있다. 체코의 필즈너 Pilsner 맥주는 오늘날 전 세계 담색 맥주의 근원이 됐고, 버드바Budvar 맥주는 세계에서 가장 판매량이 많은 브랜드인 미국의 버드와이저의 시조나 마찬가지로 인식되고 있기 때문이다. 체코에서는 9세기 무렵부터 호프가 재배됐다. 체코의 호프는 세계에서 가장 품질이 우수한 것으로 정평이 나 있어서 세계 각국으로 수출되고 있다.

13세기 체코의 왕이었던 웬체슬라스는 수도원에서만 제조할 수 있는 맥주를 일반인도 양조할 수 있도록 교황 인노센트 4세로부터 허가를 얻어냈다. 이때부터 체코의 프라하와 블타바 강이 맥주의 고향이 된 것이다.

보헤미아의 맥주집은 1600년경부터 있었는데 이들은 전 유럽에서 유명한 존재였다. 이 맥주집들은 각기 보리나 호프 농장을 가지고 있는데 거기서 수확한 작물을 대형 양조장에 위탁, 제조하는 형식을 취하고 있었다. 이른바 맥주 분업이 시작된 것이다.

여기에서 근대 대형 맥주 공장의 효시를 찾을 수 있다. 보헤미아의 선술집에는 유

체코의 맥주 광고

명한 '후랜타스 룰Franta's Rule' 이라는 것이 있을 정도로 맥주가 사랑받고 있으며 대중화되어 있다. 후렌타스 룰 중 하나는 '마음껏 먹고 취한다면 쉬이 죽은들 어떠리' 라는 것이다.

보헤미아 맥주의 종류는 아주 다양하다. 밀, 보리, 귀리에다 호프, 쥬니퍼, 감귤 등을 넣어 향과 맛을 낸 것이 있으며, 숙성 기간도 긴 것, 짧은 것이 있고 색깔 역시 아주 옅은 것에서 심지어는 붉은 것에 이르기까지 천차만별이다. 필즈너 맥주의 특징은 경도가 매우 낮은 물을 사용하는 관계로 맛이 담백하고 호프 향이 짙다는 점이다.

체코 맥주는 대체로 탄산가스의 양이 많으며 따라서 거품이 매우 짙고 오래 간다. 체코인들은 거품을 '맥주의 혼' 이라고 부른다.

체코의 선술집에는 여러 종류의 머그잔이나 도자기, 혹은 목제의 손잡이가 달린 뚜껑이 있는 잔이 수십 개씩 진열되어 있다. 이것들은 단골손님들의 개인 소유물인 경우가 대부분이다. 체코인들은 음식을 먹을 때면 항시 맥주를 곁들인다. 체코는 호프와 맥주를 떼어놓고 생각할 수 없는 나라로, 체코인들은 일 인당 연간 약 340병(170리터)의 맥주를 마신다.

야생의 맥주 램빅

벨기에의 브뤼셀 지역에서 생산되는 태고의 야생 맥주는 전 세계 맥주 애호가들의 호기심을 발동시키고 있다. 16세기 말엽 이 지역에서 활동한 화가 피터 브뤼겔의 〈농부의 춤〉은 바로 이곳의 민속 맥주를 항아리만한 잔으로 마시면서 추는 춤을 그린 것이라고 한다. 벨기에 관광국이 지정한 브뤼겔 루트를 따라가면 이곳저곳에서 조그만 양조장을 만나게 되는데 여기에서 바로 그 유명한 램빅Lambic 맥주들이 생산되는 것이다.

램빅 맥주는 현대적으로 개량된 제조 방법을 사용하지 않고 파스퇴르가 미생물의 존재를 확인하기 이전의 전통적인 맥주 제조 방법을 아직까지 그대로 유지하고 있다. 즉 맥즙을 대형 목제 발효조에 넣고는 그대로 방치해 두는

브뤼겔이 그린 또 다른 그림 〈농부의 결혼식〉. 보잘 것 없는 음식이지만 술에 취해 흥겨운 분위기다.

램빅의 상표들

것이다. 천장이나 벽에는 케케묵은 자루들이 제멋대로 걸려 있는데 아마도 이것들이 미생물의 공급원이 될 것이다.

 이 양조장들의 발효실은 수백 년 동안이나 청소를 하지 않았다고 한다. 하루라도 뒤질세라 극심한 변화를 추구하고 있는 오늘날, 램빅 맥주 양조장 주인은 그의 발효실에 있는 먼지 하나라도 변화할까 봐 노심초사하고 있으니 흥미로운 일이 아닐 수 없다.

 램빅 맥주는 자연 발생적으로 발효를 일으키기 때문에 발효기간이 매우 길다. 1년 발효된 맥주는 아직도 젊다고 하며 2년 이상 된 맥주라야 비로소 마시기 시작한다. 램빅 맥주의 대표격인 팀머만즈Timmermans 양조장에는 75년 동안 숙성시킨 발효조도 있다. 램빅 맥주는 다양한 색깔로 제조되는데 발효조

세계의 유명 맥주 광고들. 왼쪽부터 버드와이저, 하이네켄(위), 칼스버그(아래)이다.

에 과일을 넣어 과일의 맛과 향, 그리고 색깔이 우러나게 하는 것도 있다. 이 과일 맥주를 구에제Gueze라 한다.

예컨대 체리 맥주는 7~8월경 수확한 체리 50kg을 250리터의 램빅 맥주에 첨가하고 1년 이상 더 숙성시킨다. 색깔 역시 갈색, 분홍색, 짙은 적색 등으로 만들어서 소비자들의 다양한 욕구를 충족시키고 있다.

이들이 수백 년 동안이나 전통을 지켜올 수 있었던 것은 지역 주민들의 토속주에 대한 사랑과 램빅 제조업자들의 변함없는 장인 정신이 있었기 때문일 것이다.

그 밖의 세계 유명 맥주

유럽에서 미국으로 이민 온 각국 사람들은 20세기 초까지 수많은 양조장을 건설했다. 그러나 1920년부터 시작된 미국의 금주령은 모든 주류 업계를 파산으로 몰아넣었다. 1933년 말의 금주령 해제를 기점으로 하여 미국의 맥주 업계에는 몇몇 거대 기업이 탄생했다.

버드와이저

미국의 대표적인 맥주회사는 버드와이저Budweiser를 생산하는 안호이저 부시Anheuser-Busch이다. 이 회사는 체코의 버드바를 모델로 색이 옅고 향과 맛이 연한 라이트 맥주를 생산하여 대성공을 거두었다. 버드와이저의 생산량은 연 1,070만 킬로리터로서 1995년 세계 맥주 총생산량의 8.3%를 점하고 있는데, 이는 우리나라 맥주 총생산량의 약 7배에 달하는 양이다.

버드와이저

하이네켄

네덜란드의 하이네켄Heineken사는 세계에서 두 번째로 큰 맥주회사이다. 네덜란드 암스테르담에 본부를 둔 하이네켄사는 1864년에 창립됐다. 창립자인 하이네켄은 맥주의 품질은 무엇보다도 효모의 품질과 정확한 발효에 의해 결정된다고 믿었다. 그는 1879년 파스퇴르연구소로부터 기술지도를 받아 새로운 효모를 육종했다. 그 후 하이네켄의 품질은 국제적으로 인정받아 1890년경에는 이미 동남아시아로 진출했다. 이른바 최초의 다국적 맥주회사가 된 것이다. 1934년 미국의 금주령이 해제되자 하이네켄은 미국에 상륙하여 시장을 넓혀 갔다.

하이네켄은 '최고 품질의 하이네켄은 세계 어디서나 만날 수 있다'라는 슬로건을 내걸고 세계시장을 개척하고 있다. 우리나라에서도 한때 동양맥주가 기술제휴를 통해 국내에서 생산한 적이 있다.

하이네켄

칼스버그

다국적 맥주회사로서 근대적인 맥주산업 발전에 기여한 공로가 큰 회사가 바로 덴마크의 칼스버그Carlsberg사이다. 덴마크 코펜하겐에 본사를 둔 칼스버그사는 1801년 야콥센에 의해 창립됐다.

그는 '과학기술의 존중'을 사시로 삼고 최고 품질의 맥주제조를 위한 미생물학적 연구를 지속했다. 그는 칼스버그 연구소를 창설하여 덴마크의 과학기술 발전에도 지대한 공로를 남겼다. 칼스버그 연구소의 에밀 한센은 맥주효모의 순수 배양법을 정립하여 세계 여러 나라로 전파했다.

칼스버그 맥주는 호프를 약간 많이 첨가한 향미가 진한 맥주로서 1995년에는 세계 8위의 생산량을 기록했다. 칼스버그는 최근 중국, 홍콩, 태국, 베트남 등의 시장을 적극적으로 개척하면서 성장을 지속하고 있다.

밀러

밀러Miller 맥주는 필립 모리스에게 흡수 합병될 때까지는 사실 가장 전통적인 구세대 맥주였다.

1855년 프레드릭 밀러가 맥주 양조장을 세웠을 때 '밀러스 하이 라이프Miller's High Life'라 하여 다른 맥주에 비해 보다 유럽풍의 호프를 많이 쓴 맥주였다. 그러나 마케팅의 귀재 필립 모리스가 인수한 후 라이트 맥주를 개발해 대히트를 쳤다. 미국인들이 비만에 신경 쓰는 것을 겨냥한 것이었다. 라이트 맥주는 물을 많이 넣은 약한 맥주로 유럽의 완전 발효한 드라이 맥주와는 비교가 안 되는 맥주다. 그러나 필립 모리스의 적극적인 마케팅으로 밀러 라이트Miller's Light는 미국뿐 아니라 세계적으로 매우 인기 있는 제품이 됐다.

밀러

3

맥주 즐기는 법

더운 여름날이나 격렬한 운동을 한 후 갈증이 날 때 시원한 맥주 한 잔을 들이키면 몸이 가벼워지고 사뿐히 날 것만 같다. 이때 맥주는 시원하게 마셔야 제 맛을 즐길 수 있다. 맥주는 상쾌한 청량감을 주는 술이므로 마실 때의 조건을 잘 맞춰 주면 더욱더 제 맛을 느낄 수 있다. 맥주 온도가 너무 낮으면 거품이 많이 생기고 쓴맛이 강해지게 된다. 또한 지나치게 차면 거품도 잘 일지 않고, 미각을 마비시켜 싱겁게 느껴진다. 맥주 속에는 탄산가스가 포화되어 있는데 온도에 의해 방출 속도가 달라진다. 알맞은 온도에서는 탄산가스가 서서히 방출되어 마실 때 기포가 입안과 목구멍을 적당히 자극하여 청량감을 준다.

일반적으로 맥주를 마시기 좋은 온도는 여름에 6~8℃이며 겨울에는

10~12℃, 봄가을에는 8~10℃ 정도이다. 시원하고 상쾌한 맥주를 마시려면 4~10℃의 냉장실에 충분히 보관하는 것이 좋다. 맥주를 보관하다 보면 간혹 어는 수가 있는데 이때는 맥주 속에 있는 소량의 단백질이 응고되어 혼탁을 일으킬 뿐만 아니라 녹여서 마셔도 제 맛이 나지 않는다. 따라서 맥주의 신선도를 유지하는 데 가장 중요한 조건은 온도이다.

또 하나, 맥주를 마실 때는 차고 깨끗한 글라스에 따라서 마시는 것도 맥주의 맛을 즐기는 데 중요하다. 청결하지 않은 잔에 맥주를 따르면 잔에 묻어 있는 기름이나 때로 인해, 표면장력이 감소하여 거품이 잘 생기지 않으며 미묘한 향을 변질시킨다. 또한 적당히 차가운 글라스에 맥주를 따라놓으면 상당 시간 동안 맥주의 온도가 상승하는 것을 막아주기 때문에 적당한 온도의 맥주를 즐길 수 있다. 글라스를 냉장고에 넣어두면 꺼낼 때 서리가 생기는데 이를 프로스트 글라스라 한다. 여기에 맥주를 따라 마시면 훨씬 시원한 맛을 즐길 수 있다.

맥주를 잔에 따르는 방법에 의해서도 맛이 달라질 수 있다. 맥주의 황금색과 흰색 거품은 시각적 대비 작용으로 즐거움을 더해준다. 거품은 탄산가스가 날아가는 것을 방지할 뿐만 아니라 맥주가 공기에 닿아 산화하여 맛이 적어지는 것을 막아 주는 역할도 한다. 또한 거품은 맥주의 시원하고 상쾌한 맛과 씁쌀하고 짜릿한 맛을 제공하고 입술과 닿을 때 맥주 특유의 독특한 물리적 감촉을 만들기 때문에 가능한 한 거품이 꺼지기 전에 거품과 함께 마시는 것이 좋다.

맥주를 잔에 따를 때는 맥주가 잔 바닥에 세게 부딪히면 거품이 심하게 일고 탄산가스와 향기가 손실되므로 맥주가 잔의 벽을 타고 흘러내리게 해야 한다. 즉 처음에는 잔을 기울였다가 액이 잔에 고이는 정도에 따라 잔을 수직으로 세우면 된다. 이러한 세심함이야말로 맥주를 즐기는 멋이라 할 수 있다.

마지막으로, 맥주의 맛을 즐기기 위해서는 적당한 안주를 곁들이는 것이 좋다. 맥주 안주로는 짭짤한 땅콩, 신선한 야채와 과일, 샐러드, 크래커, 치즈, 햄, 소시지 등이 적당하다.

술을 즐기는 데는 모름지기 오관이 다 동원되어야 한다. 맥주의 기포가 황금색 액체에서 솟아올라 흰 거품을 이루고 어느새 잠잠해지는 모습을 보는 것도 재미있는 일이다. 술자리를 같이한 사람들과 대화를 나누면서 마시는 맥주는 생을 풍요롭게 하는 묘약이라 할 수 있다.

맥주는 상큼한 호프 향기, 호박색의 맑은 휘도와 흰 거품, 맥주 속에서 용솟음치는 기포, 그리고 쌉쌀한 맛과 목으로 넘어갈 때의 시원함에 다 마시고 나면 적당한 포만감까지도 제공해 주는 술이다. 이런 오감의 즐거움을 천천히, 골고루 만끽할 수 있어야 맥주를 제대로 마신다 할 수 있을 것이다.

맥주를 맛있게 마시기 위해서는 맥주의 온도를 적정하게 유지하는 것, 마실 때 쓰는 용기를 깨끗하고 신선하게 유지하는 것, 그리고 인간의 모든 감각기관을 골고루 이용하는 지혜가 필요하다는 사실을 명심하자.

더.읽.어.보.기
맥주 전쟁

1980년대 중반까지 일본의 맥주시장은 기린 맥주의 독무대였다. 기린 맥주의 시장 점유율은 70%에 가까웠고 아사히, 삿포로, 산토리 등이 약 30%를 나눠 가지고 있는 형국이었다. 이런 시장 지배 구조는 수십 년에 걸쳐 굳어진 것으로 아사히 맥주가 신제품인 슈퍼 드라이Super Dry를 내놓을 때까지는 어느 누구도 기린 맥주의 아성을 넘볼 생각을 하지 못했다.

전통적인 라거 맥주에는 소량(1% 미만)의 당이 발효되지 않은 채로 남아 있다. 그런데 드라이 맥주란 이 당을 완전히 발효시킨 맥주라는 뜻이다. '드라이' 란 술의 맛을 평가하는 용어로서 당, 즉 단맛이 포함되어 있지 않다는 뜻이다.

아사히가 내놓은 드라이 맥주가 선풍을 일으키면서 아사히 맥주의 시장 점유율은 1980년대 중반의 7%로부터 1997년에는 38%까지 수직 상승했다. 기린 맥주의 시장 점유율은 1997년 초에 들어 40% 미만으로 떨어졌다. 이것은 일본 주류사의 일대 혁명과 같은 사건이었다.

물론 여기에는 소비자들의 기호 변화에 발맞추어 가는 신제품 개발 전략과 함께 아사히의 뛰어난 광고전략이 숨어 있었다. 1980년대에 들면서 건강 열풍이 일본 열도를 휩쓴 것도 드라이 맥주의 성공에 한몫을 했다.

당시 일본인들은 건강에 대한 관심, 특히 선진국병이라고 하는 성인병에 대한 관심이 매우 높았다. 성인병의 가장 중요한 원인 중의 하나가 비만인데, 맥주를 즐겨 마시는 사람들 중에는 배가 나온 사람이 많았다. 그런데 그

아사히 맥주

원인이 맥주에 들어 있는 당 때문이라는 그릇된 소문이 술꾼들 사이에 퍼져 있었다.

물론 맥주에 남아 있는 당도 비만의 한 원인이 될 수는 있다. 그러나 비만의 원인을 제공한다는 점에 있어서는 드라이 맥주나 보통의 라거 맥주 사이에 차이가 거의 없다. 왜냐하면 사람이 섭취한 음식물은 알코올이 분해되는 동안에 간에서 거의 지방으로 변화하기 때문이다. 그러니 술의 종류를 불문하고 과도한 음주를 하면 비만이 될 수밖에 없는 것이다. 어쨌거나 아사히의 드라이는 사람들의 건강에 대한 인식의 변화에 따라 세계적인 마케팅 성공 사례를 남기게 된 것이다.

이와 유사한 사례가 우리나라의 맥주 시장에서도 벌어졌다. 1980년대에 접어들어 우리나라에서는 수질과 대기 오염 등 환경문제가 심각하게 대두됐다. 이와 함께 무공해 식품에 대한 사람들의 관심도 폭발적으로 높아졌다.

이러한 사람들의 인식 변화에 편승하여 1992년 조선맥주에서는 신제품을 개발하여 시장에 내놓으면서 무공해 지하수로 양조한 맥주라는 홍보 전략을 가지고 대대적으로 선전을 했다. 당시 한국의 맥주시장은 1980년대 중반의 일본처럼 OB가 70%를 점유하고 있었다. 그러나 이 지하수 맥주의 바람이 거세게 불어 한국의 맥주 시장은 신제품 경쟁으로 혼전을 겪게 됐다.

사실 양조 용수로 어떤 물이 더 좋다고 말할 수는 없다. 세계에서 생산되는 대부분의 술은 지표수로 빚어진다. 맥주의 경우는 더욱더 그러하다. 그리고 지하수가 양조 용수로서 지표수보다 더 낫다는 아무런 근거도 없다. 오히려 풍부한 양질의 지표수야말로 맥주 산업의 입지 조건 가운데 가장 중요한 요건이 되고 있다. 이것은 세계 굴지의 맥주 공장의 입지를 살펴보면 공통적으로 발견할 수 있는 사항이다.

그러나 일반 소비자들이야 이런 사실을 어찌 알겠는가. 어쨌거나 조선맥주는 환경에 관한 일반인들의 관심을 이용하여 일대 성공을 거둔 셈이다.

사모로 맥주

3장 세계인의 음료 맥주 | 169

4장

생명의 물 위스키

1

위스키의 탄생과 숙성

위스키의 역사

문명은 우연한 기회에 예기치 않은 방향으로 발전하곤 한다. 12세기 십자군 전쟁에 참여했던 가톨릭 수사들은 중동의 연금술사로부터 증류주를 만드는 비법을 전수받고 돌아왔다. 십자군 전쟁은 예루살렘을 탈환하기 위한 명분으로 유럽의 기독교 세력과 중동 및 이집트의 모슬렘 세력 사이에 10여 차례 계속된 소모전이었다. 이 전쟁은 본래의 목적을 달성하지는 못했지만 부수적으로 동서간의 문물 교환에 큰 기여를 했다.

위스키는 이 전쟁이 끝난 직후 중동에서 돌아온 가톨릭 수사들에 의해 탄

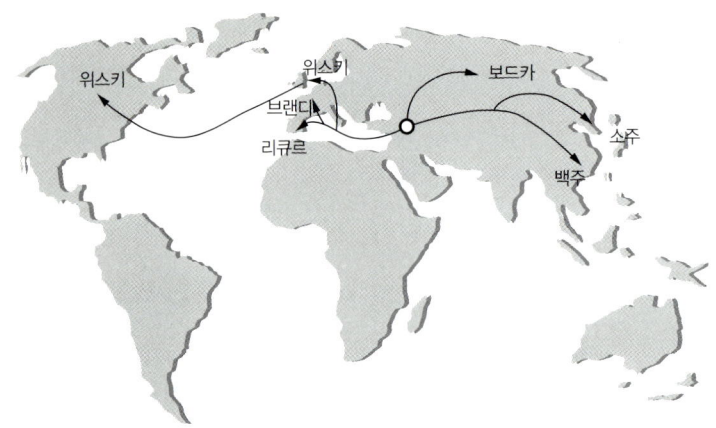

위스키와 증류주 전파 경로

생했다. 위스키뿐만 아니라 오늘날의 고급 증류주들은 모두가 이 전쟁의 산물이라 해도 과언이 아니다.

아랍에서는 술을 마시는 것이 금지되어 있었는데 연금술사들은 알코올을 증류하여 향료나 화장품 제조에 사용했다. 알코올의 어원을 거슬러 올라가 보면 아랍어의 콜(kohl)에서 비롯된 것을 알 수 있는데 이것은 오늘날까지도 눈썹 화장을 하는 화장품으로 사용되고 있다. 연금술사들로부터 기독교의 수도사들에게로 전수된 알코올 증류 비법은 순식간에 유럽 각지로 퍼져 나갔다.

영국의 에일을 증류하여 만든 거친 알코올은 스코틀랜드의 겔릭어로 '우스게바Usquebaugh(생명의 물이라는 뜻)'라고 불리게 됐다. 이 말은 후에 음변형이 되어 '위스키'가 됐고, 이로부터 스코틀랜드에서 생산되는 스카치 위스키가 위스키의 대명사로 자리 잡았다.

위스키 숙성 기술의 발전

스코틀랜드는 지구의 거의 최북단에 위치하고 있어서 여름에는 해가 지지 않고 겨울에는 밤이 매우 길다. 해양성 기후인 탓에 겨울에는 궂은 날이 지속되기 일쑤인데 사람들은 길고 지루한 밤을 위스키를 마시면서 보낸다.

스카치 위스키도 처음에는 기껏해야 톡 쏘는 향과 거친 맛을 가진 평범한 소주 종류에 지나지 않았을 것이다. 그러한 스카치 위스키가 어떻게 오늘날 세계 최고의 품질을 자랑하는 맛을 지니게 됐을까?

18세기 초 스코틀랜드의 국왕 제임스 1세가 잉글랜드 국왕을 겸하게 되

1907년경의 스코틀랜드 위스키 제조 광경

면서 대영제국이 탄생했다. 원래 민족과 문화가 서로 다른 스코틀랜드인들과 잉글랜드인들은 견원지간처럼 싸워왔다. 하나의 국가로 통합된 이후로도 이들 간의 감정은 그다지 좋지 않았다. 그런데 대영제국이 위세를 떨치면서 국내의 재정 수요가 늘어나자 조세 수입을 확보하는 방법으로 주세를 물리기 시작했다. 특히 위스키는 알코올 도수가 높아 중과세 대상이었다.

그러자 당시 위스키를 생산하던 스코틀랜드인들은 주세를 회피할 목적으로 증류기를 산속으로 옮기고 몰래 위스키를 만들기 시작했다. 증류 과정에서 연기가 나기 때문에 이들은 밤에 망을 보면서 증류를 했다. 그 바람에 이들은 '달빛치기(Moon Shiner)'라는 별명도 얻었다.

이들은 몰래 증류한 위스키를 술이 아닌 것처럼 위장하기 위하여 오크통에 담아 동굴 같은 곳에 숨겨 놓았다. 그런데 이게 웬 횡재인가? 몇 년 후 통 속의 위스키를 따라 보니 말간 호박색의, 맛이 부드럽고 향이 풍부한 고급술이 나오는 게 아닌가!

위스키 축제를 즐기고 있는 필자(가운데)

이처럼 우연이 낳은 숙성법이 널리 퍼지면서 스카치 위스키가 증류주의 왕자

스코틀랜드 위스키 숙성고 풍경

로 군림했다. 위스키는 5년 이상 숙성시켜야 제 맛이 나는데, 오크통에 보관하면 통에서 우러난 여러 성분들과 반응하여 점차 부드럽게 숙성된다. 이렇게 위스키의 향미가 익어가는 과정은 복잡하여 아무도 정확히 모른다. 다만 숙성 도중 술이 날아간다는 것만은 사실이다.

오랫동안 숙성된 귀한 술을 마신다는 것을 생각하면 어딘지 미안한 생각이 드나 보다. 그래서 술꾼들은 숙성 중에 날아가는 부분을 '천사의 몫'이라 하고 하늘에다 나누어주는 체 짐짓 생색을 냈다.

4장 생명의 물 위스키 | 177

2

위스키의 종류

스카치 위스키

그렇게 숙성된 위스키는 비록 품질은 최상급이었으나 생산량이 적어서 가격이 너무나 비쌌다. 종전까지 생산된 전통적인 위스키는 맥아만을 원료로 썼으며, 증류 또한 단식 증류기(Pot Still)만을 사용했기 때문이다.

단식 증류기는 양파모양으로 생긴 구리솥으로 세계 어느 나라에서나 거의 같은 모양을 하고 있었다. 단식 증류기로 증류하기 위해서는 발효액을 증류기에 한꺼번에 넣고 끓여야 하며, 1차 증류된 액을 2차 증류해야만 비로소 위스키 원액을 얻을 수 있어 생산성이 높지 않았다. 그러나 증류 시에 위스키의 품질에 절대적인 영향을 주는 성분들의 함량을 조절할 수 있으므로 이 증류기로 생산한 위스키는 향이 풍부하다는 장점을 지니고 있었다. 이렇게 제조된 위스키를 '몰트 위스키 Malt Whisky'라 한다.

산업혁명이 급진전되면서 잉글랜드 지방에서 위스키 수요가 급격히 늘어나게 되자 위스키 제조업자들은 생산량을 늘리기 위해 여러 가지 시도를 했다. 아일랜드에서 영국으로 이민 온 애니어스 카피는 1831

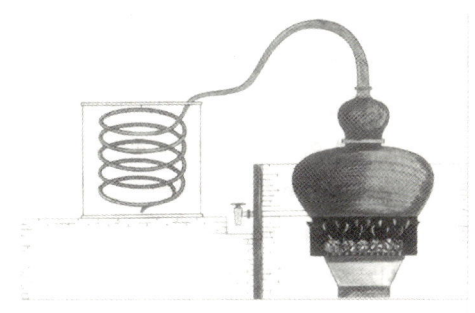

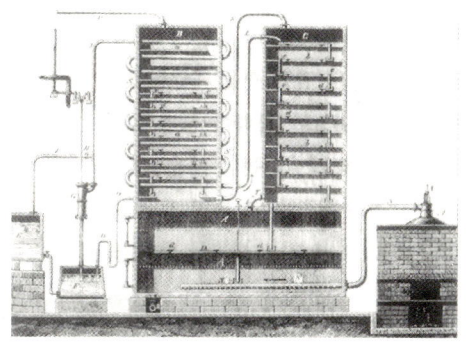

단식 증류기(위)와 연속식 증류기(아래)의 원리

년 발효액을 연속 투입하여 증류액을 얻는 연속식 증류기를 고안해 특허를 따냈다. 그는 이 증류기를 가지고 소량의 맥아를 사용하여 보리, 옥수수, 밀 등의 곡물을 당화, 발효시켜서 대량의 위스키를 생산하게 됐다. 이것을 '그레인 위스키Grain Whisky'라고 한다.

이 증류기는 오늘날 알코올 증류뿐만 아니라 석유화학 공업에서 사용하는 산업용 증류기의 모체가 되기도 했다. 이런 방식으로 생산된 위스키는 가격은

스카치 위스키 박물관

싸지만 향이 약하여 품질 면에서 전통적인 몰트 위스키를 따를 수가 없었다.

1800년대에 들어와 위스키는 대도시의 상인들에 의해 유통되기 시작했다. 이들은 위스키 제조업자들로부터 원액을 구입하여 자기 상표를 붙여 판매하기 시작했다. 그 과정에서 이들은 향이 강한 몰트 위스키와 값싼 그레인 위스키를 블렌딩하여 소비자의 요구에 적합한 위스키를 만들었다. 이것을 '블렌디드 위스키Blended Whisky'라 하며 오늘날 스카치 위스키의 약 97%를 점유하고 있다.

오늘날 스코틀랜드에는 약 100개의 몰트 위스키 증류 공장과 10개 정도의 대형 그레인 위스키 공장이 있다. 각 스카치 위스키 회사는 이들 공장으로부터 원액을 구입하여 블렌디드 위스키를 제조한다.

스카치 위스키가 발달할 수 있었던 배경은 해안을 따라 양질의 보리가 생산되며, 강에는 맑고 풍부한 연수가 넘쳐흐르고, 산 구릉에는 연료인 이탄(peat)이 무진장 널려 있는 천혜의

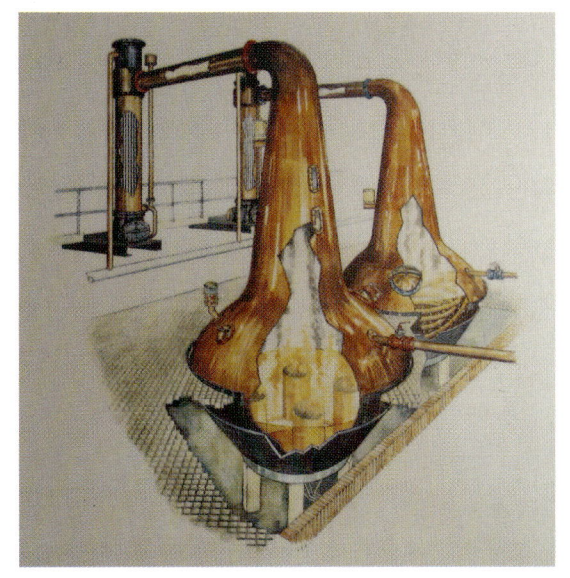

증류기 해부도

자연 환경 덕택이라 할 수 있다. 스카치 위스키의 특색은 맥아 건조 시 이탄으로부터 옮겨진 풍부한 향을 가지고 있으며, 장기 숙성으로 뒤끝이 깨끗하다는 점이다. 투명한 호박색의 스카치 위스키야말로 증류주의 왕이라 해도 과언이 아닐 것이다.

아메리칸 위스키

1770년대 미국 중동부 미시시피강 유역의 켄터키, 버지니아, 일리노이 지역에 스코틀랜드와 아일랜드로부터 온 이민자들이 정착했는데, 이들은 라이 rye(호밀)를 가지고 위스키를 만들기 시작했다. 미국에서 생산된 라이 위스키는 초기에는 서인도 제도에서 생산되는 럼과 치열한 경쟁을 했다. 그러나 1780년대 말에 들어서면서 위스키는 미국 국민들이 가장 선호하는 증류주로 확고하게 자리를 굳히게 됐다.

1791년 재무성의 초대 장관인 알렉산더 해밀턴은 조세 수입 확보를 위해 위스키에 고액의 세금을 부과했는데 이듬해에 폭동이 일어나는 바람에 세금을 대폭 삭감했다.

그런데 재미있는 것은 당시의 대통령이던 워싱턴이 버지니아 주의 마운트 버넌 근방에 상당히 평판이 좋은 라이 위스키 증류소를 소유하고 있었으며 3대 대통령인 제퍼슨 역시 라이 위스키 공장을 보유하고 있었다는 사실이다. 제퍼슨은 스스로가 조예 깊은 증류 기술자였으며 자기가 생산한 위스키에 대해 큰 자부심을 가지고 있었다.

1783년 켄터키의 버번 카운티에서는 옥수수로 양조한 위스키가 생산됐는데 소비자들은 라이 위스키보다 이 위스키를 더 좋아했다. 이 지역에서 생산되는 옥수수 위스키는 버번 위스키라 불리게 됐는데 버번 위스키는 라이 위스키에 비해 맛이 부드럽고 가벼웠다.

아메리칸 위스키의 종류

아메리칸 위스키는 약간 단맛이 있고 가벼우며 부드러운 특성이 있는데 다음과 같이 구분할 수 있다.

버번 위스키(Bourbon Whisky) 원료 중 옥수수를 51% 이상 사용해야 하며, 원액은 80% 미만으로 증류되고, 내부를 태운 새 오크통에서 2년 정도 숙성해야 한다.
콘 위스키(Corn Whisky) 원료 중 옥수수를 80% 이상 사용해야 하며 이미 사용된 오크통에서 숙성해야 한다.
라이 위스키(Rye Whisky) 원료 중 귀리를 51% 이상 사용해야 하며, 원액은 80% 미만으로 증류되고, 숙성에는 내부를 태운 새 오크통을 써야 한다.
테네시 위스키(Tennessee Whisky) 버번 위스키와 동일한 방법으로 제조하여 목탄으로 여과한다. 일반적으로 버번보다 고급이다.

당시 버번 위스키는 인디언들과의 물물교환 거래에서 현금 대용으로 사용됐다. 인디언들은 위스키를 매우 좋아해서, 비버, 여우, 곰 등의 모피와 교환할 수 있었기 때문에 한때 위스키의 수요가 폭발적으로 늘어났다.

인디언의 세계에는 원래 술이라는 게 없었다. 1610년 허드슨 강가에 메이 플라워 호가 상륙했을 때 인디언 추장에게 처음으로 위스키가 전달됐다. 인디언 추장은 이 술을 마시고 대취했는데, 그 때문에 그 지역을 '처음으로 대취한 곳'이라는 뜻의 인디언 말인 '맨해튼Manhattan'이라고 불렀다. 안타까운 이야기지만 인디언들은 무엇이든지 다 떨어질 때까지 나누어 먹는 풍습이 있었으므로 인디언 사회에서는 알코올 중독자가 양산됐다.

한편 연속식 증류기가 미국에 소개되자 대부분의 미국 위스키가 이 증류기에 의해 대량 생산되기 시작했다. 서부의 질 좋은 오크통에 담아서 1~2년 동안 숙성시킨 버번 위스키는 순식간에 미국 전역을 석권했다. 이로부터 약 1세기 후 미국 사회에서는 알코올의 유해성에 대해 논란이 일어나기 시작했다.

이윽고 1920년부터 14년간 금주령이 시행됐다. 그러나 금주령이 시행되는 동안 온갖 폭력과 밀조, 범죄, 그리고 마약이 성행하게 되면서 사람들은 차라리 금주령 이전의 상태가 낫다고 믿게 됐다.

우여곡절 끝에 금주령이 해제된 후 캐나다와 유럽의 주류 회사들이 대거 미국으로 진출했다. 오늘날 대부분의 미국 위스키 회사들은 그들의 후예들이 운영하고 있다.

아이리시 위스키

12세기 헨리 2세의 잉글랜드 군대가 아일랜드를 침공한 당시 아일랜드에는 이미 위스키가 존재하고 있었던 모양이다. 그래서 아일랜드인들은 위스키의 고향이 아일랜드라고 주장한다.

아이리시 위스키는 탄생의 역사적인 배경이나 자연 조건의 측면에서 스카치 위스키와 유사하다. 그러나 아이리시 위스키 제조에 사용하는 원료는 스카치 위스키와 다르다.

대부분의 스카치 위스키는 몰트 위스키와 그레인 위스키를 따로 숙성하여 최종적으로 블렌딩한 것이다. 그러나 아이리시 위스키는 당화나 발효 시에 몰트에 보리, 호밀, 밀 등의 그레인을 섞어 발효액을 만든 다음 대형의 단식 증류기를 사용해 3회에 걸쳐 증류한다.

따라서 아이리시 위스키에는 블렌디드 위스키가 없다고 할 수 있다. 아이리시 몰트는 이탄 훈연燻煙을 전혀 하지 않기 때문에 향이 깨끗하고 맛이 부드럽다.

향과 여운의 원천 싱글 몰트 위스키

몰트 위스키는 보리의 싹을 틔워 건조시킨 몰트(맥아)만을 원료로 제조한 위스키이다. 또한 전통에 따라 양파 모양의 단식 증류기로 증류한다. 단식 증류기의 모양은 다양하며 위스키 풍미에 많은 영향을 미친다. 물론 오크통에서 3년 이상 숙성돼야 한다. 몰트 위스키와 퓨어 몰트Pure malt 위스키는 일반적인 용어이다. 그들은 위스키가 싱글 몰트 위스키건 블렌디드 몰트 위스키이건 명시하지 않는다. 스코틀랜드에는 약 100개의 몰트 위스키 증류소가 있다. 이들은 역사와 전통에 따라 각기 특유의 향미를 가진 몰트 위스키를 생산한다. 온갖 과학 기술이 채용된 오늘날의 증류소에서도 각기 개성 있는 풍미의 위스키 원액이 생산된다. 맥아와 물, 발효조의 형태나 증류기 모양, 그리고 숙성연도, 알코올 도수, 숙성방식 등에 따라 다양함을 가지고 있다.

싱글 몰트 위스키는 한 증류소에서 증류와 숙성이 완료된 위스키를 말한다. 각각의 개성과 각 위스키들이 표현하는 전체적인 다양성 등이 최근 몇 년 사이에 탐구의 대상으로 증가되어 가고 있다. 어떤 이들은 감미로운 스페이 강 유역의 싱글 몰트 위스키를 좋아하고, 다른 이들은 아일레이섬의 스모키하고 바닷내 풍기는 싱글 몰트 위스키를 선호한다.

그들은 보리와 물, 그리고 효모로만 만드는 싱글 몰트 위스키의 다양성에 경이로움을 금치 못한다.

블레어 아톨

블레어 아톨 BLAIR ATHOL

블레어는 평지, 산림 개간지 등을 언급할 때 사용하는 스코틀랜드식 이름이다. 블레어 성은 아톨 공작의 집이었다. 마을 이름의 'Blair Atholl'은 'L'이 두 개로 끝나지만 증류소는 자신들의 L이 하나로 끝나기를 고집한다.

이 증류소 근처에 여름철 극장으로 유명한 내륙 휴양지인 피틀로흐리Pitlochry가 위치해 있다. 1798년 지어진, 넝쿨에 뒤덮여 있는 이 아름다운 증류소는 현재까지도 잘 유지되고 있다. 이 증류소는 여러 번의 확장을 거쳤다. 이 증류소의 원액은 벨Bell's의 블렌딩에 주로 사용된다. 위스키의 숙성이 빠르고 젠틀맨처럼 부드럽다. 대형 업체의 위스키에 비해 균형이 잘 잡혔고 기본이 탄탄하다. 이 증류소가 위치한 피틀로흐리는 양털 의류로도 유명하여 관광객들이 선호하는 곳이다.

글렌피딕

피딕Fiddich 강 계곡에 사는 수사슴은 뿔이 자라날수록 용기와 모험심이 커진다. 피딕이라는 이름은 피딕강이 관통하는 사슴계곡을 지칭한다. 그런 연유로 글렌피딕Glenfiddich사는 수사슴 엠블렘을 사용한다. 글렌피딕은 더프 타운에 있는 증류소와 같은 이름을 사용하는 작은 강 근처에 위치해 있다. 글렌피딕은 세계에서 가장 많이 팔리는 싱글 몰트 위스키 전문 회사이다.

이 증류소는 1886년에 설립됐고 아직도 설립 가문이 경영을 하고 있다. 비교적 작은 기업이었기 때문에 2차 세계 대전 이후 경제 발전 붐이 일어날 때 대기업의 강력한 경쟁에 직면하게 됐다. 1963년 글렌피딕은 대형 기업들이 가지고 있는 블렌디드 위스키의 블렌딩용 원액을 공급하기보다 차라리 자신들의 싱글 몰트 위스키를 병입하기로 결정했다. 당시 위스키 산업은 블렌디드 위스키가 지배적이었기 때문에 이러한 시도는 바보 취급을 받았다. 싱글 몰트 위스키는 잉글랜드나 다른 나라 사람들이 마시기에 너무 강하고 향이 진하며 또한 복합적이라고 여겨졌기 때문이다. 그러나 이 독립적인 위스키에게는 라이벌이 없었다. 이

글렌피딕

러한 운은 몰트 위스키들 사이에서 가장 무난하게 마실만한 제품이었던 점이 도움이 됐다. 이러한 초기의 출발이 현재 글렌피딕의 성공의 밑바탕이다. 좀 더 큰 도전을 할 준비가 되어 있는 몰트 위스키 애호가들은 오래 숙성된 제품 중에서 좀 더 복합적인 느낌을 가진 몰트 위스키를 찾게 됐고 그 중에는 15년 숙성 후 솔레라 시스템으로 블렌딩된 제품도 포함되어 있다.

글렌피딕 증류소는 개성으로 가득 찬 증류소이다. 초기 증류소 설립 당시 만들어진 꿀회색 돌로 만들어진 건물들이 여전히 아름답게 유지되고 있으며 나중에 지어진 새로운 건물들도 이러한 스타일에 따라 지어졌다. 이 증류소의 진정한 전통적인 요소는 두 개의 증류실 중 하나가 아직도 석탄을 사용한다는 점이다. 그 작은 증류기에서 생산된 위스키 원액은 대부분 플레인 오크(재사용된 버번통)에서 숙성되며 생산량 중의 약 10%는 셰리 오크통에서 숙성된다. 각자 다른 타입의 오크통에서 숙성된 위스키는 다시 플레인 오크통에서 혼합된 후 추가 숙성(marrying)된다.

글렌피딕 증류소 인근에는 윌리엄 그랜츠 소유의 자체 작은 규모의 플로어 몰팅을 실시하는 증류소 발베니가 있으며 또한 새로운 증류소인 키닌비에도 있다. 키닌비에Kininvie는 기본적인 증류실보다 작은 규모의 증류실이 있다. 이 풍부하고 크리미한 몰트 위스키는 스카치 블렌디드 위스키인 그랜츠Grant's의 블렌딩용으로 공급되고 있을 뿐 싱글 몰트 위스키로는 출시되지 않았다.

맥캘란

구릿빛 근육질을 가진 맥캘란Macallan은 스페이사이드 지역에서 잘 알려진 유력한 증류소이며, 새로운 도전을 지속적으로 펼치고 있다. 이러한 취지의 일환으로 맥캘란은 수년 동안 자신들의 위스키를 수집하고 자신들이 1800년대 생산했던 위스키들을 경매에서 사들였다. 맥캘란은 자사에서 생산한 1874년산 위스키를 4천 파운드(미화 6천 달러)를 주고 사들여, 자신들이 저장하고 있는 원액을 가지고 그 당시의 위스키 특징을 복원하는 대담한 시도를 했다. 복원의 열쇠는 현재 많이 사용되고 있는 드라이 올로로서 셰리 오크통보다 피노 셰리fino sherry 오크통에 대한 강조에 있었다. 맥캘란 숙성 창고에는 피노 셰리 오크통에서 숙성된 원액이 충분히 있었고 믿을 만한 1874년 당시 맥캘란 맛을 복원할 수 있었다. 그 당시로서는 독특한 시도였으나 이후 추가로 3개의 복원 위스키가 더 생산됐다. 1900년대 초반과 중반의 위스키는 복원할 필요는 없었다. 이미 그 당시에 생산된 위스키가 아직까지 숙성 창고에 충분히 저장돼 있기 때문이다.

맥캘란은 매우 오래된 위스키를 제공하기로 결심했다. 여기서 '매우 오래된'이라는 의미는 1972년 이전에 증류된 위스키를 말한다. 모든 해의 위스키를 빠짐없이 증류, 숙성하는 것은 철저하게 지켜지고 있다. 마스터 디스틸러 Master Distiller(모든 증류 과정을 책임지고 마지막 맛을 평가하는 사람) 데

맥캘란

이비드 로버트슨과 위스키 메이커Whisky Maker 밥 달가노는 매년 600여 개의 통을 검사하고 그중 한두 통을 빈티지 위스키로 출시한다.

어떤 해에는 창고에 숙성된 재고가 없어서 거래상이나 수집가들로부터 그해 증류된 원액이 숙성되어 있는 통을 되사오거나 심지어 병에 담겨진 제품까지도 되사들인다. 2003년에 출시된 '파인 앤 래어Fine and Rare' 시리즈는 맥캘란 스타일의 병에 위스키 증류연도가 강조된 라벨을 사용했다. 이 패키지는 저장되어 있는 원액으로 만든 제품이거나 혹은 되사들여 다시 병입한 제품이거나 같이 적용했다.

맥캘란은 꽃과 과일향이 조화롭고 풍부하게 나며, 드라이하게 입안이 따뜻해지며 부드럽다. 한편 여운이 빨리 사라지기도 한다.

탈리스카

화산이 폭발하는 듯한 강렬함을 지닌 탈리스카Talisker는 최근 새로운 제품들을 추가함으로써 충격을 배가시키고 있다. 그러나 아직도 많은 특이한 제품들이 남아있다.

탈리스카 위스키는 너무 매워서 시음자의 관자놀이에서 김이 나올 정도의 다른 위스키와 구별되는 후추 같은 특성을 가지고 있다. "입안의 폭발(explodes on the palate)"이라는 구절은 블렌더들이 탈리스카를 블렌딩할 때 그 맛을 머릿속으로 떠올리며 연상하는 구절이다. 이 증류소는 스카이 섬의 서쪽 해안에 위치해 있다. 지역 경제의 주력 산업은 트위드 직물 산업이었다.

이 증류소는 1831년에 설립됐고 1900년에 확장됐다. 이 증류소는 오랜 기간 동안 3회 증류시키는 방식을 채택하고 있었다. 1928년 3회 증류 방식에서 2회 증류 방식으로 변경했고 부분적으로 1960년 개축했다. 이 증류소는 전통적인 방식의 나선형의 쿨링 코일인 웜 튜브를 사용하고 있는데 이 방식은 현대적인 응축방식보다 좀 더 풍부한 풍미를 가진 위스키를 생산하게 한다. 몇몇 몰트 위스키 마니아는 요즈음 교체된 10년 제품의 좀 더 라운드한 제품보다 예전 8년 제품 버전의 젊고 드라이한 강렬함을 아쉬워한다. 한동안 이 위스키는 단일 품목으로 생산하고 있다가 현재는 증류소에서 공식적으로 출시하는 품목이 많아졌다.

탈리스카

일본의 위스키

일본 위스키 하면 자연스레 산토리와 니카를 떠올리게 된다. 1899년 도리이 신지로는 오늘날 산토리사의 전신인 합성주 판매점을 창업했다. 산토리는 1923년 일본인으로서는 최초로 스코틀랜드에 유학하여 양조 기술을 배우고 귀국한 다케스루를 채용, 교토의 야마자키에 위스키 공장을 지었다.

    8년 후 '산토리 화이트'라는 첫 제품을 냈으나 결과는 참담한 실패로 돌아가고 말았다. 이에 굴하지 않고 1937년에 '산토리 올드'를 개발했는데 이것이 성공을 거두었다. 산토리 공장을 지은 다케스루는 도리이와 뜻이 맞지 않아 산토리를 그만두고 1934년 니카 위스키를 창업했다. 그는 스코틀랜드와 기후가 유사한 북해도의 요이치 시에 공장을 세웠고 그때부터 산토리와 니카는 숙명적인 경쟁을 벌이게 됐다.

1964년 도쿄 올림픽을 계기로 일본 위스키 업계는 대대적인 위스키 붐을 조성했다. 이때 위스키 업체들은 중간 가격의 신제품을 개발했는데 그것이 '산토리 레드'와 '하이니카'였다. 일본의 양주는 올림픽 이전에는 유흥업소에서만 소비됐으나 산토리와 니카가 치열한 경쟁을 벌이는 과정에서 가정에서의 소비도 크게 늘어나게 됐다. 그 후 1983년까지 일본의 위스키 시장은 가파른 성장을 지속했다.

산토리는 앞장서서 일본의 양주 소비 문화를 창조해 갔는데 이른바 젓가락 작전이 그 중 하나였다. 즉 위스키는 일본 음식과 잘 어울리기 때문에 젓가락으로 식사를 하면서 위스키를 반주로 마시라는 내용으로 대대적인 홍보작전을 전개했고, 이것이 적중한 것이다. 또한 산토리 사에서는 독한 술을 좋아하지 않는 일본식 음주 문화

에 착안하여 위스키에 물을 타서 마시는 '미즈와리'를 개발하여 보급시키기도 했다. 이처럼 산토리는 오늘날 일본인들에게 생활의 즐거움과 활력을 주는 회사의 이미지를 구축하는 데 성공을 거두었다.

한편 니카는 창업자인 다케스루의 품질 지상주의 정신을 반영하여 최고의 품질을 지닌 정통 위스키의 이미지를 구축했다. 니카는 스코틀랜드의 위스키 제조 방법을 완벽하게 모방했다.

오늘날 산토리와 니카는 양주를 위주로 한 음주 문화를 보급시킴으로써 일본인들에게 아주 좋고 친숙한 기업으로서의 이미지를 구축하고 있다. 이들 두 회사의 경쟁을 통해 일본 위스키는 세계 5대 위스키의 반열에 자리를 하게 된 것이다.

한국의 위스키

대한제국 시절 서구 열강에 문호를 개방하면서 외국 공관과 함께 서구의 문물이 물밀듯이 밀려 들어왔다. 위스키도 아마 이 시기 처음 도입됐을 것이다. 그 후 해방과 함께 우리나라에 미군이 주둔하게 되면서 군 매점을 통해 위스키가 시중으로 유출됐다. 그 기막힌 맛에 매료된 사람들의 수요를 충족하기 위해 1950~1960년대에는 소주에 색소를 섞은 가짜 위스키가 유행했다.

1970년대 들어 우리나라 경제가 크게 도약하면서 기업가들의 접대용으로 처음 국산 위스키가 발매됐다. 그 효시는 1976년 백화 양조에서 개발한 '조지 드레이크'였다. 그러나 이 술은 위스키 원액을 수입하여 거기에 주정을 섞은 유사 위스키로서 주세법상으로는 기타 재제주로 분류됐다.

그러다가 1978년에 역시 기타 재제주인 '베리나인'이 개발되면서 1984년까지 위스키 시장을 석권하다시피 했다. 세계적인 기준에 맞는 원액 함량 100% 위스키는 1984년도에 처음으로 개발됐다. 88서울올림픽에 대비해 위스키의 질을 향상시켜야 할 필요성을 느낀 정부에서 원액 함량 100% 위스키 개발을 승인해 주었기 때문이다.

그리하여 당시 위스키 3사(베리나인, 진로 위스키, 오비 씨그램)가 같은 시기에 스코틀랜드의 스카치 위스키 메이커들과 제휴, 몰트 위스키와 그레인 위스

키를 수입해 독자적으로 블렌딩한 원액 함량 100% 위스키를 개발했다. 패스포트, 비아이피(VIP), 썸싱 스페셜이 이때 나온 제품들이다. 그 가운데 시장 점유율이 가장 높은 제품은 패스포트였다.

위스키 3사는 1980년대 초반 위스키 원액을 국산화하기 위해 원액 제조 설비를 갖추고 생산을 개시했으나, 국산 원액은 가격 경쟁력을 갖지 못한 탓으로 5~6년 후 생산이 중단되고 말았다.

1991년 주류의 수입이 개방되면서 세계 각국의 양주류가 대량으로 쏟아져 들어왔다. 이에 따라 국내의 위스키 회사들도 기존 위스키와의 차별화를 위해 원액의 주령인 12년인 신제품을 개발하여 시장에 내놓기 시작했다.

1994년에 나온 진로의 '임페리얼'과 1996년에 생산되기 시작한 두산 씨그램의 '윈저'가 국내 브랜드로서 상당한 명성을 얻었다. 수입 위스키 중 시장 점유율이 높은 것은 시바스 리걸, 딤플, 발랜타인 등을 손꼽을 수 있다.

더.읽.어.보.기

한국인을 위한 맛과 향, 골든 블루

한국인을 위한, 한국인의 입맛에 꼭 맞는 위스키는 없을까? 이것은 1981년부터 수많은 제품을 개발해 온 필자에게 풀리지 않는 화두였다. 그동안 출시된 한국의 스카치 위스키들은 스카치위스키협회(Scotch Whisky Association, SWA)의 규정을 준수하느라 제한된 범위에서 제품을 개발해 왔다. 스카치 위스키를 비롯해 꼬냑 브랜디, 샴페인 스파클링 와인 등 세계 유명 주류들은 그 지역의 주류 산업을 보호하기 위해 용어와 내용을 엄격히 규제한다. 예컨대 "스카치 위스키는 알코올 농도 40도 이상이어야 한다."와 같은 규정이 그것이다. 국내는 물론 전 세계의 소비자들은 저도주와 마일드 식품을 선호하는 경향을 띠고 있지만 스카치 위스키만은 소비자의 음용 성향과 상관 없이 40도 이상을 고집하는 것이다.

2009년 12월 1일 새로운 타입의 위스키 골든 블루(GOLDEN BLUE)가 출시됐다. 골든 블루는 스코틀랜드 법령에 따라 12년산, 17년산 위스키 원액 100%를 사용하지만 스카치 위스키라고 말할 수 없는 위스키이다. 왜냐하면 알코올 농도가 36.5도이기 때문이다. 골든 블루 개발에는 처음부터 필자가 깊이 관여해 왔다. 필자는 오랫동안 깊은 교류가 있던, 대를 이어 블렌딩 기술을 연마한 스카치 위스키 업계의 유명 마스터 블렌더와 이 제품 개발을 위해 공동 연구를 했다. 이 연구를 통해 한국인이 선호하는 최적의 알코올 도수 36.5도에 가장 잘 어울리며 스카치 위스키 본연의 풍부한 향과 맛을 내는

블렌딩 레시피(Blending Recipe)를 개발했는데, 7회에 걸친 광범위한 소비자 조사를 통해 최적의 품질을 입증하는 과정도 거쳤다.

40도 이상의 다른 위스키도 60도 내외의 숙성 원액을 희석해서 만들듯이, 골든 블루 역시 희석 과정은 같다. 주어진 도수에서 최상의 향과 맛을 낼 수 있도록 하는 것은 블렌더의 몫이다. 한국 위스키 애호가들만을 위하여 개발된 골든 블루는 잘 익은 장미 향과 열대의 건과 향, 바닐라 향과 은은한 스모크 향이 잘 조화를 이룬 감칠맛이 뛰어난 위스키이다. 부드러운 목 넘김과 은은한 여운의 위스키 골든 블루는 한 마디로 '한국인의 위스키'라고 할 수 있을 것이다.

SWA는 스카치 위스키 품질 보호와 자국의 위스키 산업 보호를 위해 세세한 규정을 설정하여 세계 각국에서 판매되는 위스키들을 감시하고 있다. 골든 블루는 SWA 규정에 따라 스카치 위스키라 칭하지 않을 뿐만 아니라 광고, 홍보, 판촉 활동에서도 영국이나 스코틀랜드를 연상시키는 지명, 인명, 사진, 이미지 등을 사용하지 않는다. 그러나 이러한 제약에도 불구하고 골든 블루는 한국 위스키 애호가들의 취향에 맞춘 제품으로서 고객우선주의를 고수한 개발자들의 용기가 있었기에 탄생되었다.

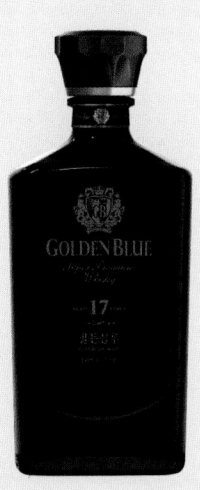

오늘날 주류 산업은 대항해 시대를 연상케 한다. 스페인과 포르투갈에서 15세기부터 시작된 항로 개척과 신대륙 발견으로 굳게 닫혀 있던 세계는 활짝 열려 하나의 지구촌이 되었다. 미개척 분야를 블루 오션(Blue Ocean)이라 하는 것은 험난하지만 거친 바다를 헤쳐 나가면 드넓은 황금의 나라 신대륙이 있기 때문이다. 콜럼버스 같은 용감한 대항해 시대의 선장들은 기존의 모든 틀을 깨고 파도가 휘몰아치는 창해를 가르고 새로운 시대를 열었다. 한국인의, 한국인을 위한 위스키로 세상에 태어난 골든 블루가 한국과 세계의 위스키 시장의 새로운 지평을 여는 선장이 되기를 기대한다.

3

세계의 유명 위스키

더 글렌리벳

스카치 위스키의 본 고장인 하일랜드 지방에는 스페이 강 상류의 리벳강을 끼고 유명한 위스키 증류소들이 모여 있다. 1700년대 초부터 지나친 주세를 피하기 위해 밀조자들이 숨어들었던 오지 중의 오지인 이곳은 위스키 제조에 더없이 좋은 환경을 갖추고 있다.

스코틀랜드 해안에서 양질의 보리가 풍부하게 생산되며, 양조용수로서 최상급의 수질을 가진 샘이 많고, 인근의 언덕에는 무한정의 이탄이 매장되어 있어 증류용 연료 조달이 용이하다.

1800년대 초엽 영국정부는 밀조를 양성화하는 계획을 세웠으나 응하는 사람이 없었다. 아무도 정부의 선의를 믿으려 하지 않았기 때문이었다. 1824년 용감한 조지 스미스는 최초로 정부의 허가를 받아 위스키를 생산하기 시작했다. 그때 증류소 및 제품 이름을 리벳강의 계곡이란 뜻인 '더 글렌리벳The Glenlivet'으로 정했다. 그 후 조지 스미스는 수년간 밀조자들에게 위협을 받았는데 이에 대응하기 위해 항시 쌍권총을 지니고 다녔다고 한다.

더 글렌리벳은 합법적인 공장이었으므로 설비를 마음대로 개량할 수 있었다. 따라서 얼마 지나지 않아 위스키의 품질이 최상급이라는 명성을 얻게 됐다. 더 글렌리벳이 날로 번창하자 다른 밀조자들도 차츰 허가를 받기 시작했다. 그들은 상표명을 더 글렌리벳과 유사하게 지었는데 나중에 상표권 재판을 받아 타사의 제품은 하이픈(-) 표시를 해서 '벤리니스-글렌리벳Benrinnes-Glenlivet' 등으로 쓰도록 결정됐다.

글렌리벳 박물관 전시물. 위는 글렌리벳 상표

4장 생명의 물 위스키 | 199

스코틀랜드 정부에서는 관광객을 위해 10개 공장을 방문할 수 있는 위스키 관광로(Whisky Trail)를 지정했는데 그 가운데 더 글렌리벳 공장이 필수 코스로 지정되어 있다. 더 글렌리벳 공장은 지금도 양조 용수로 공장 내의 샘물을 쓰고 있다. 그 증류 공장의 박물관에는 밀조 광경을 묘사한 실물 크기의 모형이 있다. 조지 스미스가 차고 다니던 쌍권총도 함께 진열되어 있음은 물론이다.

더 글렌리벳은 풍부한 향과 감칠맛 나는 맛으로 최고의 위스키 중 하나로 손꼽히고 있다. 상표에 스코틀랜드 국화인 빨간 엉겅퀴 꽃이 그려져 있는 더 글렌리벳은 1824년 이래 싱글 몰트 위스키로서 전 세계의 애주가들로부터 아낌없는 사랑을 받고 있다.

블랙 앤 화이트

스카치 위스키의 호상豪商 가운데서도 가장 매력적인 인물로 알려져 있는 제임스 부캐넌과 그의 애견에 관한 이야기는 오늘날까지 애주가들의 입에 오르내리고 있다. 1879년, 당시 30세의 제임스 부캐넌은 런던에 위스키 판매점을 내고 '부캐넌즈 브랜드'라는 상표를 붙였다.

당시에는 대부분의 위스키가 원액 제조공장으로부터 배럴(180리터들이 오크통) 단위로 거래되고 있었다. 그러나 위스키의 품질은 통마다 달랐기 때문에 소비자들은 구입할 때마다 다른 품질의 위스키를 마셔야 하는 것이 문제점이었다. 부캐넌은 한꺼번에 많은 양의 위스키를 사들인 다음 자기가 직접 블렌딩을 해서 일정한 품질의 위스키를 제조했다. 그는 검은 병에다 흰색의 상표를 부착했다.

그는 위스키 판매를 위하여 당시로서는 기상천외한 상술을 발휘했다. 그는 11명의 친구들을 동원하여 매일 저녁마다 정장을 하고는 유명 레스토랑을 찾도록 했다. 그들은 예약된 자리에 앉아 식사와 술을 주문하면서 반드시 부캐넌 위스키를 주문했다.

그때 웨이터가 그 술이 없다면서 다른 위스키를 주문하면 어떻겠느냐고 물으면 "뭐라고? 부캐넌이 없다니 말이 되나!" 하면서 자리에서 일어나 나가 버렸다. 이런 일이 몇 차례 되풀이되자 그 후부터 런던의 고급식당에서는 부캐넌을 비치하고 팔게 됐다는 것이다.

부캐넌은 런던 홀번가에서 사업을 했는데 그 자리는 원래 위스키 공장이 있던 자리였다고 한다. 그런데 1780년, 인근 교도소에서 탈주한 폭도들이 공장을 덮쳐서 저장하고 있던 위스키를 마구 들이키며 난동을 부리는 과정에서 화재가 발생했다. 그 바람에 위스키 원액에 불이 붙으면서 원액통들이 대규모의 폭발을 일으키며(알코올 도수 60%가 넘으면 폭발물로 분류된다) 수많은 사상자를 냈다. 아

블랙 앤 화이트

이러니하게도 그는 위스키로 인해 대참사가 일어난 곳에서 위스키 장사로 대성공을 거둔 것이다.

그는 동물을 매우 좋아해서 경주용 말과 개를 길렀다. 그는 특히 죽을 때까지 한 주인만을 섬기는 하일랜드 테리어를 좋아했다. 마침내 그는 희고 검은 한 쌍의 테리어를 마스코트로 삼아서 위스키의 상표명을 블랙 앤 화이트 Black & White로 고치기까지 했다. 부드럽고 순한 맛을 가진 블랙 앤 화이트는 오늘날까지도 꾸준히 애주가들의 사랑을 받고 있는 제품이다.

로얄 살루트

영국 국민들은 전통적으로 왕가의 일에 관해 지나치다 싶을 정도로 깊은 관심을 가지고 있다. 해가 지지 않는 대영제국을 건설했던 왕조에 대한 존경심이 국민들의 마음 깊이 스며 있는 것인지도 모르겠다.

과거 우리나라에는 각 지역의 특산물을 왕에게 진상하는 관습이 있었다. 왕실에 납품하는 물건은 그 품질의 우수성을 입증 받는 것이기도 했다. 영국에서도 이와 유사한 관행이 있었는데 이것은 오늘날까지도 지속되고 있어서 각 분야의 우수한 제조업체들은 왕가의 경사에 그들의 명품을 진상한다.

1931년 스코틀랜드의 수도 에든버러에 위치한 더 글렌리벳사의 제품 공장에서는 현 영국 여왕 엘리자베스 2세가 5살 때, 21년 후에 있을 그녀의 대관식을 위해 특별한 위스키 원액을 제조하기로 결정했다. 국왕이 주관하는 공식행사에는 21발의 축포를 쏘는 데서 아이디어를 얻어 이 원액은 오크통에서 21년간 숙성됐고, 로얄 살루트Royal Salute(왕의 예포)라는 이름이 붙여졌다.

1950년 힐 톰슨 사의 제품 디자이너들은 이 이름에 걸맞는 외장을 갖춘 병을 제작하기 위해 크리스털 유리와 도자기로 다양한 병을 디자인한 끝에, 마침내 16세기에 에든버러 성을 지키는데 크게 공헌한 몽즈 메그라는 거대한 대포의 포신을 닮은 도자기 병을 로얄 살루트 병으로 결정했다. 스코틀랜드인들은 이 대포를 스코틀랜드 수호의 상징으로 여기고 있다 한다.

필자는 영국 유학 중 로얄 살루트의 생산 공장을 방문한 적이 있는데, 술을 도자기에 넣고 코르크 마개를 막고 상표를 부착할 때까지의 과정이 전부 수작업으로 이루어지는 광경을 보았다. 한마디로 로얄 살루트는 정성의 결정체였다.

1952년에 벌어진 엘리자베스 여왕의 대관식에 맞추어 최고급 위스키 로얄 살루트가 탄생됐다. 왕실에 진상된 로얄 살루트는 왕실의 위스키 애호가들로부터 위스키의 명품이라는 극찬을 받았다. 로얄 살루트는 일반인들을 위해 한정된 양만 제조되고 있는데, 세계 명품 수집가들의 주요 수집품이 되고 있다.

로얄 살루트

병 모양이 마치 루비처럼 생겼다 해서 흔히 '로얄 살루트 루비'라고 불리는 제품이 있다. 바로 40년 숙성된 로얄 살루트이다. 로얄 살루트 40년짜리는 원액의 희소성을 입증하기 위해 병마다 고유 번호가 새겨져 있다. 이 술은 스카치 위스키 가운데서도 명품 중의 명품으로 알려져 있다.

조니 워커

민족시인 로버트 번즈와 잉글랜드를 물리친 영웅 부르스(영화 〈브레이브 하트〉의 주인공)의 고장인 스코틀랜드의 아이어셔(스코틀랜드 동남부에 위치)에서는 많은 만학가와 철학자가 배출됐다. 그러나 1820년에 존 워커가 위스키 사업을 일으키면서부터는 사업가의 고장으로 더 유명해졌다.

아이어셔의 중심지 킬마녹 주변에는 양질의 노천 탄광이 펼쳐져 있어서 일찍이 철도가 부설됐고, 방직공업이 발달하게 됐다. 1850년경부터 킬마녹은 잉글랜드에서 온 상인들로 붐비게 됐다. 이때부터 존 워커는 아들 알렉산더 워커와 함께 잉글랜드인들에게 자체 블렌딩한 위스키를 도매하기 시작했다.

알렉산더 워커는 상술이 뛰어나 사업을 크게 번창시

조니워커

켰다. 그러나 1852년에 엄청난 폭풍우가 쏟아져서 킬마녹 전체를 휩쓸어 버렸다. 이때 워커가 이룩한 모든 것이 사라져 버렸다. 그러나 알렉산더 워커는 이에 굴하지 않고 다시 사업을 일으켰다. 1886년 런던에 사무소를 낸 알렉산더는 두 마리의 나귀가 끄는 마차를 특별 제작하여 그것을 타고 시내를 돌아다녔다. 이때부터 조니 워커 Johnnie Walker가 런던의 위스키 시장에서 명성을 날리기 시작했다.

1908년에는 그 유명한 조니 워커의 상표가 디자인됐다. 모자를 쓰고 긴 장화를 신은 영국 신사가 지팡이를 들고 걸어가는 모습의 조니 워커 위스키의 심벌 마크는 다음의 문구와 썩 잘 어울리는 것이었다.

조니워커 심볼

1820년에 태어났지만, 아직도 건재하다.
(Born 1820-Still going strong)

오늘날까지도 그대로 사용되고 있는 이 상표는 광고 전문가들조차 감탄하는 멋진 디자인이다. 조니 워커는 스탠다드급의 레드 라벨, 프리미엄급의 블랙 라벨, 그리고 슈퍼 프리미엄급의 블루 라벨이 시리즈 상품으로 출시되어 있다.

6대에 걸쳐 내려오던 워커사(John Walker & Limited)는 2차 대전 당시 경영의 어려움으로 유나이티드 디스틸러스사에 합병되고 말았다.

시바스 리걸

1990년 엘리자베스 여왕은 영국에서 생산되는 각종 유명 상품에 대해 시상을 했는데 그 가운데 수출에 가장 크게 기여한 제품으로 시바스 리걸이 선정됐다.

시바스 리걸Chivas Regal은 세계 최고급(Premium) 위스키 시장에서 최대의 판매량을 자랑하는 위스키로서 1801년에 창립된 시바스 브러더스사(Chivas Brothers Ltd.)가 내놓은 제품이다.

스코틀랜드 북동부에 위치한 애버딘 항은 일찍부터 하일랜드에서 생산된 위스키의 집하장으로서 기능하고 있었다. 시바스 형제들은 일찍부터 자체 브랜드 위스키를 개발하여 애버딘 항을 통해 런던과 에든버러 지방에 판매하고 있었다.

시바스 리걸이라는 이름은 1843년 스코틀랜드에 많은 애정을 쏟은 빅토리아 여왕을 위해 최고급 제품을 왕실에 진상하면서 '국왕의 시바스'라고 명명한 데서 비롯됐다. 시바스 리걸의 상표에는 두 개의 칼과 방패가 그려져 있는데 이는 위스키의 왕자라는 위엄과 자부심을 나타내는 것이다. 시바스사는 장인 정신과 정성을 사훈으로 삼고 있으며 제품의 품질에 대해 최고의 자부심을 가지고 있다. 시바스 리걸이 자랑거리로 내세우는 것은 원액 공장인데 그것은 현존하는 위스키 공장 가운데 가장 오래된 하일랜드 지방의 스트라스 아일라 증류소이다.

이 증류소는 '아일라' 라는 조그만 개울을 끼고 있는데 그곳에는 유서 깊은 물레방앗간도 있다. 지붕이 두 개의 탑으로 이루어진 이 공장은 스코틀랜드 정부에 의해 위스키 관광코스 제1호로 지정되어 있다.

그 공장 전면에는 헤더 꽃동산이 있는데, 이 꽃밭 속에 세워진 붉은 표지판에는 '시바스 리걸의 고향' 이라고 쓰여 있다. 이 공장은 지금도 석탄을 때서 직화 증류하는 공장으로 원액 숙성 창고는 거무튀튀한 곰팡이로 채색되어 있는 살아 있는 골동품이라고 할 수 있다.

시바스 리걸의 마스터 블렌더인 콜린 스코트 씨는 지금은 은퇴한 전임 마스터 블렌더 아래에서 30년 동안 도제생활을 하면서 완벽한 품질의 전수자가 됐다고 한다. 그는 시바스 리걸의 특징은 '비단 같이 부드러운 맛과 미묘한 미련을 남기는 향기의 조화' 라고 표현한 바 있다.

시바스 리걸에 얽힌 에피소드 중 빼놓을 수 없는 것이 바로 박정희 전 대통령의 최후의 만찬이다.

시바스 리걸

시바스 리걸 증류소 전경

그는 평소 시바스 리걸의 중후한 향기와 부드러운 맛을 무척이나 좋아했던 것으로 알려져 있다. 술을 대단히 즐겼던 그는 1979년 10월 26일, 자신의 오른팔, 왼팔과 함께 시바스 리걸에 흠뻑 취한 상태에서 숨을 거두었으니 술에 관해서 만큼은 여한이 없으리라 생각된다.

발랜타인

'영원한 사랑의 속삭임'이라는 제품 이미지를 가지고 있는 발랜타인은 덤바튼에 소재한 조지 발랜타인 앤 선사(George Ballantine & Son Ltd.)의 제품이나, 이 회사의 실질적인 소유주는 캐나다의 거대주류 기업인 하이럼 워커사이다.

발랜타인Ballantine은 회사의 설립자인 조지 발랜타인의 이름을 따서 지은 것인데, 발음 때문에 흔히 '발렌타인 데이Valentine Day'의 발렌타인과 혼동된다. 그래서 많은 사람들이 발렌타인 데이를 연상하며 이 술을 찾기도 한다는데, 어쨌거나 발랜타인은 동음어의 혜택을 톡톡히 보고 있는 셈이다.

1827년 일개 농부였던 조지 발랜타인이 에든버러로 나가 식료품점을 창업한 것이 발랜타인사의 출발점이지만 취급 품목에 위스키를 추가한 것은 19세기 말엽 그의 아들이었다. 그러나 정작 독자적인 위스키 블렌딩 사업을 시작한 것은 1919년 발랜타인사를 인수한 맥킨리라는 사업가였다. 그

다양한 발랜타인 병들

후 1937년 이 회사는 캐나다의 하이럼 워커사로 넘어가게 된 것이다.

발랜타인에는 엉뚱하게도 거위와 얽힌 재미있는 이야기가 있다. 당시 스코틀랜드에도 위스키 숙성 창고에서 술을 훔치는 좀도둑들(알코올 중독자였을 가능성이 높다)이 있었던 모양이다. 회사에서는 거위를 길러서 이 골칫거리들을 멋지게 해결했다.

100여 마리의 흰 거위 군단은 창고 주위를 돌아다니다가 거동이 수상한 자가 나타나면 큰 소리로 외쳐 대는 것은 물론, 떼거리로 공격을 가하곤 해서 감히 침범할 생각을 하지 못했다는 것이다. 이런 전통은 오늘날까지도 이어져서 덤바튼에 있는 발랜타인 공장은 관광 명소 중 하나로 손꼽히고 있다.

발랜타인의 품질관리 비결은 블렌딩 후의 재숙성 과정에 있다고 주장한다. 즉 로우랜드 몰트인 인버레븐과 하일랜드 몰트 등 특색이 각기 다른 종류의 위스키 원액들을 블렌더의 후각으로 결정한 비율에 따라 섞은 후, 이것을 다시 오크통에 넣어 일정기간 숙성시키는 것이다. 그래서인지 스카치 위스키가 다른 위스키에 비해 맛과 향이 강한 것이 특징이지만, 발랜타인 제품은 비교적 맛이 부드러운 편이다.

발랜타인은 시리즈로 출고되는 제품이다. 프리미엄급으로는(주령이 30년인 발랜타인 30에서 시작하여) 17년인 발랜타인 17, 발랜타인 골드씰Gold Seal(12년), 스탠다드급으로 발랜타인 화이니스트Finest가 있다. 특히 30년짜리는 블렌디드 위스키 중에서는 유례를 찾아보기 힘들 정도의 고주古酒로서 가격도 대단히 비싼 편이다. '영원한 사랑'과 '원숙한 품질'을 모토로 하는 발랜타인 제품군은 유럽 지역에서 가장 많이 팔리는 대표적인 스카치 위스키로 손꼽히고 있다.

　　1970년대 말 최초로 국내 위스키 시장을 태동시켰고, 1980년대 중반까지 왕자로 군림하던 베리나인 골드는 바로 이 발랜타인 제품을 모델로 제조한 것이다. 병이나 상표는 물론 내용물까지도 발랜타인을 본떴다. 당시 베리나인 골드를 개발한 사람들은 발랜타인이 주질이 부드러워 국내 위스키 소비자들의 기호에 잘 맞을 것이라는 판단에서 발랜타인을 모델로 삼았다고 말한다.

짐빔

1700년대 말 미국이 독립하여 한창 발전하기 시작할 무렵 캔터키 주에는 버번 위스키 붐이 일고 있었다. 1795년 제이콥 빔이 증류소를 세운 이래 6대에 걸쳐 200년간 버번을 제조해 온 것은 매우 희소한 일이다. 1920년대 금주법 시대를 지낸 후 빔 가족은 사업을 재건하여 오늘날 짐빔Jim Beam을 가장 많이 팔리는 버번 위스키가 되도록 만들었다.

　　짐빔사가 자리 잡고 있는 곳은 양질의 샘물이 풍부한 곳이다. 짐빔사는 품질의 비결을 자연 효모를 사용하는 것이라 한다. 짐빔사는 버번 위스키의 산 증인으로서 짐빔

짐빔

제조 방법은 버번 위스키의 표준이 됐다.

짐빔은 버번 위스키로는 드물게 다년간 숙성을 하여 고급 브랜드를 내고 있다. 스카치 위스키에서는 흔한 일이지만 숙성 시 새 통만을 사용하는 버번 위스키에서는 흔한 일이 아니다.

최근에는 짐빔과 저도주를 선호하는 소비자들의 경향에 편승하여 짐빔과 콜라를 믹스한 짐빔 콜라를 만들어 미국 및 동남아에서 인기를 모으기도 했다.

우리나라에서는 주한 미군들이 가장 즐기는 위스키로서 미국 위스키 하면 짐빔이 떠오를 정도로 널리 알려져 있다.

잭 대니얼

술은 특히 전쟁 중의 병사들에게는 없어서는 안 될 필수적인 물건이다. 전투에서 지치고 스트레스를 받은 병사들을 진정시켜 줄 수 있는 물품으로 술보다 더 나은 것이 없기 때문이다. 미국 남북전쟁의 와중에 북군에게 공급하여 유명해진 위스키가 있으니 그것이 바로 테네시 위스키를 대표하는 잭 대니얼Jack Daniel이다.

소년 시절에 친척집에서 양조기술을 익힌 잭 대니얼은 1846년 테네시 주의 링컨 카운티에서 잭 대니얼사(Jack Daniel Distillery)를 창업했다. 그는 우연한 기회에 사탕단풍나무로 만든 목탄으로 여과한 위스키의 맛이 매우 뛰어나다는 사실을 발견했다. 이에 따라 그는 사탕단풍나무 숯(차콜 필터)으로 위스키를 여과하는 공정을 도입했다. 이것은 미국의 위스키 분류상 버번 위스키와 테네시 위스키를 구분하는 방법이 됐다.

위스키의 품질에 자신감을 갖게 된 그는 동업자 친구와 함께 자신들이 제조한 위스키에 벨 오브 링컨이

잭 대니얼 상표

라는 상표를 붙여서 80여km나 떨어진 북군 주둔지에 판매했다. 당시 군 주둔지에는 통행이 금지되어 있었으나 잭 대니얼은 일주일에 한 번씩 목숨을 걸다시피 하며 위스키를 판매했다. 그들은 위스키를 실은 마차를 건초 더미로 덮어서 위장한 다음 심야를 이용하여 병사들에게 위스키를 판매했다.

전쟁 중이라 즉석에서 총살을 당할 수도 있는 상황이었지만 잭 대니얼 위스키의 맛에 매료된 병사들은 그들을 보호해 주었다. 잭 대니얼은 남북 전쟁이 끝난 후 귀향한 병사들의 입을 통하여 그 이름이 널리 알려지게 됐으며, 이에 자신을 얻은 그는 아예 자신의 이름을 상표로 사용하게 됐다.

1865년 잭 대니얼은 린치버그라는 작은 마을의 계곡물이 대량의 천연 지하수가 용출되어 흐르는 것임을 발견하고 증류공장을 아예 그곳으로 옮겼다. 그곳은 위스키 제조에 적합한 천혜의 지역이었다. 이듬해 그는 미국 최초로

위스키 공장을 정부에 합법적으로 등록했다. 1890년 세인트 루이스에서 열린 위스키 경연 대회에서 '잭 대니얼 올드 넘버7'이 최우수상을 획득한 이래 잭 대니얼은 우수한 품질을 바탕으로 명실 공히 미국의 대표적인 위스키로 군림하고 있다.

잭 대니얼은 위스키 사업의 수익금의 상당부분을 자선 사업과 종교 분야에 투자함으로써 개인적으로도 상당한 명예를 쌓았다. 그의 뒤를 이어 받은 조카는 그의 명성을 이용하여 잭 대니얼 상표에 그의 초상화를 집어넣었다. 창업자의 이름을 회사명과 상표명으로 하고 있는 잭 대니얼은 좋은 이미지를 계속 유지할 수 있었다. 콧수염을 길게 기른 잭 대니얼은 지금 이 순간에도 자신이 만든 위스키를 열심히 팔고 있다.

크라운 로얄

미국의 금주령이 해제되던 1934년부터 캐나디안 위스키는 날개 돋친 듯 팔려나가 미국의 위스키 시장을 점령했다. 그리하여 맛과 향이 가벼운 캐나디안 위스키는 단맛이 풍기는 버번 위스키와 대조를 이루며 발전했다. 그러나 값싼 위스키, 그저 그런 위스키라는 인식은 지울 수 없었다.

그러다가 1939년 영국 왕 조지 6세와 엘리자베스 공주가 캐나다를 방문한 것을 계기로 이러한 통념이 깨지게 됐다. 영연방국가인 캐나다로서는 영국

왕의 방문은 크나큰 영광이었다. 이 영광을 빛내기 위한 진상품이 있었으니 바로 크라운 로얄Crown Royal이었다. 세계에서 가장 고급스런 위스키를 모토로 탄생한 크라운 로얄은 캐나다 대륙을 횡단하여 밴쿠버로 가는 왕실 열차 안에서 개봉됐다.

그 후 크라운 로얄은 엘리자베스 여왕과 에든버러공의 결혼식과 엘리자베스 2세의 대관식에 진상됐다. 1948년 2월 엘리자베스 여왕은 씨그램사에 감사의 서한을 보냈다. 이로써 크라운 로얄의 명성은 더욱 높아지게 됐다.

크라운 로얄은 캐나디안 위스키의 전반적 특징인 가벼움을 지니면서도 과일향이 은은하게 스며 나오며 비단같이 부드러운 맛을 낸다. 목에 넘어 갈 때의 부드러움은 어느 술에도 뒤지지 않는 최고급 위스키이다.

정교하게 조각된 보석 같은 왕관 모양의 미려한 병은 부드럽고 깊은 맛을 지닌 황금색 위스키에 투사되는 빛을 현란하게 반사하여 황홀함을 더해 주고 있다. 이 병은 전량 융단 주머니에 넣어 판매되고 있다. 자색의 융단 주머니는 금색 끈으로 장식되어 있어 위스키의 품위를 한층 높여주고 있다.

크라운 로얄

양주 마시는 법

위스키를 마시는 데는 대개 컵처럼 생긴 온더락스 잔(On The Rocks Glass: 200ml)과 소주잔보다 폭이 절반 정도인 숏 글라스(Shot Glass: 30ml) 그리고 칵테일 잔이 사용된다.

일반적으로 위스키와 브랜디는 알코올 농도가 30% 이상이다. 발효주를 2~3회 증류하여 알코올 농도 60도 정도로 오크통에 넣어 숙성시킨다. 제품을 만들기 위해 블렌더들이 숙성 원액을 평가할 때는 보통 순수로 희석하여 알코올 농도를 20도 정도로 낮춘 다음 향과 맛을 테이스팅한다.

고도주를 좋아하는 사람들은 숏 글라스로 그냥 마시는데 흔히 스트레이트(Straight)로 마신다고 한다. 그러나 스트레이트로 마시면 입안과 목이 화끈거리고 향과 맛을 제대로 느낄 수 없다. 그래서 큰 잔에 위스키와 찬물을 섞어 희석한 뒤 마시는 사람들도 많다. 이것을 보완해 온더락스 잔에 얼음 조각을 넣고 위스키를 따라 마시게 됐는데 요즘 가장 보편적인 방법이 됐다.

물론 다양한 칵테일이 생겨 취향에 따라 자기 나름대로의 방법을 갖게 됐다. 브랜디나 진, 럼, 보드카도 위스키 마시는 방법과 같다고 볼 수 있다.

5장

연금술의 술
브랜디

1

브랜디의 이름

십자군 전쟁을 통해 아랍의 연금술사들로부터 전수된 증류 기술은 프랑스에서는 와인을 증류하는 데 사용됐다. 와인을 증류하여 만든 술이 브랜디이다. 브랜디의 어원을 살펴보면 그 성격이 단적으로 드러난다. 브랜디의 어원은 프랑스어인 'Brandewjin(Burnt Wine, 구운 포도주라는 뜻)'에서 파생된 것이다.

브랜디는 와인(과실주)의 원료가 무엇인가에 따라 포도 브랜디, 사과 브랜디, 체리 브랜디 등으로 구분될 수 있다. 그러나 일반적으로 브랜디라고 하면 포도 브랜디를 말한다. 아일랜드나 스코틀랜드에서 위스키가 제조되기 시작한 13세기경부터 프랑스에서도 브랜디가 제조되기 시작했다.

브랜디는 처음에는 수도원에서 약으로 사용되거나 와인이 산폐되는 것을

샤랑트 강가에 위치한 헤네시 꼬냑 본사

방지하기 위하여 강화 와인을 만드는 알코올로 사용됐다. 브랜디가 대량 제조되어 널리 애용되기까지는 다음과 같은 에피소드가 있다.

프랑스의 포도 주산지로는 보르도, 부르고뉴, 롱느, 샹파뉴, 꼬냑, 그리고 아르마냑 지방이 손꼽힌다. 영국의 기후는 포도 재배에 그다지 적합하지 않았기 때문에 영국인들은 프랑스나 이탈리아 등지에서 와인을 수입했다. 17세기 후반 네덜란드의 상인들은 꼬냑과 아르마냑 지방에서 생산된 값싼 와인을 영국으로 수출했다. 그러나 이 와인들은 보르도 지방에서 수입된 와인의 풍미에 눌려 판매되지 못하고 저장고 안에 대량으로 남아도는 사태가 벌어졌다.

궁지에 몰린 무역상들은 와인을 증류하여 저장하기로 했다. 처음에 증류한 브랜디는 무색의 거친 증류주일 뿐이었다. 그러나 자작나무나 오크나무로

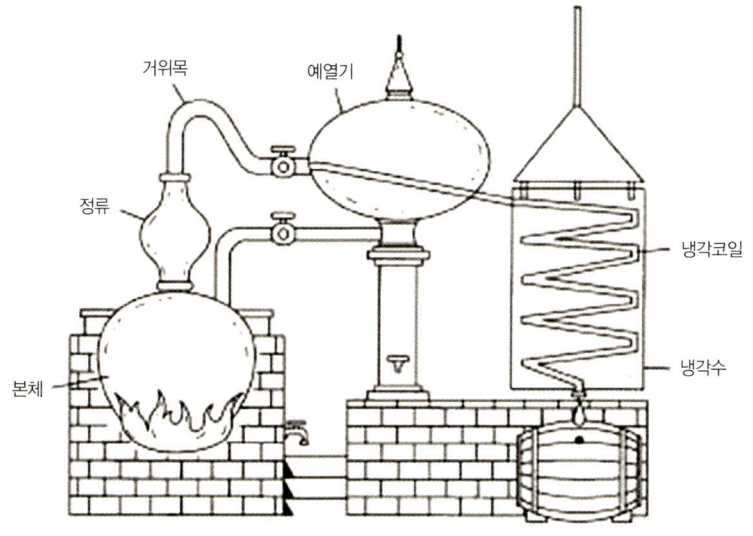

꼬냑 증류기 해부도

만든 통에 저장된 브랜디는 색깔과 향과 맛이 기막히게 어우러진 전혀 새로운 술로 변해 있었다.

보르도 지방의 와인에 눌려 기를 펴지 못했던 꼬냑 지방의 와인 업자들은 뜻밖에도 브랜디로 명성을 얻게 됐다. 이리하여 꼬냑 지방에서는 와인보다는 브랜디 제조에 힘쓰게 됐다.

요즈음 사람들이 카페에 가서 브랜디를 한잔 마시고 싶을 때도 '꼬냑 한잔 주시오.'라고 주문하는 것이 일반적이다. '브랜디 한잔 주시오.'라고 하는 것이 올바른 것임에도 불구하고 브랜디 대신 꼬냑이라는 표현을 쓰는 것이다.

5장 연금술의 술 브랜디 | 221

꼬냑은 프랑스의 지방 이름이지만 그 지역에서 생산되는 브랜디가 워낙 유명한 탓에 사람들은 브랜디를 꼬냑으로 혼동해서 부르고 있는 것이다.

꼬냑에서는 10월 말경부터 발효가 끝난 와인을 증류한다. 꼬냑 증류기는 1,000리터 정도의 전통적인 소형 단식 증류기인데 2회 증류해서 알코올 농도 70%가량의 원액을 얻는다. 모든 브랜디는 위스키처럼 오크통에서 숙성을 시키는데, 꼬냑 지역에서는 흰색 오크나무 통을 사용한다.

꼬냑에 버금가는 브랜디 생산 지역으로 아르마냑이 있다. 아르마냑에서는 반연속식 증류기로 1회 증류를 하는데 알코올 농도는 50% 정도이며 숙성은 검은색 오크통을 사용한다.

브랜디의 품질은 포도와 발효, 그리고 증류솥의 모양 및 숙성 등에 따라 천차만별이다. 따라서 모든 브랜디 원액이 완벽하게 우수한 품질과 특성을 지니고 있다고 볼 수는 없다. 그 때문에 브랜디 제품은 거의가 여러 증류 공장에서 숙성된 원액을 블렌딩해서 제조한다.

꼬냑과 아르마냑의 브랜디는 콩트Compte라는 단위로 주령을 관리하는데, 전 해의 와인이 완전히 증류되는 매년 4월 1일을 콩트 0으로 표기하며, 1년이 지나면 콩트 1로, 2년이 지나면 콩트 2 등으로 표기한다.

꼬냑과 아르마냑의 모든 브랜디는 최소한 콩트 1 이상 숙성시킨 제품이라야 한다. 트리 스타는 콩트 2 이상이어야 하며 V·S·O·P는 콩트 4 이상이어야 한다. 콩트 6 이상이면 X·O나 나폴레옹Napoleon으로 표기할 수 있다.

주령에다 나폴레옹이라는 명칭을 사용하는 까닭이 재미있다. 나폴레옹은

1811년에 아들을 낳았는데, 그 해의 포도 농사가 대풍작을 이루었을 뿐 아니라, 그 해 증류한 브랜디의 품질도 특별히 우수했다. 브랜디 제조업자들은 풍작과 황태자의 탄생을 기념하면서, 동시에 자기가 제조한 브랜디가 최고급이라는 표시로 상표에 나폴레옹이라는 명칭을 쓰게 된 것이다.

2

꼬냑의
유명 브랜디

꼬냑은 프랑스에서도 서부 대서양으로 유입하는 지롱드 강의 북부에 위치한 지역으로서 강 남부에 있는 보르도 지방과 이웃해 있다.

이 지역은 석회질 토양으로 주로 생산되는 포도의 품종은 우니 블랑Ugni-Blanc인데, 워낙 신맛이 강해서 이 지역에서 제조되는 와인은 품질이 좋지 않았다. 그러나 사람들은 석회질이 강한 토양에서 생산된 포도로 만든 브랜디가 품질이 우수하다는 것을 알게 됐다.

1935년 와인에 대한 AOC 제정 당시 브랜디에도 토지의 등급을 정하게 됐는데, 이때 지정된 지역은 핀느 샹파뉴Fine Champagne, 그랑 샹파뉴Grand Champagne, 보르더리Borderies, 팡 부와Fin Bois, 봉 부와Bon Bois, 부와 오르디네르Bois Ordinaires 등 6개 지역이다. 이 가운데 최상급의 브랜디를 생산하는 핀느 샹파뉴, 그랑 샹파뉴, 보르더리의 3개 지역은 상표에 직접 표기하나, 나머지 3개 지역은 그냥 꼬냑으로만 표기한다. 지명이 샹파뉴이지만 샴페인을 만드는 샹파뉴와는 아무런 관련이 없다.

핀느 샹파뉴의 브랜디는 향이 가볍고 부드러우며, 반대로 그랑 샹파뉴의 브랜디는 향이 무겁고 강해서 이 두 지역의 브랜디를 블렌딩하면 최상의 품질을 얻을 수 있다고 알려져 있다. 보르더리의 브랜디는 향이 풍부하고 맛이 부드러워서 그 자체로 좋은 평가를 받고 있다. 나머지 세 지역에서 생산되는 브랜디는 주로 블렌딩용으로 사용된다.

꼬냑 지역의 유명한 브랜디 제조 회사로는 마르텔Martel, 헤네시Hennessy, 쿠브와지에Courvoisier 등 3대 메이커를 비롯하여 카뮤Camus, 레미 마르탱Remi martin, 폴리냑Polignac, 고티에르Gautier, 하인Hine 등 세계적으로 널리 알려진 회사들이 많다.

아르마냑

브랜디 중 아르마냑Armagnac의 산지는 보르도 지방의 남서쪽이다. 이곳은 6세기 말 가스콘족이 점령하여 식민지를 삼았던 지역이며, 프랑스왕 클로비스를 추종했던 이 지역 영주이며 기사인 헤르만이 라틴식 이름인 아르마냑으로 개

칭하여 오늘에 이르고 있다. 이 지역의 토양은 모래로 이루어져 있으며 여름에는 강렬한 태양이, 겨울에는 피레네 산맥으로부터의 찬바람이 분다. 이러한 기후에 맞춰 포도 품종도 바코Baco를 주로 심는다. 여기서 생산된 와인을 증류하여 생산된 브랜디는 스페인과 가까운 지리적 여건상 이슬람 문화의 영향으로 꼬냑 지방보다 더 오래된 것으로 알려져 있다.

꼬냑과는 달리 아르마냑은 증류를 한 번만 한다. 그 대신 증류기는 반연속식으로 5~8개의 단식 증류장치를 연결시켜 놓은 형태의 연속식 증류 장치를 사용한다. 따라서 꼬냑이 약 70%의 알코올 농도로 증류되는 데 비해 아르마냑은 50~55%의 알코올을 함량하고 있다. 알코올 도수가 낮다는 것은 증류를 위한 열처리가 덜 되어 알코올 함량은 적게 함유한 반면에 향이 더 강한 원액을 얻을 수 있는 방법이라 할 수 있다.

아르마냑은 꼬냑보다 남성적이며 신선한 살구향에 가까운 아르마냑 고유의 향을 지닌다. 꼬냑이 정교한 솜씨에 의해 다듬어진 술이라 한다면, 아르마냑은 힘이 넘치는 야성적인 술이라 할 수 있다.

세련된 맛의 샤보

아르마냑에서 가장 이름이 알려진 제품으로 수출량이 가장 많다. 이 회사의 창립자인 샤보 라제는 해군 제독 출신으로 자기 배에 실린 와인이 오랜 항해 기간으로 인하여 자주 변질되자 증류한 독한 술을 섞도록 했다. 그러자 이 술이 통 속에서 시간이 흐름에 따라 점점 맛이 좋아지는 것을 알고, 아르마냑 지방에 위치한 샤보 가문의 영지에서 생산되는 와인을 모두 증류하도록 하여 오늘날 아르마냑이 탄생됐다.

샤보 아르마냑은 전통적인 증류 방법으로 증류하여 블랙오크 통 속에서 숙성시키므로 원액의 주질이 중후하다. 또한 숙성 기간이 긴 대신 세련된 맛을 지닌다. 1975년까지는 프랑스 드 샤보라는 명칭으로 시장에 출하됐으나, 다른 2개의 회사와 합병 후 샤보Chabot라는 명칭으로 제품의 이름을 바꾸었다. 블라송 도르Blason Dor는 황금의 문장이라는 뜻을 가진 샤보의 주된 상품이다. 나폴레옹은 숙성에 의한 향이 풍부한 고급주이며, X.O.는 7년 이상 숙성시킨 제품이다. 리모쥬산 도자기에 들어있는 고급 제품도 있다.

아르마냑은 마시고 난 후 입안이나 글라스에 향기가 오래토록 남아 있을 정도로 강한 향을 지니고 있다. 아르마냑은 꼬냑처럼 몇몇 유명한 회사에서 제품 생산을 독점하는 것이 아니라 꼬냑보다 훨씬 소규모 회사들이 생산해내고 있다.

중후한 맛의 샤토 라발레(Chateau Laballe)

바사르마냑 지방에 포도밭을 경작하는 생산자가 자기 농장에서 생산되는 포도만으로 만드는 순수 제품명이다. 따라서 상표에 'Bas Armagnac'이라고 표기되어 있다. 우니 블랑, 바코, 콜롬바드 등 여러 가지 품종의 포도로 만들어진 와인을 혼합하여 생산하며, 오크통은 이 지방에서 생산되는 가스콩 블랙 오크를 사용한다. 이 오크는 성장이 느리기 때문에 섬유조직이 치밀하고 단단하며 다량의 탄닌을 함유하고 있다.

숙성 기간 중에는 포도 품종별로 따로 구분하여 숙성을 시킨다. 숙성이 끝나면 블렌딩하여 제품을 만드는데, 탄닌 때문에 강하고 중후한 맛을 내는 것이 특징이다.

사랑의 메시지 마르텔

꼬냑 브랜디를 세계적 고급 증류주로서 개척해 온 장본인이 바로 마르텔 가문이라고 해도 과언이 아닐 정도로, 마르텔은 역사나, 생산 규모, 혹은 품질의 우수성이라는 측면에서 꼬냑을 대표하는 브랜드이다.

장 마르텔이 1715년 꼬냑 지방에서 브랜디를 제조하기 시작한 이래 마르텔가는 8대에 걸쳐서 가업을 전승했다. 꼬냑의 역사는 곧 마르텔가의 역사에서 찾을 수 있다 해도 과언이 아니다. 헤네시사도 초창기에 마르텔과 동업을 한 적이 있다.

꼬냑 지방에는 소규모의 증류 공장이 산재해 있는데 마르텔은 33개의 자가 공장을 보유하고 있으며 22개의 증류 공장과 계약을 맺고 있다. 세계 최대 규모라 할 수 있는 12개의 자체 포도원을 소유하고 있으며 그랑 샹파뉴와 핀느 샹파뉴 등 꼬냑 지역의 핵심부 내 2,500여 농가와 계약 재배를 하고 있다.

꼬냑 지방에 가면 낮은 구릉의 지평선 너머까지 마치 병사들이 도열해 있는 것처럼 포도나무가 줄지어 있는 광경을 보게 된다. 마르텔의 포도원에서는 폴레 블랑체, 콜롬바드, 우니 블랑 등 브랜디 전용 포도 품종을 재배하는데 모두가 청포도 품종이다. 가을이 되면 조용하던 꼬냑의 포도원은 포도를 수확하는 농부들로 법석을 이룬다.

마르텔은 전량 리무진 오크통에서 숙성을 시킨다. 리무진 오크는 루이 14세 당시 재무장관이던 콜베르가 프랑스 해군의 전함을 만들기 위해 꼬냑 동부의 리무진 지역에 조성한 오크나무 숲에서 생산된다. 오크 목재는 5년 이상 자연 상태에서 건조시킨 후 사용한다. 현재 마르텔의 원액 보유량만 하더라도 세계 최대인 약 15만 배럴이라고 알려져 있을 정도로 마르텔은 명실공히 세계 최대의 꼬냑 회사이다.

부침이 심한 브랜디 업계에서 280년 이상 지속적으로 성장해 온 마르텔의 비결은 무엇일까? 마르텔사는 서슴없이 대를 이어온 블렌딩 기술 덕분이라고 얘기한다.

아무리 뛰어난 단일 증류공장에서 생산된 브랜

마르텔

디라도 자체로서 모든 품질요소를 다 갖추고 있지는 못한다. 마르텔에서는 대를 이어온 셀러 마스터(위스키의 마스터 블렌더에 해당하는 직책)와 그의 팀이 개성 있는 제품을 만들고 있다는 것이 마르텔의 주장이다.

    마르텔에서 생산하는 유명 제품으로는 마르텔 스리스타, 코르동 느와르, 30년생 코르동 블루가 있으며, 연간 1,400병만을 생산하여 한정 판매하는 60년생 엑스트라의 그윽한 향기는 숙성의 극치를 보여 준다. '사랑의 메시지 마르텔. 소리 없는 부드러움으로 전해 오는 마르텔. 아직도 못다 한 사랑의 이야기를 마르텔과 함께 하세요.' 오늘도 마르텔의 사랑의 메시지는 전 세계에서 울려 퍼지고 있다.

헤네시

한국의 많은 사람들은 굴착기를 포크레인이라고 부르고 있다. 포크레인은 굴착기의 한 제품명에 불과한 것임에도 하도 유명해서 굴착기의 대명사가 되어 버린 것이다. 브랜디와 꼬냑의 관계가 이와 같다. 꼬냑이 브랜디의 대명사가 된 것은 헤네시사의 제품에 최초로 '꼬냑'이라는 명칭을 붙인 데서 기인한다.

    창업자인 리차드 헤네시R. Hennessy는 루이 14세의 근위대에 속한 아일랜드 출신의 병사였다. 꼬냑 지방에 주둔한 연대에서 근무하던 그는 간간이 고향으로 브랜디를 보냈다. 아일랜드는 스코틀랜드와 함께 위스키의 본고장이 없음에도 불구하고 브랜디의 독특한 맛을 좋아하는 사람들이 적지 않았다. 그래서 아일랜드의 친구들은 헤네시에게 브랜디를 더 많이 보내 주기를 요청하곤 했다.

1765년 뜻밖의 부상으로 군에서 명예 제대한 헤네시는 브랜디 수출이 전망 좋은 사업이라고 확신하고 그대로 꼬냑 지방에 눌러 앉아 브랜디 사업을 시작했다. 그 후 헤네시의 후손들이 회사를 조직적으로 발전시켰다.

창업 1세기 후 헤네시사는 꼬냑 업계에서 최초로 병을 사용하여 판매하기 시작했다. 그전까지는 목통 단위로 거래됐기 때문에 소비처가 제한됐는데 병을 이용한 혁신적인 브랜디 포장으로 판로가 크게 늘어나게 됐다. 1865년부터는 상표에 쓰리 스타(☆☆☆)를 표시했는데 숙성 기간을 보증한다는 뜻이었다. 이렇게 해서 헤네시Hennessy는 좋은 품질의 브랜디라는 인식을 주게 됐다. 헤네시사는 블렌딩 비법이 품질관리의 생명이라고 여기고 있다. 실제로 블렌딩을 책임진 셀러 마스터가 대를 이어 품질관리를 전담하고 있다.

헤네시사는 꼬냑 지방에 백만 평 이상의 포도원과 28개의 증류공장을 소유하고 있다. 자체 생산한 원액뿐만 아니라 꼬냑 지방의 수십 개 소규모 증류공장으로부터 원액을 공급받아 이를 블렌딩하여 숙성시키는 대규모의 원액 숙성 시설을 보유하고 있다.

헤네시

헤네시는 금으로 된 도끼를 든 무사의 팔을 상표로 하고 있어서 일명 '금도끼'라고도 불리는데 스탠다드 제품으로 헤네시 쓰리 스타, 그리고 30년 저장한 원주를 블렌딩한 V·S·O·P가 유명하다. 1971년 헤네시사는 굴지의 샴페인 회사인 모에 샹동과 합쳐서 모에 헤네시 그룹이 됐다. 이 회사는 유명한 동 페리뇽 샴페인을 생산하고 있다.

헤네시사는 꼬냑의 3대 메이커의 하나로서 꼬냑이 브랜디의 대명사로 남아 있도록 하기 위해 마케팅이나 광고에서도 부단한 노력을 기울이고 있다.

쿠브와지에

마르텔, 헤네시와 함께 세계 3대 꼬냑 메이커의 하나로 손꼽히는 쿠브와지에 Courvoixsier사는 다른 메이커들과는 달리 자가 포도원이나 자가 증류소도 보유하고 있지 않은 순수한 블렌딩 전문기업이다. 그러나 막대한 원액 저장량이나, 그것을 자사의 숙성 시설에서 숙성시킨 다음 이를 블렌딩하여 상품화하는 기술 수준은 세계 최상급의 것으로 정평이 나 있다.

꼬냑시의 인근 자르낙시의 샤랑트 강변에 본사를 둔 쿠브와지에사는 1790년 파리의 와인 전문상인이었던 엠마뉴엘 쿠브와지에가 창업한 회사이다. 쿠브와지에는 나폴레옹의 친구였으며, 나폴레옹은 그가 헌상한 꼬냑을 즐겨 마셨다. 나폴레옹이 엘바섬으로 귀양 갈 때도 이 꼬냑을 가져가 외로움을 달랬다 한다. 쿠브와지에는 나폴레옹의 팬이었으므로 그의 입상을 쿠브와지에의 심벌 마크로 썼다.

쿠브와지에사에서 생산하는 유명 제품으로는 쿠브와지에 쓰리 스타, 쿠브와지에 엑스트라 V·S·O·P, 그리고 쿠브와지에 나폴레옹 크리스털 디캔더가 있다.

쿠브와지에사와 관련하여 빼놓을 수 없는 것이 바로 쿠브와지에 박물관이다. 이 박물관에는 1789년 이후 생산된 거의 모든 꼬냑이 전시되어 있어서 전 세계 꼬냑 팬들이 몰려드는 꼬냑 지역 최고의 관광명소로 자리 잡고 있다.

쿠브와지에의 향은 풍부하며 진한 리무진 오크향이 뒷맛으로 남는다. 쓰리 스타가 가장 많이 팔리고 있다.

쿠브와지에

더.읽.어.보.기

노르망디인들과 칼바도스

프랑스의 북서쪽 해안에 있는 노르망디 지방은 역사적으로 수많은 사건이 일어난 지역이다. 고대에는 켈트족이 거주했고 9세기에는 노르만인이 침입하여 점령한 지역이었다.

영국과 인접한 탓에 한때는 영국 영토가 된 적도 있으며 2차 대전 때는 연합군이 독일에게 최후의 일격을 가한 노르망디 상륙작전으로 유명하다. 전략적 요충지였던 이곳에는 여러 민족이 얽혀 산다.

이 지방은 겨울이 춥고 여름에도 습기가 많아 포도 재배에는 적합하지 않다. 대신 한랭한 기후에서 잘 자라는 사과의 주산지이다.

다양한 민족이 모인 이곳은 예로부터 미식가들이 많아 음식문화가 발달했다. 그들은 오래 전부터 사과즙으로 시드르Cider(사이다를 가리키는 프랑스 말), 즉 사과주를 만들어 마셨다. 우리나라에서는 무색 청량음료를 사이다라고 부르지만 유럽에서는 사이다하면 사과주를 말하는 것이다.

18세기 이후 프랑스 남부의 꼬냑 브랜디가 명성을 날리기 시작할 무렵 노르망디 사람들은 시드르를 증류하여 브랜디를 만들기 시작했다. 그중 칼바도스 지역의 사과 브랜디가 특히 품질이 좋아서 상표에 아예 칼바도스를 표기하여 특산품임을 과시했다. 오늘날 칼바도스는 사과 브랜디의 대명사로 자리 잡게 됐다.

사과의 약간 시면서도 입안을 상큼하게 하는 맛이 그대로 남아 있는 칼바도스는 대체로 감칠맛과 그윽한 기품을 지니고 있는 술로 평가받고 있다. 칼바도스 중에서도 최상급인 페이도쥬 지방 제품은 꼬냑과 같이 2회의 단식 증류를 하며 라벨에는 A.O.C.법에 따라 '아페라시옹 페이도쥬 콩트롤레'라고 표기되어 있다. 저급의 칼바도스는 연속식 증류를 통해 생산되며 가격도 저렴한 편이다.

페이도쥬 지역의 소규모 칼바도스 제조자들은 협동조합(C.D.R.)을 만들어서 공동 제품을 출하했는데 유명한 바론 란돌프 V·S·O·P가 그것이다. 칼바도스 뷰넬사와 칼바도스 볼라사는 C.D.R.과 함께 칼바도스의 3대 메이커에 속한다.

흔히 '노르망디의 밑 빠진 독'이라 불릴 정도로 노르망디인들의 식사량은 엄청난 편이다. 그들은 결혼 피로연 등 잔치가 있을 때면 종일 먹고 마시기만 하는 것 같다.

통상 유럽인들은 술을 마실 때 천천히 맛과 향을 음미하는 스타일이다. 그러나 노르망디 사람들은 칼바도스를 단숨에 목구멍으로 털어 넣는 식으로 마시는데, 그 이유는 칼바도스의 향 때문에 다른 요리 맛에 영향을 주지 않게 하기 위해서라고 한다. 글쎄, 이걸 미식가들다운 주법이라 해야 할지…….

칼바도스

6장

다양한 증류주

1
이뇨제용으로 제조된 진

1650년대에 네덜란드의 라이덴 대학 약학 교수이던 프란시스코 살바우스 박사는 약재와 알코올을 이용해서 약술을 만들었다. 그는 이뇨제로 알려진 주니퍼 베리(노간주 열매)의 약효에 주목하고 이를 알코올에 담가 침출시킨 후 증류하여 약국에서 팔도록 했다. 이 약은 해열 및 이뇨작용이 뛰어나 날개 돋친 듯이 팔리기 시작했다.

그러나 겨울이 길고 흐린 날이 많은 네덜란드의 사람들, 특히 애주가들은 이 약품을 아예 술로 마시기 시작했다. 이 술은 주니버Geneva 와인이라 불렸는데, 이것이 17세기 말경 영국으로 전파되면서 진Gin이라는 이름으로 불리기 시작했다.

　17세기 말 네덜란드 출신으로 영국 왕에 즉위한 윌리엄 3세는 진을 즐겨 마셨다. 그는 이 술을 널리 보급시키기 위해 진의 주세를 크게 내렸다. 그 덕분에 진은 일반 노동자들의 술로 널리 음용되기 시작했다. 그리하여 진은 '제왕이 부럽지 않은 가난(Royal poverty)'이라는 별명을 얻게 됐다. 아무리 가난한 사람이라도 이 술을 마시고 취하면 제왕 같은 기분을 낼 수 있다는 이야기인 것이다. 그런데 가난한 사람들이 왕이 된 기분을 만끽하기 위해 너도나도 이 술을 마시는 바람에 영국이 어느새 주정뱅이들의 국가로 변모했다는 웃지 못할 에피소드도 있다.

　진을 제조하는 방법에는 런던 타입과 네덜란드 타입이 있다. 19세기 들어 연속식 증류기가 개발되면서 영국에서는 옥수수, 대맥, 아이보리 등을 원료로 고농도의 알코올을 만들고 주니퍼 베리, 커리 앤 시이즈 등으로 향기를 낸 진을 제조하기 시작했다. 이 술은 숙성을 시키지 않기 때문에 무색 투명하고 맛이 산뜻하며 드라이하다. 이에 비해 네덜란드에서는 전통적인 제법을 고수하여 중후한 풍미의 진을 제조하고 있다. 오늘날 진이라고 하면 런던 타입으로 만든 것을 가리키며 이름도 통상 '드라이 진'이라고 부르고 있다.

우리나라에서 진이 대량으로 소비되기 시작한 것은 1980년대 중반이었다. 진토닉 등 진을 이용한 칵테일이 크게 유행했는데 진을 너무 많이 마셔서 숙취에 시달린 술꾼들도 많았다. 우연의 일치인지는 모르겠으나 쿠데타로 정권을 잡은 당시의 권력자들은 소주, 진(현재는 일반 증류주, 당시에는 기타 재제주로 분류됐다), 막걸리 등의 주세를 낮게 매겨서 일반 서민이 싼 값에 술을 많이 마실 수 있게 하는 정책을 펼쳤다. 하고 싶은 말이 있어도 말을 할 수 없었던 대중들은 술 한 잔으로 울분을 달래야 하는 시절이었다. 정통성을 갖지 못한 통치자들이 서민을 달래는 수단의 하나로 값싼 술을 공급하게 했던 게 아닐까 싶다. 이 땅의 술꾼들이 값싼 대중주로 진을 마실 수 있었던 시절을 떠올리면 아마도 이것이 윌리엄 3세로부터 배운 고도의 정치적 술수가 아니었을까 하는 느낌을 지울 수 없다. 진은 특유의 주니퍼 향기와 상큼한 뒷맛을 가지고 있어서 한두 잔 정도 마시기에는 그지없이 좋은 술이다. 그러나 진을 많이 마시면 술 속에 함유된 약효가 발동되어 오히려 몸에 좋지 않을 수도 있다. 일주일의 피곤한 일과를 마치고 주말 저녁에 부부나 연인이 마주 앉아 레몬즙 한 방울을 곁들인 진토닉을 앞에 놓고 담소를 나누면 진의 참맛을 만끽할 수 있을 것이다.

2

무색, 무미, 무취의 술 보드카

청주는 글자 그대로 맑은 술이라는 뜻이다. 그러나 이보다 훨씬 맑은 술이 보드카이다. 따라서 진정한 청주는 바로 보드카라고 할 수 있다.

보드카의 어원은 '즈이즈네니야 바다(생명의 물)'에서 물을 뜻하는 바다가 애칭형인 보드카로 변한 것이다. 따라서 그 의미는 위스키나 브랜디와 마찬가지로 '생명의 물(Aqua Vita)'이다. 보드카는 오랜 세월에 걸쳐 러시아인들의 사랑을 받아 온 술이다. 왠지 이름에서부터 광활한 러시아의 설원 풍경이 떠오르는 것만 같다. 눈보라 치는 시베리아의 설원을 헤치며 썰매를 타고 온, 털외투를 입고 콧수염에 고드름을 매단 거한들이 마시는 술, 그것이 바로 보드카라고 생각하면 된다.

보드카는 이미 12~13세기경부터 러시아에서 생산되기 시작했다고 한다. 당시에는 보드카의 원료인 옥수수나 감자, 혹은 라이 보리 등이 러시아에서 재배되지 않았을 때이므로 원료가 무엇이었을까에 대해서는 여러 가지 설이 있으나 그 무렵의 보드카는 벌꿀을 원료로 하지 않았을까 추측된다.

러시아는 공산주의 체제 아래서도 보드카를 다량으로 소비했다. 마지막 서기장으로 자유화의 영웅이었던 고르바초프는 실은 보드카 금주를 실현시키려다 실각당했다는 얘기가 있을 정도로 보드카는 러시아인들의 사랑을 받는 술이다. 그의 뒤를 이어서 러시아의 초대 대통령이 된 보리스 옐친은 에이레를 방문했을 당시 보드카를 과음하여 정상회담을 연기한 적도 있을 정도로 광적인 보드카 애호가로 알려져 있다.

보드카는 러시아 전역에서 풍부하게 생산되는 옥수수, 감자, 밀, 보리 등을 발효시켜 양조한다. 이 거친 술은 연속식 증류기에 의해 알코올 농도 85%의 주정으로 증류된다. 갓 증류된 보드카는 물에 희석시킨 다음 한대림에서 많이 나는 자작나무 숯으로 여과시킨다. 자작나무 숯은 참나무 숯과 함께 가장 훌륭한 숯으로 알려져 있다. 이 여과 과정을 통해 술에 녹아 있는 일체의 향미 성분이 제거된다. 이 과정을 통해 거의 순수한 주정

스미르노프

에 가까운, 크리스탈과도 같이 빛나는 무색, 무미, 무취의 술 보드카가 탄생되는 것이다.

러시아의 유명한 보드카는 스미르노프Smirnoff인데 근래에 들어서는 미국으로 이민 간 스미르노프가의 후손이 미국에서 제조한 스미르노프 보드카가 역으로 러시아에 수입되어 시판되고 있어 러시아 보드카의 자존심을 건드리고 있다.

보드카는 순수한 알코올 그 자체여서 무미건조하기 때문에 술의 향과 맛 그리고 빛깔을 음미하는 데는 적합하지 않다. 그러나 칵테일이 널리 보급되면서는 오히려 무미건조하다는 특성으로 인해 칵테일 베이스로서 크게 각광받기 시작했다.

체리, 레몬 등의 향미를 좋아하는 사람들은 보드카와 칵테일 등으로 좋아하는 과일의 향미와 술을 함께 즐길 수 있다. 이것이 보드카가 가진 최대의 장점이라고 할 수 있다. 가장 맛없는 술을 이용하여 정말 맛있는 술을 만드는 아이러니가 보드카의 세계 속에 들어 있다.

북국의 술 앱솔루트와 핀란디아

동서양을 막론하고 눈을 싫어하는 사람은 별로 없는 것 같다. 사람들이 눈을 좋아하는 이유는 그 하얀색의 순수함에 있지 않을까 싶다. 기나긴 겨울을 눈

속에서 사는 북구인들은 대체로 독주를 즐기는 편인데, 아마도 독주의 열기와 설국의 정취 속에 한데 어우러지는 그 무엇이 있기 때문이 아닐까?

북구 사람들은 주로 담백하고 순수한 보드카 계통의 술을 마시는데, 그 가운데 스웨덴의 앱솔루트Absolut와 핀란드의 핀란디아Finandia는 북구에서 생산되는 보드카의 백미로 인정을 받고 있다.

1879년에 개발된 앱솔루트는 스웨덴 남부의 윤택한 대지에서 생산된 밀을 원시의 침엽수림을 통과한 깨끗한 물로 양조하여 증류한 그레인 보드카이다.

앱솔루트는 병 디자인이 단순하면서도 강한 이미지를 풍기고 있으며, 상표를 병에 직접 인쇄하여 병 속의 맑고 투명한 액이 그대로 보이도록 했기 때문에 일반적인 보드카의 이미지에 가장 잘 어울리는 술이라 할 수 있다. 그러나 병에서 풍기는 이미지와는 대조적으로 앱솔루트는 매우 마일드한 술이라는 특색을 가지고 있다. 앱솔루트는 병을 의인화하여 병에 나비넥타이를 맨 모양을 광고한 것으로 유명하다.

스웨덴과 같이 북구에 위치한 핀란드산 보드카인 핀란디아는 숲과 호수 사이의 평원에서 풍부하게 생산되는 밀과 보리 등 100% 곡물만을 사용하여

앱솔루트

술과 체온

험준한 알프스 산악에서 조난 사고가 나면 구조대의 대원으로 견공이 합세한다. 이 개는 대개 세인트 버나드 종으로 송아지만큼 크고, 뛰어난 후각으로 조난자의 위치를 빠르게 찾아낸다. 개의 목에는 수통이 달려 있는데 그 통에는 브랜디가 담겨 있고, 개는 브랜디를 조난자가 마실 수 있도록 도와준다. 조난자가 온기를 회복하여 희망을 잃지 않고 기다리는 사이 구조대가 도착하여 구해낸다. 이것은 알프스 산록에 있는 수도원 수사들이 조난자를 구하기 위한 지혜에서 비롯됐다. 여기서 한 잔의 브랜디는 추위에 떠는 조난자에게 온기를 주고 생명을 소생시키는 생명수로 여겨진다.

겨울이 춥고 긴 러시아 사람들은 보드카를 좋아한다. 추위를 이기는 데는 입에서 불이 나는 듯한 독주가 제격이라고 믿기 때문일 것이다. 만주 지방에 독한 고량주가 발달한 것이나 스코틀랜드와 아일랜드의 위스키가 유명한 것은 이러한 생각과 무관하지 않을 것이다.

그러나 술을 먹으면 체온은 내려가게 된다. 추울 때 체온이 내려가면 외기 온도와의 차가 줄어들어 추위를 덜 느끼게 되는 데서 이러한 습속이 비롯된 것이 아닌가 싶다.

만든 술이다. 고드름을 디자인한 무늬로 장식한 핀란디아의 병은 차고 순수한 이미지를 갖고 있다.

핀란드인들은 핀란디아를 '흰 영양(羚羊)의 밀크'라 부르는데 그들은 한여름의 길고 긴 백야를 보드카와 함께 지낸다고 해도 과언이 아니다. 백야에 흰 순록 두 마리가 힘겨루기하는 모습을 상표에 새기고 있다.

일반적으로 보드카가 그러하듯이 앱솔루트와 핀란디아는 주로 칵테일 베이스로 많이 이용된다. 이를 이용하여 만든 대표적 칵테일인 스크루 드라이버

Screwdriver는 보드카와 오렌지 주스를 2대 5의 비율로 섞고 얼음을 넣은 다음 긴 칵테일잔 상단에 오렌지 한 조각을 끼운 것이다.

처음에는 거의 술맛을 느끼지 못할 정도이기 때문에 이름이 풍기는 이미지처럼 여성을 취하게 만들어 유혹하기에 좋은 술이라고 알려져 왔지만 실상 그러한 목적에서 만들어진 술은 아니다.

보드카는 스트레이트로 마시는 것이 일반적이다. 보드카를 마실 때는 나누어 마시기보다는 한 번에 다 마신다. 보드카는 칵테일의 원주뿐만 아니라 그 자체로도 충분히 매력적인 술이다. 가정에서 보드카를 즐기려면 탄산음료(콜라)나 오렌지 주스 중 하나를 보드카와 섞어 칵테일로 마시는 것도 좋다. 블랙 러시안, 키스 오브 파이어, 섹스 온 더 비치 등이 보드카를 베이스로 한 칵테일이다.

3

태양과 정열의 술
럼

적도 부근의 열대 지방에서 풍부하게 생산되는 사탕수수에서 설탕의 결정을 분리해낸 찌꺼기, 즉 당밀을 가지고 만드는 술이 럼주이다.

이 술이 처음 태어난 지역은 카리브해 연안이지만, 오늘날은 사탕수수가 재배되는 열대 지역 어디서나 양조되고 있다. 이 지역 사람들은 럼주를 태양의 술이라고 부른다. 그만큼 성격이 불같은 카리브해 연안 지역의 사람들과 잘 어울리는 술이다. 로버트 스티븐슨의 모험소설 〈보물섬〉에서 애꾸눈의 해적 선장이 부하들과 함께 호탕하게 마시는 술이 바로 럼주이다.

럼은 원료의 품질이나 종류 및 숙성 방법 등의 차이에 따라 풍미가 가벼운 라이트 럼, 가볍지도 무겁지도 않은 미디엄 럼, 중후한 풍미를 지닌 헤비

럼으로 구분되며, 색깔도 무색투명한 것에서 짙은 갈색에 이르기까지 다양하다. 진한 갈색의 향기가 자극적이며 독한 럼은 그냥 마시는 것이 일반적이다. 그러나 흰색의 라이트한 럼은 칵테일이나 펀치(물, 우유, 과즙, 향료 따위를 섞어 음료로 만든 것)로 만들어 마신다.

단일 브랜드의 증류주로서 세계에서 가장 많이 팔리는 술은 단연 바카르디Bacardi 럼주이다. 미국 뉴욕 주에서는 일요일에 소매점에서 술을 팔 수 없도록 되어 있다. 따라서 사람들은 토요일이면 주말에 마실 술을 미리 사두기 위해 리커 스토어에 수십 미터씩 줄을 서는데 이때 절반 이상의 사람들이 손에 바카르디 병을 들고 돌아간다고 한다.

19세기 말 돈 파쿤드 바카르디라는 스페인계 쿠바인에 의해 설립된 바카르디사는 100년 동안 단일 가족경영을 하면서 거친 맛을 내는 불순물을 상당 부분 제거하여 부드럽고 무색투명한 라이트 계열의 바카르디 럼을 생산하여 전 세계로 보급시켰다.

쿠바 사태가 일어난 후 바카르디사는 본사를 버뮤다로, 그리고 공장을 푸에르토리코 등지로 옮겼는데 그곳에서도 성장을 계속했다. 그러나 럼은 향이 비교적 약하며 약간은 거친 맛을 지니고 있기 때문에 스트레이트로 마시는 것보다는 다른 음료와 섞어서 마시는 경우가 대부분이다. 이점에 착안한 바카르디사는 콜라와 바카르디를 칵테일해서 마시는 럼앤콕Rum and Cock을 유행시키기 시작했는데 이 작전이 대성공을 거두었다.

정열적인 성격의 스페인계 중남미인들은 자나깨나 공산 독재 치하의 쿠바를 걱정했다. 그들은 럼앤콕의 잔을 부딪치면서도 '쿠바 리브르(쿠바의 자유를 위하여)'를 외쳤다고 한다. 미국에서도 많은 사람들이 럼앤콕을 마실 때는 이 구호를 외친다고 한다.

1980년대 중반부터 미국에서는 증류주의 소비량이 서서히 감소하기 시작했으나 바카르디사는 처음부터 열대 과일 주스와 럼을 섞은 럼펀치Rum Punch를 개발하여 오히려 대히트를 쳤다. 애주가들이 각종 열대 과일 맛과 향, 그리고 럼의 정열을 한꺼번에 즐길 수 있도록 만든 바카르디사의 작전이 불황을 이기도록 만든 요인이 된 것이다.

바카르디로 만든 럼앤콕 한 잔에는 열대의 정열과 함께 자유를 향한 카리브해 사람들의 열망이 이글이글 타오르고 있다.

4

사막의 술 테킬라

멕시코인들은 '원샷' 음주문화의 원조라 해도 무방할 정도로 술을 급히 마신다. 그들이 즐기는 술인 테킬라Tequila는 투우사의 정열만큼이나 강렬한 술이다.

옛날부터 멕시코인들은 사막에서 자라는 용설란의 일종인 캑토스 사보텐의 즙을 발효시켜 술을 만들었다. 요즘 들어 건강식품으로 각광을 받는 알로에 즙을 이용하여 술을 만들면 아마도 테킬라의 베이스라고 할 팔케Pulque와 흡사할 것이다.

팔케는 캑토스 사보텐 즙을 발효시킨 하얗고 걸죽한, 마치 막걸리 비슷한 양조주인데 맛과 향이 고약해서 처음 마시는 사람은 구역질을 할 정도이다. 아즈텍 문명을 일으킨 멕시코인의 선조들은 팔케와 함께 태양신에 가까이 다가갔을 것이다.

　쿠바나 푸에르토리코에서 사탕수수로 럼을 만들기 시작할 무렵 멕시코에서는 팔케를 증류하여 테킬라를 만들었다. 테킬라는 숙성하지 않은 화이트 테킬라와 통에서 숙성한 골드 테킬라로 구분된다. 노르스름한 것은 2개월 이상, 갈색의 것은 1년 이상 숙성한 것으로 보면 된다. 화이트 테킬라는 팔케에서 나는 향이 그대로 옮겨와 향미가 대단히 거칠다.

　손등에 레몬즙을 바르고 거기에 소금을 뿌린 다음 테킬라를 한 모금 마시고 안주 대신 소금을 핥아먹는 기이한 멕시코식 음주 습관은 여기에서 비롯된 것이 아닌가 싶다. 이보다 더욱 희한한 관습이 테킬라에 누에 비슷하게 생긴 벌레 한 마리를 넣어서 마시는 것이다. 대개 그 벌레는 병의 바닥에 가라앉아 있다가 마지막 잔을 따를 때 따라 나오는데 그 벌레를 먹으면 행운이 있다는 얘기가 있고 보니 누구든 마셨다 하면 반드시 술병의 바닥을 보기 마련이다.

　세계적인 양대 테킬라 상표로

멕시코인들은 용설란 즙을 발효, 증류하여 테킬라를 만들어 마신다. 사진은 용설란 피나(Pina)를 자르는 농부.

손꼽히는 것이 멕시코의
쿠에르보Cuervo와 사우자
Sauza이다. 쿠에르보사는
1795년에 창업됐고, 미국
수출에 힘을 쏟아서 미국
에서의 매출액이 1위를
기록하고 있다. 숙성을 하
지 않은 쿠에르보 화이트,
통에서 2년 이상 숙성시
킨 쿠에르보 골드, 그리고
골드의 최고급품인 쿠에
르보 센테나리오가 있다.

　이에 비해 1875년에 창업된 사우자사는 테킬라 메이커로는 최대 규모를 자랑하고 있는 회사로 멕시코 국내 판매에 주력하고 있다. 사우자 실버는 멕시코 내 주류의 베스트셀러라고 할 수 있으며 알맞게 숙성시킨 사우자 엑스트라, 그리고 1975년에 창립 100주년을 기념하여 발매한 이래로 대통령 선거가 있는 매 6년마다 발매하는 사우자 콘메모라티브가 있다.

　테킬라 역시 칵테일의 베이스로 많이 애용되고 있는데, 테킬라로 만드는 칵테일 가운데 이름난 것은 마가리타이다. 마가리타는 테킬라와 레몬주스를 칵테일한 술이다. 마가리타를 마시는 잔에는 미리 소금 처리를 하는 관습이 있다. 잔의 테두리 부분에 물을 묻힌 다음 거꾸로 들고 소금 그릇에 담그면 하얗게 소금 띠가 생긴다. 여기다가 칵테일을 부어서 마시면 별도로 손등을 핥을 필요가 없다.

테킬라는 1960년대의 유명한 재즈 그룹인 테카라가 신나는 '테킬라' 노래를 히트시키면서 널리 알려지게 됐다. 그러다가 멕시코 올림픽을 계기로 전 세계로 알려지게 됐고 세계적인 증류주의 하나로 자리 잡게 됐다.

5

액체의 보석
리큐르

서양 사람들은 단 음식을 좋아한다. 후식으로도 초콜릿, 푸딩, 아이스크림, 파이 등 단 음식이 빠지는 경우가 별로 없다. 아마도 이러한 취향 때문인지 꿀을 넣은 술을 만들어서 식후에 마시는 관습이 있다. 이것이 바로 리큐르이다.

리큐르는 중세의 연금술사들이 증류주를 만드는 기법을 터득하는 과정에서 그 변종의 하나로 탄생됐다고 한다. 즉 증류주를 증류하는 과정에서 각종 약초나 향초를 넣어서 그 향이 우러난 특수한 증류주를 만들었는데, 그들은 약초나 향초의 성분이 녹아 있는 이 술을 '생명의 물'을 능가하는 영약으로 생각했다. 그들은 이 술을 리케파세르Liquefacere(녹아 있다는 뜻)라고 불렀는데 이 것이 리큐르의 어원이다.

일반적으로 리큐르는 알코올 농도가 15도 이상으로서 당분이 10% 이상 함유된 술로 정의된다. 우리나라 주세법에서는 내용물에 함유된 증발 잔류물이 2% 이상인 술이라고 규정하고 있는데 이는 세계적인 분류와는 차이가 있다. 어쨌든 리큐르는 다량의 고형물질이 함유된 술이라고 하겠다.

초기에는 알코올에 약한 여성들을 위하여 위스키나 브랜디에 꿀을 섞어서 만들었으나 점차 향료도 섞게 됐다. 대체로 식물성 향미 성분을 가미해서 만들었으나 근래에 와서는 각종 기호품을 넣어 다양한 리큐르를 개발했다. 즉 리큐르의 원료로는 과일, 꽃, 잎사귀, 뿌리 등에서 더 나아가 동물성인 젖, 알 등 사람들이 좋아하는 것은 무엇이나 사용하는 추세이다.

한 걸음 더 나아가 미를 추구하는 여성들의 취향에 맞추어 제품화하는 과정에서도 여러 가지 착색료나 감미성분을 가하여 색과 맛이 환상적인 리큐르를 개발하기도 했다. 이것이 리큐르를 '액체의 보석'이라고 부르는 이유이다.

리큐르는 대부분의 나라에서 제조되고 있으나 세계적으로 유명한 몇몇 브랜드는 원료 배합 비율이나 제조방법을 비밀로 하고 있다.

리큐르는 그 원료면에서 크게 약초류를 이용한 것, 과일류를 이용한 것, 종자류를 이용한 것, 그 밖에 크림 리큐르나 에그 브랜디 등 특수한 리큐르가 있다. 우리나라에도 잘 알려진 대중적인 리큐르는 다음과 같다.

약초 리큐르

약초를 이용한 리큐르에는 박하, 오랑캐꽃 향이 첨가된 크렘 드 바이올릿, 크렘 드 이베트, 박하를 직접 증류하여 만든 페퍼민트, 캐러웨이와 오렌지 과피로 만든 캄파리 등이 대표적이다.

베네딕틴Benedictine은 16세기 초 프랑스 북부 베네딕트 사원에서 약용으로 제조된 리큐르이다. 베네딕틴의 제조 공식은 비밀이나 주니퍼 베리, 박하, 계피 등 27종의 약초와 향초가 들어가는 것으로 알려져 있다. 수도원의 수사들은 이 비방을 대대로 전수해 오다가 재정적 부담으로 인해 1863년에 베네딕틴의 비법과 브랜드를 개인에게 팔았다. 그리하여 이 오랜 전통의 술은 현재 개인 기업에 의해 제조되고 있다.

우리가 중국 음식을 먹을 때 곁들이는 죽엽청주도 약초류의 리큐르이다.

대표적인 과일 리큐르로는 오렌지의 과피를 사용하여 큐라소라는 명칭을 붙인 것으로 네덜란드 산의 화이트 큐라소, 프랑스산인 코앵트루 등이 유명하다. 오렌지와 유사한 감귤(만다린)계의 리큐르에는 대체로 만다린이라는 상표가 붙어 있다.

오렌지 리큐르 못지않게 많은 사람들이 선호하는 체리 리큐르로는 체리 색깔을 그대로 간직한 체리 브랜디와 무색의 마라스키노(혹은 마라스캉)가 있다. 한편 베리를 이용한 리큐르 가운데 대표적인 것은 카시스(블랙 커런트)로 만든 크렘 드 카시스가 있다.

종자 리큐르

식후에 단맛과 구수한 향기를 입속에 퍼지게 한다는 이유로 종자種子 리큐르가 애용되고 있다. 카카오나 커피 등 식물의 씨앗에 함유된 향기 성분과 독특한 맛을 이용하여 식후에 마시는 차를 대신하고, 당분(꿀이나 설탕)으로 후식을 겸하는, 일거양득의 장점을 지닌 리큐르가 바로 종자 리큐르이다.

상품명에 크렘 드 카카오Cream De Cacao라고 표기한 리큐르는 마치 술에 초콜릿을 탄 것 같은 맛을 지니고 있다. 약간 탄내가 나는 구수하면서도 부드러운 카카오는 종자 리큐르의 대표격인 술이다. 카카오 리큐르를 만들기 위해서는 카카오 콩을 볶은 다음 주정에 침출시킨 후 증류하여 향기 높은 원액을 만든다. 여기에 바닐라 엑기스를 가미한 후 시럽이나 꿀을 넣으면 화이트 카카오가 된다. 때에 따라서는 캐러멜 색소를 첨가하여 브라운 카카오를 만들기도 한다. 유명한 제품으로는 아그벨 카카오와 파리조 카카오, 데카이퍼 카카오 등이 있다.

이탈리아 사람들이 자랑하는 특산품 가운데 아마레토 리큐르가 있다. 사람들은 아마레토가 아몬드로 만든 것이라고 잘못 알고 있으나 사실은 살구씨를 주원료로 한 리큐르이다. 살구씨를 물에 불려 증류한 액에 향미 식물의 엑기스를 가미한 후 주정과 섞고 여기에 당분을 첨가하여 만든 술이 아마레토이다.

한방에서 살구씨는 변비 치료제나 진해 거담제로 쓰인다. 이탈리아 사람들이 아마레토를 좋아하는 것을 보면 만성적인 변비나 기침병 환자들이 많은 것이 아닌가 싶기도 하다. 알바사르노사의 아마레토는 세계적으로 유명한 리큐르이며 이를 본뜬 시칠리섬의 플로리오 아마레토도 꽤 알려진 제품이다.

근래에 들어서는 커피를 이용한 리큐르가 신장세를 보이고 있다. 커피 리큐르의 제법은 볶은 커피 원두를 침출한 주정에 사탕 시럽을 첨가하는 것이다. 유명한 커피 리큐르에는 멕시코 고원에서 생산한 커피에 바닐라 향을 가미한 칼루아Kahlua 커피 리큐르가 있다.

유럽에서는 크렘 드 카페, 리큐르 드 카페 등으로 불리는 제품들이 있다. 커피 리큐르 가운데 아이리시 벨벳Irish Velvet은 찻잔에 부운 다음 더운물을 넣고 크림을 가하면 멋진 아이리시 커피 맛을 내준다.

그 밖에 크림 리큐르는 크림에 초콜릿, 커피, 오렌지 향을 가미한 것으로 현대적 감각을 살린 리큐르이다.

리큐르는 당분과 고형분, 그리고 여러 가지 향미성분이 들어 있어서 많이 마시기에는 부적합하며, 식후 또는 잠자리에 들기 직전 한잔하는 데 가장 어울리는 술이다. 아직 우리나라에서는 리큐르의 음용량이 극소량인데 비해, 이웃 일본의 경우는 전체 양주류 시장의 1/3을 리큐르가 점하고 있다.

우리나라에서도 여성 애주가들이 점차 늘어가는 추세여서 앞으로 리큐르의 소비가 상당히 증가할 것으로 예상된다.

7장

한국의 술

1

우리나라 술 이야기

한국 술의 역사

우리의 선조들이 음주와 가무를 즐긴 민족이란 사실은 여러 고문헌에 잘 나타나 있다. 《제왕운기》의 고구려 건국설화에서 천제의 아들 해모수와 하백의 딸 유화가 합환주를 들고서 동명성왕을 낳았다는 사실을 통해 예로부터 혼인할 때는 술을 빚어서 부부가 함께 마셨을 것이라는 사실을 유추해 볼 수 있다.

또한 《삼국사기》 고구려 대무신왕 편에는 지주旨酒를 빚어서 그 효력으로 한 나라의 요동태수를 물리쳤다는 이야기가 있다. 전투를 하기 전에 병사들에게 술을 하사하여 사기를 높이고, 나라의 큰 행사 때도 술을 나누어 마셨다는 뜻일 것이다.

일찍이 《위지동이전》에는 '동쪽의 활을 잘 쏘는 민족(東夷族)'은 추수 때 천신에게 제사 지내며 음주와 가무를 즐겼다는 기록이 남아 있지만, 지금도 중국의 길림성에 살고 있는 조선족들은 야유회를 가면 술을 마시고 노래를 부르며 춤을 춘다는 점에서 한족들과 금방 구별이 된다고 하니 수천 년 동안 내려 온 풍습이 유전적으로 굳어져 버린 것이 아닌가 싶다.

삼국시대에는 술 문화가 대단히 발달했던 것 같다. 이 시대에는 이미 술이 상업적으로 판매되기도 했으며, 통일신라 시대에는 술이 특수 계층이 아닌 일반 백성들에 의해 양조됐다. 일본 최초의 역사책인 《고서기》에는 백제의 장인이었던 수수거리가 응신 천왕에게 술을 빚어서 대접했다는 기록이 있는데 그는 이 일로 하여 일본의 주신으로 대우를 받게 됐다. 삼국시대의 각국에서 술문화가 고도로 발달했음을 알게 해주는 대목이다.

삼국이 통일되는 과정에서 중국과 여러 차례 전쟁을 치렀는데, 이 시기에 엄청난 문명의 교류가 일어났다. 이러한 과정을 거쳐 고려시대에는 체계적인 양조술이 정착된 것 같다. 이에 따라 누룩 제조법과 각종 약주의 제조법도 크게 발달했다. 고려의 유명한 문인 이규보는 《국선생전》을 저술하여 누룩의 덕을 칭송하면서 그 남용으로 인한 폐해를 경계했다. 한편 원 나라의 침공 이후로는 소주 제조법이 전래되어 양조 기술에 다양한 변화를 가져왔다.

조선시대에는 각 지방마다 유명한 토속주가 뿌리를 내렸다. 이에 따라 선비들의 술문화도 크게 발달했다. 양조 방법으로는 누룩으로 밑술(누룩에 있는

술과 풍류를 즐기는 양반들의 모습을 그린 신윤복의 그림

효모를 배양하여 활성화시키는 과정으로 소량의 곡물을 사용한다)을 먼저 앉힌 다음 덧술(배양된 효모를 사용하여 본격적으로 술을 만드는 과정)을 첨가하는 방식으로 발전했다. 이런 식으로 양조된 팔도의 명주로는 경기의 삼해주, 약산춘, 충청의 소곡주, 노산춘, 평안도의 벽향주, 감홍로, 영남의 과하주, 송엽주, 호남의 호산춘, 두견주 등이 있다.

    구한말에 주세 제도가 생기면서 각 가정에서 술 만드는 것을 금지하는 바람에 이러한 토속주들이 자취를 감추게 된 것은 안타까운 일이다. 그러나 광복 이후 일부 민가에서 제사, 혼사, 회갑연 등에 사용하는 술을 밀조해 왔고 그나마 이것이 토속주의 명맥을 잇는 계기가 됐다.

누룩

우리나라에서 대중적으로 빚어 왔던 토속주의 제조방법을 살펴보자. 우리나라의 대중 토속주는 청주와 막걸리인데 이것은 모두 누룩을 이용하여 만든 술이다. 누룩은 일종의 미생물 덩어리이다. 누룩의 제조법은 지극히 간단하다. 한여름 삼복더위에 밀을 거칠게 빻아서 솥에 찐 다음 자연 상태로 놓아두면 며칠 후 표면에 곰팡이와 효모가 뒤엉켜 누렇게 뜨게 된다. 술을 빚기 위해서는 우선 곡물에 함유된 전분을 당으로 분해해야 하는데, 누룩에는 당화 효소가 듬뿍 들어 있어서 술밥을 당화시키게 되는 것이다. 누룩의 작용은 우선 꼬들꼬들한 밥을 흐물흐물하게 죽처럼 만들고 마침내는 액체 상태로까지 변화시키는 것이다.

요즘이야 당 분해 효소가 많이 개발됐고 기술도 발전하여 곡물을 당화시키기 쉽지만, 예전에는 어떻게 하여 누룩을 만들어 냈는지 감탄스럽기만 하다. 누룩 속에 들어 있는 효모는 당을 분해시켜 알코올 발효를 일으킨다. 누룩은 당화와 발효를 동시에 일으킬 수 있는 일종의 미생물 군집체였기에 예로부터 주모나 술꾼들이 애지중지해 온 신비의 물건이었다.

술이 다 익으면 액체(술)와 고체(술지게미)로 나누어지는데 액체를 분리해 내기 위해 일종의 체에 해당하는 용수를 박는다. 이 용수에는 맑은 술이 고이게 되는데 이것이 청주淸酒다. 서민층은 양이 적은 청주보다는 술지게미가 섞이기는 했지만 양이 많은 막걸리(濁酒)를 선호했다.

우리나라의 술이라고 하면 우리 고유의 전통적인 방법으로 제조하거나, 아니면 최소한 우리나라에서 수확한 원료를 사용하여 빚은 술이어야 한다. 그러나 오늘날 우리나라의 대중주인 소주나 막걸리는 원료를 거의 100% 수입에 의존하고 있으며, 제조 과정에서 누룩도 사용하지 않고 있다. 이에 비해 우리나라에서 생산되는 쌀을 누룩으로 양조하여 빚는 청주야말로 우리 전통술의 맥을 이어주는 대중주라 할 수 있다. 명절 때나마 우리의 전통주가 애용되고 있는 것은 다행스러운 일이라 하겠다.

약주 이야기

민속 전래의 명절인 설날이나 추석을 전후하여 약주를 마시는 기회가 많을 것이다. 흔히 약주라 하면 약으로 쓰이는 술인 것처럼 오해하는 경우가 있으나, 약주는 약으로 쓰이는 술이란 뜻이 아니라 다음과 같은 유래를 가지고 있다.

조선 시대에는 흉작이 들거나, 가뭄이 심한 경우 금주령을 내린 일이 여러 번 있었다. 그런데 한 세도가가 금주령이 내려 있음에도 불구하고 술의 감미로움을 잊지 못해 몰래 밀주를 담가 놓고 마셨다. 그러다가 누구에게 들키게 되면 "이건 술이 아니라 약일세."하고 변명을 했다는 것이다. 그는 술을 마

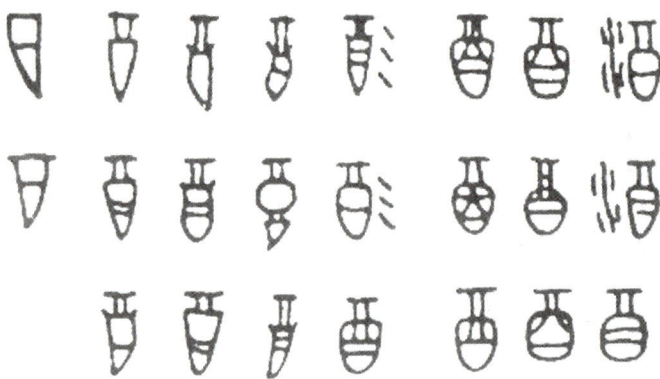

술 주(酒)자의 변천

시는 게 아니라 약을 복용하는 것으로 행세했던 것이다. 이때부터 약주라는 말이 생겨났고 이 말이 민간에 널리 퍼지면서 윗사람 앞에서 술 얘기를 할 때는 약주라는 표현을 쓰게 됐다는 것이다. 술에 취한 사람을 보고 "술 취하셨군요."라고 말하는 것보다는 "약주가 좀 과하셨군요."라고 점잖게 말하는 것이 한결 여유 있어 보이지 않는가.

물론 술이 약으로 쓰이는 경우도 있다. 지금은 대수로운 병이 아니지만 옛날에는 치명적일 수밖에 없었던 병이 있다. 칼슘 등의 고형 성분이 콩팥에서 미처 배출되지 못하고 뭉쳐서 돌이 되는 신장 결석 현상이다. 이 돌이 콩팥의 어느 부위에 들어 있다가 요관으로 이동하게 되면 마치 몸이 오그라드는 것 같은 격렬한 통증을 느끼게 된다. 이때 돌의 크기가 너무 커서 자연적으로는 도저히 배출되기가 어려울 정도라면 부득이 수술을 하거나 약물로 녹여서 내려야 한다.

그러나 돌의 크기가 요관을 통과할 가능성이 있을 경우에는 특효약이 있으니 그게 바로 막걸리이다. 술을 마시면 대부분 위에서 흡수되기 때문에 주로 대장에서 흡수되는 물을 마실 때보다도 배뇨에 걸리는 시간이 훨씬 짧아진다. 따라서 막걸리를 한꺼번에 많이 마시면 다량의 소변을 보게 되는데 이때 신장에 끼어 있던 결석을 술로 씻어 내릴 수 있다. 이 경우 막걸리는 술이 아니라 약인 것이다. 필자는 두 번이나 술로 신장 결석을 치료한 경험이 있다.

《동의보감》의 한방 미주 편에는 약술의 제조 방법과 효능에 대해 상세히 서술하고 있다. 그 대부분이 과일이나 꽃을 소주에 침술하는 것이다. 대표적인 것들은 다음과 같다.

오가피주는 이른 봄 오가피나무가 발아하기 전에 뿌리를 채취하여 껍질만 벗겨서 담근다. 낭습을 치료하며 정력을 돋우는 데 특별한 효능이 있다.

죽순주는 어리고 연한 죽순을 채취하여 담그며, 장복하면 신경통이나 중풍 예방에 효과가 있다. 이러한 약술들은 잘만 복용하면 병도 고칠 수 있고 기분도 낼 수 있는 일석이조의 효과가 있다. 취미 삼아 약재를 이용한 좋은 약술을 만들어 보는 것도 좋을 것이다.

우리나라의 주세법상 주류로 분류되어 있는 약주는 청주와 유사하지만, 감미료나 약재를 첨가할 수 있도록 되어 있다.

2

한국의 절기주

백 년도 안 되는 짧은 인생, 그 가운데 얼마만큼의 즐거움이 있으랴!

그러나 굳이 시인의 통찰력을 빌리지 않더라도 우리 선조들은 가난한 생활 속에서도 때를 가릴 줄 알았고, 고달픈 가운데서도 스스로 즐길 줄 알았다. 정초에 한해의 각오를 다짐하는 자리에서부터, 모내기를 마친 후 일터에서, 그리고 추수 이후의 한가위에 이르기까지 중요한 절기마다 그때에 어울리는 술을 빚고 인생의 즐거움을 찾을 줄 알았던 현명하고 여유를 아는 백성이었던 것이다.

정월 액막이 술

어느 나라를 막론하고 새해가 시작되는 첫날을 휴일로 삼고 있다. 물론 새해를 어떻게 살아갈까를 차분하게 구상하라는 뜻이 담겨 있는 것이겠지만, 아마도 그해의 안녕과 풍요를 기원하는 데서 비롯된 풍습일 것이다.

우리나라의 전통적인 세시 풍속은 새해 아침에 조상들에게 제사를 지낸 다음 가족들이 한자리에 둘러앉아 세찬(정초에 대접하는 음식)을 먹는 것이다. 음식을 먹기 전에 제상에 올렸던 술이나 물을 마시는데 이것을 음복飮福이라 한다. 음복의 풍습은 조상님들이 드신 음료를 마시면 귀신을 쫓을 수 있다는 믿음에서 비롯된 것이다. 각종 질병이 사악한 귀신의 조화 때문에 비롯된다고 믿었던 시절의 풍습이다.

김홍도의 〈타작도〉

이처럼 액운을 막기 위하여 마시는 술을 액막이 술이라 한다. 정초의 액막이 술로는 후추와 측백나무 잎사귀를 맑은 술에 넣어 우려낸 초백주椒柏酒가 있다. 또 하나 액막이 술로 널리 알려진 것이 도소주屠蘇酒인데 이것은 《삼국지》에 나오는 명의 화타가 만든 술이라고 알려져 있다.

이 술은 청주에 귤껍질, 계피, 산초, 도라지 등의 분말을 넣어서 우려낸 것으로, 정월 초하루에 이 술을 마시면 일 년 동안 삿(잡)된 기운을 없애 준다고 믿었다.

도소주를 마시는 절차에는 특이한 점이 있다. 온 집안 식구가 한자리에 모여 나이 어린 사람부터 윗사람에게로 차례로 절을 한 다음 도소주를 마셔야 한다는 것이다. 아마도 이러한 음주 문화를 통하여 어릴 때부터 술 마시는 예법을 자연스럽게 몸에 익힐 수 있었을 것이다. 어른들 앞에서 술을 배우며 경망스럽게 행동하지 않는 예법을 익혔을 것이니, 함부로 술에 취해 주정을 하는 일은 생각하기 어려웠을 것이다.

오늘날에야 술이 흘러넘칠 정도로 흔하지만, 1960년대만 해도 술은 귀한 음료의 하나였다. 집집마다 정성스레 담근 술을 함께 마시며 가족의 안녕을 기원하고, 자녀들에게 주도를 가르치는 모습을 상상해 보라. 생각만 해도 흐뭇한 광경이 아닌가 말이다.

농주

모내기, 김매기, 보리베기, 벼베기, 그리고 타작과 같은 힘든 농사일은 걸죽한 농주를 빼고는 생각할 수 없다 해도 과언이 아니다. 이런 일들은 대개 동네 단위의 두레에서 이웃들이 품앗이로 하기 마련이었다. 힘든 일을 하다가 배가

고파지면 허기도 채울 겸, 이웃 간에 협동심도 다질 겸해서 주인집에서 담근 농주 한두 사발을 들이키곤 했던 것이다.

이때 마시는 술은 물론 막걸리였다. 1960년대까지만 해도 농사철을 앞두고는 집집마다 술을 담그는 것이 농사 준비 과정에서 빼놓을 수 없는 중요한 일거리였다. 누구나 자기 집일을 할 때는 술을 내야 하기 때문에 농사일을 하는 과정에서 자연스레 각 가정의 술 빚는 솜씨를 뽐낼 수 있었다.

단오절 창포주

음력 3~4월에 시작되는 보릿고개가 막바지에 이를 즈음에 다가오는 단오(음력 5월 5일)는 또 하나의 전통적인 명절이다. 사람의 양식이야 어떻게 됐든 산야는 녹음으로 생기가 만발할 때이니 어찌

신윤복의 〈단오놀이〉

즐기지 않을 수 있으랴. 고려 시대부터 단오가 되면 청년들은 공차기 등을 하고 여자들은 그네를 뛰었다고 한다. 이날 부인네들은 창포 삶은 물로 머리를 감고 남정네들은 창포술을 마셨다.

    이몽룡이 단옷날 남원 광한루에서 그네를 뛰는 춘향의 자태에 혹한 것이 혹시 창포주의 취기 때문은 아니었을까. "이리 오너라. 같이 놀자." 춘향가의 한 구절이 절로 떠오른다.

한가위 동동주

팔월대보름은 신라시대부터 내려오는 우리 민족의 가장 큰 명절이다. 대다수의 나라에서 가을철에 추수감사제를 지내는 것과 마찬가지로 우리 선조들도 한가위에는 햇곡식으로 술과 송편을 빚어 조상과 하늘에 감사의 제를 지냈다. 이때가 연중 가장 음식이 풍성할 때이므로 가난한 사람이라도 음식과 술을 배불리 먹고 마실 수 있었다. 한가위에는 주로 찹쌀을 가지고 동동주를 빚었다.

    이 밖에도 선비들이나 풍류객들은 봄에는 청명주(음력 3월), 여름에는 유두주(음력 6월 15일), 가을 중양절(음력 9월 9일)에는 국화주를 즐겼다.

3

한국의 전통주

백세주

춥지도 덥지도 않은 가을의 저녁, 오래 살기를 기원하며 마시고 싶은 술이 있다. 바로 일백세까지 살게 한다는 백세주百歲酒이다. 백세주에는 다음과 같은 전설이 있다.

옛날 한 선비가 길을 가다가 어느 마을 앞을 지나가게 됐다. 마을 정자나무 밑에 한 노인과 청년이 있었는데, 청년이 회초리로 수염이 허연 노인의 종아리를 때리고 있는 것이 아닌가. 선비는 깜짝 놀라 벽력같이 청년을 꾸짖었다. "어찌 젊은 것이 노인을 때리는고. 천벌을 받을 일이로다." 그러자 청년이

백세주

대답했다. "이 아이는 내가 여든에 본 자식인데 이 약을 먹지 않아 나보다 먼저 늙었소." 선비는 얼른 말에서 내려 그 청년에게 절을 하고 약의 내력을 물었다. 청년은 백세주에 대하여 설명하면서 그 비방을 일러 주었다. 그리하여 그 선비는 신비한 백세주를 세상에 전하게 됐다.

백세주에 들어가는 약재는 거의가 강장 보양제로 알려진 것들이다. 그 약재들 가운데 하수오何首烏는 간장과 신장을 보호하며 혈액 순환을 좋게 하는 효과가 있는데 이 약재에 얽힌 다음과 같은 전설이 있다. 당나라 때 한 도인이 있었는데 그는 나이가 60살에 가깝도록 혼자 살았다. 그가 우연한 기회에 어떤 약재를 7일간 복용했는데 그때부터 정기가 동하여 아내를 얻고 자식을 많이 두었다. 그는 그 후로도 약재를 장복했더니 100살이 넘도록 검은 머리가 그대로 있었다는 것이다. 그 후 이 약재는 하수오라 불리게 됐다.

그 밖에 구기자, 숙지황 등의 보약재를 넣고 술을 익히는데 주원료는 찹쌀이다. 백세주의 제조법은 다음과 같다. 찹쌀을 깨끗이 씻어 물기가 없게 고두밥을 지어 말린다. 완전히 말린 다음 같은 양의 누룩 가루를 섞은 후 약재를 넣는다. 이때 복령, 음양곽 등의 약재를 넣어 강장의 효과를 높일 수도 있다. 여기에 물을 적당히 부은 다음 독을 밀봉하여 땅속에 묻는다. 그 상태로 약 30~100일간 발효시키면 맑은 약주가 된다. 이것이 바로 백세주이다.

백세주가 얼마나 큰 약효를 지니고 있는지는 알 수 없는 일이다. 그러나 장수하고 싶은 사람들의 소망을 달래 주는 술이라니 나름대로 애교가 있지 않은가. 추석에 고향에 들러 노부모님의 얼굴에 패인 주름살을 보면 한 세대 후의 자신의 앞날을 읽을 수 있을 것이다. 백세주를 불로장생의 약으로 여기기보다는 그저 짧은 인생의 덧없음을 깨닫게 하는 술이라 생각하며 그 맛을 음미한다면 이 술에 얽힌 전설이 우리 곁에 새롭게 다가올 것이다.

청주

한국의 청주는 중국의 황주와 함께 곡자(누룩, 곰팡이 덩이)를 사용하여 제조한 유서 깊은 술이다. 백제 사람 인번은 일본의 나라 시대에 술(청주) 제조법을 전수했다. 옛 시에 "청탁淸濁을 불문하고 즐겨 마신다."는 구절이 있는데, 바로 청주와 탁주를 일컫는 말이다. 그런데 여기서 청주와 탁주는 그 뿌리가 같은 것이다. 술독에 용수를 박아 놓으면 맑은 술이 괴는데 그것을 청주라 하고 나머지 중 찌꺼기를 대강 체로 쳐서 받아낸 술을 막걸리라 한다.

제사나 어른의 생신 등이 다가오면 쌀로 고두밥을 짓고 누룩과 버무려 항아리에 넣고 밀봉한 후 아랫목에 놓고 이불을 덮어 5~6일 두는 것이 전통적인 청주 제조법이다. 청주는 쌀로 만들기 때문에 쌀눈에 있는 성분의 영향으로 숙취를 많이 일으킬 수 있다. 그래서 전통 청주는 따뜻하게 데워서 마셨다. 그러나 오늘날에는 도정 기술이 발달하여 쌀눈을 완전히 제거하고 곡자와 효모를 적절히 조화시켜 발효하여 굳이 데워 마시지 않아도 되는 이른바 냉청주를 개발했다.

　일본에는 2,000여 개의 청주 공장이 있다. 그 중 일제 시대에 우리나라에 많이 소비됐던 정종正宗이 아예 청주 이름처럼 된 적도 있다. 오늘날 우리나라에는 두 개의 청주 제조회사가 있으며, 유명 제품으로는 백화 수복, 청하, 국향이 있다. 그 제품들의 특색을 보면, 명절 때나 제사 때 으레 찾는 백화 수복은 가장 전통주에 가까운 누룩 내가 은은하다. 데워 마시는 전통을 깬 냉청주 청하는 한식과 일식 음식에 잘 어울려 시원하고 깔끔하며 목에 넘길 때의 감촉은 비단처럼 부드럽다. 국향은 장기간의 저온 발효로 양조하여 다양한 향이 풍부한 고급 청주이다.

서민의 친구 소주

우리나라와 일본의 소주는 세계적인 정통 증류주의 분류에는 속하지 않는 지역적 증류주의 일종이다. 세계적인 정통 증류주들은 천연 원료 이외의 성분을 첨가하지 못하도록 되어 있으나 우리나라 소주에는 상당량의 인공 조미료가 들어간다는 점에서 차이가 난다.

우리나라의 소주는 일본 희석식 소주를 본뜬 것이다. 1965년 정부가 식량 확보 차원에서 곡류로 소주를 제조하지 못하도록 금지한 이후 고구마, 타피오카(열대에서 나는 값싼 전분) 등을 발효시켜서 주정을 만들고 이것을 희석하여 소주를 제조했다.

1960년대에는 소규모 소주 업체가 전국에 산재해 있었는데 점차 정리되어 1980년대에는 각 도에 하나씩 남게 됐다. 그들은 적당한 수준에서 시장을 나누어 갖고 경쟁을 자제하고 있으나 이러한 구도는 보해의 무사카린 소주를 시발로 깨지기 시작했다.

희석식 소주에는 감미료 등 수십 가지의 조미료(술의 2% 이내)가 들어간다. 이들 조미료의 종류는 주세법에 예시되어 있는데, 1988년 주세법의 개정으로 소주 첨가물료의 범위가 넓어졌다. 이때를 기해 보해에서는 무사카린 소주를 출시하고 기존의 사카린 소주와 차별화했다. 당시 사카린이 발암 물질이라는 논란이 일고 있어서 차별화 전략에 성공할 수 있었다.

이에 맞서 금복주에서 무사카린 알칼리 소주를 개발했다. 이후 모든 소주 업체는 신제품을 개발했는데 사카린 대신 아스팜탐, 스테비오 사이드, 설탕, 꿀 등으로 대체하면

소주

서 제품의 차별화를 시도했다.

　소주 업계의 신제품 전쟁은 경월의 '그린' 소주가 대히트를 치면서 본격화됐다. 1965년 희석식 소주가 나온 이래 30년간 소주는 톡 쏘는 것으로 인식됐으나, 그린은 이런 개념을 뒤엎는 부드러운 소주였다.

　그린 소주는 주정을 활성탄으로 처리하여 맛을 순화시킨 것이다. 여기에 가세하여 꿀이 첨가된 고급 소주 김삿갓과 곰바우가 새로운 부류를 형성하게 됐고, 진로에서는 오크통에 담아 몇 개월 저장한 증류식 소주를 1~2% 섞은 참나무통 맑은 소주를 개발했다. 이렇듯 끊임없는 제품의 개발과 신제품 전쟁은 앞으로도 계속될 전망이다.

　우리나라 희석식 소주는 향과 맛이 담백하여 고기류나 찌개류의 안주에 잘 어울린다. 또한 주세가 매우 낮아 세계에서 가장 싼 증류주이다.

　1996년 우리나라의 소주 판매량은 약 8천 8백만 상자(상자당 9리터)로서 이를 순 알코올로 환산하면 국민 1인당 4.6리터(2홉들이로 56병)의 알코올을 섭취한 셈이 된다. 이것은 우리 국민의 전체 알코올 섭취량의 3분의 2에 해당하는 양이다. 따라서 소주는 우리나라 사람들의 주된 알코올 섭취원이라 해도 과언이 아니다.

　희석식 소주와 달리 우리나라의 전통 소주는 쌀, 보리 등의 곡류를 원료로 하며 누룩을 사용하여 당화 발효시킨 막걸리를 소줏고리(재래식 증류기)로 증류한 술이다. 이 술은 향이 강렬하고 톡 쏘는 맛을 갖추고 있어서 숙성시키기 이전의 위스키와 유사하다. 유명한 전통 소주로는 안동 소주가 있다.

1991년 주류의 제조에 관한 규제가 완화되면서 증류식 소주가 다시 생산되기 시작했다. 그러나 이 소주는 개량식 감압 증류기를 주로 사용하며, 전통식 소주와 희석식 소주의 중간 정도의 향미를 지니고 있다. 몇몇 나라에도 이와 비슷한 증류주가 있지만 비교적 값이 싸다. 소련의 보드카는 세계적인 기준의 품질을 확보하고 있는 반면, 이름은 보드카이지만 값싸고 저급인 술이 있다. 브라질에는 아구아덴트Agurdente라는 값싼 증류주가 있다. 터키에는 라키Raki라는 이름의 증류주가 있는데 이것은 미나리과의 애니스 열매를 주원료로 한 것이다.

상황버섯주 천년약속

2005년 11월 APEC 정상회의 만찬장은 1,000여 명의 외교단이 건배주로 마신 상황버섯 약주 천년약속 이야기로 떠들썩했다. 도대체 상황버섯 발효주가 무엇인가 하고 호기심이 떠나지 않았다. 외교 행사에 있어서 건배는 처음 만나는 사람들 사이에 서로에 대한 친근감과 일체감을 느끼게 해 주는 의식이다. 따라서 이때 사용되는 술은 정성과 품위의 상징이 되므로 매우 신중히 결정된다. 부산의 조그만 벤처 약주제조업체가 만든 천년약속은 세계 정상들을 화기애애한 분위

천년약속

기로 만들어 준 공로로 유명해졌으며 그 결과 판매량이 폭발적으로 증가했다.

천년약속의 뛰어난 맛을 알려주는 일화 한 가지. 2005년 APEC 정상회의가 끝난 후 중국 후진타오 주석은 중국에 돌아간 뒤에도 만찬장 건배주로 마셨던 천년약속을 잊지 못하고 주한 중국대사관을 통해 술을 구해달라고 했다 한다. 천년약속 프라임 제품 두 상자를 중국으로 보냈더니 감사 편지를 보내왔다. 이 편지 원문은 지금도 (주)천년약속 본사에 전시되고 있다.

상황버섯주의 제조 과정은 신비에 싸여 있다. 천년약속은 상황버섯 균사체가 알코올을 생성하는 만큼 상황버섯에 들어 있는 여러 기능성 물질들이 고스란히 담길 뿐 아니라 기존 술들과는 차별화되는 독특한 맛과 향을 보여준다. 천년약속은 부드럽고 감미로우며 은은하게 우러나는 상황버섯 향이 특징이다. 한정식, 일식을 비롯해 회, 육류 등 어떤 음식과도 잘 어울리며 음식의 맛을 북돋아 준다. 또한 상황버섯이 가지는 고유의 기능성을 간직하고 있어 웰빙 건강주로 각광을 받고 있다.

백년 산삼 배양근주 휘

전통과 보수의 주류 산업에도 첨단 과학이 응용되어 신제품이 속출하고 있다. 2006년 한국 주류시장에 등장한 산삼 배양근주 휘輝가 대표적 사례이다. 휘는 산삼 배양근을 병에다 넣어 소비자들이 눈으로 확인할 수 있도록 고안되어 있다.

기원전 3세기 중국을 통일한 진시황은 불로장생을 염원하여 동남동녀 삼천을 서복에게 딸려 불로초를 구하도록 바다 건너 동방으로 보냈다 한다. 그들은 한국과 일본에서 영약을 구했는데 그중 하나가 산삼이다. 산삼은 그 자체가 장수하는 게 특색이다. 인삼은 6년이 넘으면 썩는데 반해 산삼의 수명은 200년쯤으로 추정된다. 산삼은 자라는 속도가 매우 느리며 번식률이 낮아 더욱 희귀하다. 노화를 방지하는 산삼의 효능은 언급할 필요가 없다.

　이런 산삼이 현대 생명공학 기술로 복제되어 손쉽게 구할 수 있게 됐다. 휘에 사용하는 배양근의 원뿌리는 100년 된 산삼이라 한다. 산삼 배양근은 원뿌리와 같은 유전인자로 자라서 고급 사포닌을 다량 함유하고 있다. 이런 산삼과 어울리는 쌀 증류주와 셰리 오크통에서 숙성한 브랜디를 블렌딩하여 개발한 휘는 그야말로 광채를 내는 제품이다. 다이아몬드를 연상시키는 사각의 병 바닥에는 산삼 뿌리가 실타래처럼 엉키어 있어 장수를 기원한다. 휘는 짙은 산삼향과 브랜디에서 유래하는 과일향과 허브향이 어우러져 향이 풍부한데 맛은 38도의 도수를 느끼지 못할 정도로 부드럽다. 한식과 일식 요리에 잘 어울리며 마신 후 뒤끝이 깔끔하다.

배양근주 휘

복분자주

2000년대 한국의 농산물로 빚은 술 중에서 단연 두각을 보인 술이 복분자주이다. 복분자는 산딸기의 일종으로 남성이 이 열매를 먹고 소변을 보면 요강이 뒤집어진다 해서 붙여진 이름이다. 이른바 정력제로 간주되는 열매다. 실제야 어떻든 복분자주가 정력에 좋다는 속설을 등에 없고 10여 년간 우리나라 과일주의 대표 역할을 해 왔다.

복분자주는 전북 고창이 주 생산지인데 호남지방과 전국에 퍼져 나갔다. 수년간 각광을 받던 복분자주는 소비자들에게 외면당하기 시작했는데 값싼 외국 냉동 복분자로 만든 저급주가 복분자주의 이미지를 실추시켰기 때문이다. 또한 복분자 원료는 소량만 사용하고 주정 비율을 높이고 인공 첨가제를 넣은 값싼 술이 범람하면서 복분자주 시장 전체가 타격을 입고 규모가 줄어들었다. 복분자는 우리나라 풍토에 잘 맞는 과실로 양조만 잘 하면 고품질의 명주가 될 수 있음을 감안할 때 매우 안타까운 일이다.

복분자 열매

오미자주

오미자는 신맛, 단맛, 짠맛, 쓴맛, 매운맛 다섯 가지 맛이 난다 해서 붙여진 이름이다. 오미자는 예로부터 감초처럼 한약 조제에 많이 쓰는 약재였다. 오미자가 과일로 인식된 것은 2000년대 문경, 상주 등 산간 고랭지에서 다량

오미자 열매

재배하기 시작해 음료와 식품으로 사용하면서부터이다.

오미자는 기관지를 보호하며 뇌졸중을 예방하는 효능이 있어 건강식품 재료로도 널리 사용된다. 오미자는 총 산도가 1.5% 이상으로 매우 시고 발효하기 어렵다. 그러나 매혹적인 색깔과 오묘한 향 그리고 다양한 맛을 살린 술을 제조하려는 시도가 끊이지 않고 있다.

한편, 오래전부터 과일주로 이용돼온 매실주는 대개 주정 침출주이다. 근래에는 포도, 머루, 사과, 감 등으로 과일주를 개발하려는 노력이 각지에서 활발히 일어나고 있다. 원료 생산과 그 원료의 특성에 맞는 양조 기술을 개발해서 각 지역의 명주가 태어나기를 기대해 본다.

더.읽.어.보.기

순쉽게 만드는 다양한 침출주

서양에 칵테일이 있다면 동양에는 침출주가 있다고 할 수 있다. 원나라 때 중동지역으로부터 소주 내리는 법이 전파된 이후 동양 각지에서는 각종 약재를 알코올에 담가 약주를 만들거나 또는 향미 식물을 이용하여 술맛을 낸 미주(美酒)를 빚었다.

일반적으로 알코올 농도가 20%를 넘는 술은 강력한 방부력을 지니고 있기 때문에 증류주에 원하는 재료를 넣어서 재어 두면 여러 가지 성분이 우러나 다양한 술맛을 낼 수 있다. 특정한 약효를 지니고 있는 것이거나, 혹은 사람들이 좋아하는 향이나 맛을 내는 것이라면 무엇이든 침출주의 재료가 될 수 있다.

담그는 방법도 아주 수월하다. 재료를 깨끗이 씻어서 물기를 말린 다음 소주나 보드카 등의 증류주에 넣어 3개월 이상 저장하면 된다. 각 가정의 진열장에서 흔히 볼 수 있는 인삼주는 대표적인 침출주이다. 인삼주와 같이 식물의 뿌리를 원료로 하는 침출주로는 더덕술, 칡술, 생지황술, 당귀술, 우슬술 등이 있다.

이 가운데 칡술은 위장에 좋고 우슬술은 신경통에 좋다고 알려져 있다. 다른 침출주들도 약효와 맛을 겸비하고 있어서 많이 음용된다. 뿌리로 만든 침출주는 곰팡이 냄새가 나기 때문에 향과 맛이 텁텁한 게 흠이다. 뿌리로 침출주를 담그는 경우에는 향료 식물을 약간 가미하는 것이 향과 맛을 내는 데 도움이 된다.

열매나 잎 등으로 담근 술은 종류가 매우 다양하다. 매실주, 머루주, 다래주, 대추주, 민들레주, 국화주, 창포주, 계피주, 배술, 앵두술, 살구술, 찔레술 등 이루 헤아리기 어려울 정도이다. 이들 재료들은 대부분 많은 수분을 함유하고 있어서 침출 이후의 알코올 농도가 20% 이하로 내려가지 않도록 양을 적절히 조절해야 부패를 방지할 수 있다.

침출주의 원료로는 동물성도 많이 쓰인다. 징그러운 뱀술이나 지네술을 비롯하여 호골주, 녹용주 등이 유명하다. 이중 지네술은 허리병에, 녹용주는 허약체질에 효험이 있는 것으로 알려져 있다. 중국산 호골주는 뱀술과 함께 강장제로 알려져 있으나 실제로 효과가 있는지는 확인되지 않는다. 동물성 침출주는 특유의 비린내가 나므로 이를 없애기 위해 식물성 향재를 함께 넣는 것이 좋다.

주정에 원하는 과일을 넣어 침출시킨 대표적인 과일주는 매실주이다. 매실은 여름 과일이나 가을 과일은 종류가 매우 많다. 필자의 경험에 의하면 양질의 향미를 지닌 침출주는 다래주와 모과주이다. 다래는 머루와 함께 산중미를 지닌 과일로 여겨져 왔는데 다래주의 맛은 참으로 권할 만하다. 모과는 생김이 투박하여 과일전 망신을 홀로 시킨다는 옛말이 있으나 그 향기는 백과의 으뜸이라 해도 과언이 아니다. 모과주는 가정에서 가장 인기 있는 침출주의 하나이다.

세계화의 물결을 따라 지구촌 각지의 술이 물밀듯이 들어와 자칫 우리의 것에 대한 정체성을 찾기 어려운 오늘날 자기만의 비법으로 침출주를 만들어 보는 것도 의미 있는 일일 것이다. 자기 취향에 맞는 재료를 이용하여 나름대로의 향, 맛, 색깔을 내는 침출주를 담가 지인과 함께 한잔한다면 술꾼의 낙으로 이만한 것이 있을까 싶다.

8장

중국의 술

1

중국 술의 역사

중국에서는 기원전 3000년경 누룩을 사용하여 술을 빚었는데, 이는 동양 술의 전형이 됐다. 중국 술의 시조에 얽힌 설화에는 우 임금의 딸 의적과 두강 두 인물이 거론되고 있다. 우임금은 기원전 2070년에 중국 최초의 왕조인 하나라를 건설했다. 딸 의적이 향기로운 술을 빚어 우임금께 바치니 우임금이 맛을 보고 후세에 필히 이 술로 나라를 망하게 하는 자가 있을 것이라 말하고 의적과 술을 멀리 했다. 과연 우임금이 걱정한 대로 그의 후예인 17대 왕 걸은 주지육림의 고사를 남기고 하나라를 멸망시켰다. 하 시대의 인물로 알려진 두강은 좋은 샘을 찾아 수수로 술을 빚었다 한다. 오늘날 하남성 여양현에 가면 두강샘杜康泉, 주조전酒祖殿이 있는데, 매년 제를 지내 두강이 술의 시조임을 사실화하고 있다.

고대 중국에서는 술의 기능을 병을 치료하고, 노인을 공양하며, 예절을 갖추는 3가지로 보았다. 따라서 술을 귀하고 소중하게 다루었고 토기 항아리 등의 제조 도구나 주전자, 술잔 등 음주 도구들이 발전됐다.

중국 술은 주로 곡주인데 북방에서는 주로 수수와 조를, 남방에서는 쌀을 이용했다. 원나라 때 증류 기술이 전파되기 이전에는 우리나라의 청주와 유사한 황주가 주종을 이루었다. 약제를 넣어 가향 효과를 내거나 약주로 발전시켰다. 원대부터는 소주 소비량이 늘어나 청대에 이르면 북방에서는 백주白酒 (양조주 황주가 황갈색인데 비해 소주는 색깔이 무색투명하다 해서 붙여진 이름) 소비량이 주류를 이루었고 양자강 이남에서는 황주가 주류를 이루었다.

중국의 술은 《시경》, 《서경》, 《논어》 등의 저술과 《사기》, 《삼국지》 등의 역사서, 그리고 도연명, 이백, 두보 등의 시집에 수없이 등장한다. 그러나 정작 술을 제조하는 방법에 대한 서적은 매우 드물다. 북위시대(386~534)의 북양태수 가사협이 저술한 《제민요술》에는 여러 가지 농업 기술과 함께 술 양조법이 자세히 기록되어 있다. 《제민요술》은 실로 양조 기술에 많은 영향을 끼치게 된다. 북송시대에는 주익중이 《북산주경》을 저술하여 당시의 양조법을 집대성했다. 《북산주경》은 다양한 재료를 이용한 누룩 제조법과 지황주地黃酒, 국화주菊花酒, 포도주葡萄酒, 냉천주冷泉酒 등 여러 가지 술의 제조 공정을 자세히 소개하여 양조 기술을 널리 전파했다.

중국의 발효 용기는 주로 도자기류였는데 대형 백주 공장이 생기면서 명나라 때는 땅을 파서 진흙으로 바른 움집 모양으로 된 발효조가 탄생했다. 이로써 중국 백주 제조 공정 특유의 고체 발효 기법이 생겨나 백주를 대량생산하게 됐다. 사천성에는 명나라 초기 때 조성된 움집형 고체 발효 시설이 발견되고 있다.

중국의 주류는 약재를 넣어 약의 일종으로 사용하는 전통이 뿌리 깊게 자리하고 있다. 원나라 때 《음선정요》나 명나라 때 《본초강목》은 의서인데 많은 종류의 술이 약으로 기술되어 있다. 오늘날에도 중국의 주류 분류에서 보건주는 약리적 효능이 있는 술로 여겨지고 있다.

중국의 술에 대한 정책은 한무제 때 전매제도를 실시한 이래 국가가 술의 제조 판매를 담당하거나 주세를 부과하거나 하여 국가의 조세원으로 사용했다. 청대 말에 공장에 대한 주세제도를 확립하여 독립된 공장이 인정되고 마오타이, 칭따오 맥주 등 세계적인 명주가 탄생했다.

오늘날 중국은 술의 르네상스기를 맞아 맥주 생산량은 세계 1위이며 우량예 등 8대 명주는 날로 유명세를 더해가고 있다. 한편 와인과 위스키, 브랜디 등 소위 서양 주류의 소비량이 폭발적으로 늘고 있다. 유구한 중국 술의 역사에는 헤아릴 수 없는 시인 묵객들과 주당들이 그들 특유의 과장법과 함께 세인의 호기심을 자극하고 있다.

중국의 술 항아리, 주전자, 술잔 등은 세계적인 문화재이자 장식 소품으로도 널리 애용되고 있다.

2

서민들의 술 황주

증류 방법이 처음 개발된 원 나라 이전의 중국의 전통주는 황주였다. 황주는 전설상의 국가인 하 나라 사람 의적이 처음 만들었다고 한다. 황주의 색깔은 옅은 갈색으로 우리나라의 청주와 유사한 양조주이다. 중국 최초의 역사적 왕조인 은 나라 시대부터 술이 다량으로 제조됐던 것 같다. 은나라 마지막 왕인 주紂가 못에 술을 가득 채우고 마셨다는 일화에서 주지육림의 설화가 탄생하기도 했다. 뿐만 아니라 삼국지에 나오는 영웅들이나 당, 송대의 시인 묵객에 이르기까지 중국의 호걸들은 모두가 이 황주의 맛과 멋에 취했던 것이다.

유명한 소흥주紹興酒 역시 황주의 일종이다. 멥쌀과 찹쌀, 그리고 소량의 밀기울을 섞은 곡물 원료에다 일초, 대회향 등의 약재를 섞어 술밥을 만든 다음 누룩 가루를 버무려서 발효시킨다.

이 황주를 독에 넣고 밀봉하여 오래 묵힌 술을 노주老酒라 한다. 양조주가 숙성, 저장될 수 있기 위해서는 알코올 농도가 13% 이상 되거나 잡균의 오염이 없어야 한다. 그러나 누룩 가루 자체가 여러 가지 미생물 덩어리이기 때문에 잡균의 오염을 막을 수는 없다. 따라서 노주용의 황주는 보통의 양조주에 비해 알코올 농도가 높지 않으면 안 된다.

노주 중에서 유명한 것으로는 산냥주善釀酒가 있다. 산냥주는 물 대신에 이미 발효된 소흥주를 술밥에 섞는 양조용의 액체로 사용한다. 즉 발효가 완료된 술에 다시 한번 술밥을 넣어서 발효시키는 것이다. 이렇게 하면 알코올 농도가 올라가 장기간 보관할 수 있게 된다. 이 과정에서 발효가 제대로 이루어지지 않아 식초가 되어버리는 것이 다반사이다. 아마도 산냥주를 담그는 데는 특별한 비법이 있는 것 같다. 노주의 일종인 자판주加飯酒는 딸을 낳았을 때 담가서 자기 항아리에 밀봉한 채 숙성시키다 딸이 장성하여 결혼을 하게 되면 신랑집에 예물로 보내는 귀한 술로 알려져 있다. 동양에서도 술을 장기간 숙성하는 오랜 전통이 있었음을 보여주는 예이다.

중국은 워낙 거대한 대륙인데다 지역에 따라 다양한 술을 종류가 있으므로 이를 다 알기는 매우 힘든 일이다. 몇 년 전에는 우리나라의 모 재벌이 덩샤오핑이 마시는 약술의 제조 비법을 5,000만 달러라는 거금을 내고 사려 하다가 거절당했다는 얘기도 있었다. 아마도 약재와 술이 절묘하게 조화를 이룬 불로장생주였나보다.

3

중국의 증류주 고량백주

불과 20년 전만 하더라도 독주(알코올 농도가 높은 술)하면 으레 고량주를 떠올리곤 했었다. 중국집 골방에 앉아서 도토리 깍지만 한 사기잔으로 불같은 고량주를 한 잔 들이키면 자기도 모르게 목구멍에서 저절로 '카~' 하는 소리가 올라올 정도로 독했다. 중년 이상의 술꾼이라면 그 거친 고량주 향기와 톡 쏘는 맛에 대한 추억을 간직하고 있을 것이다.

고량(수수)은 보리와 마찬가지로 싹이 틀 때 당화 효소가 많이 나오기 때문에 술을 만드는 데 아주 좋은 곡물이다. 반면 다른 곡물에 비해 단백질 함유량이 적어서 고량을 원료로 만든 술은 비교적 숙취가 적다.

중국에서는 예로부터 고량을 술의 원료로 많이 써 왔다. 이 고량으로 양조하여 증류한 술을 백주(빠이주)라고 하는데 아마 무색투명하기 때문에 그렇게 분류된 듯 싶다. 중국의 증류주는 항아리에서 숙성되기 때문에 숙성 기간이 아무리 길어도 색이 변하지 않는다. 오크통을 사용하여 숙성을 하는 위스키나 브랜디는 통으로부터 우러난 나무의 색깔이나 목질부의 분해 산물로 인해 맛과 색깔에 영향을 받는 데 비해 백주는 원래 술에 함유되어 있던 성분들의 유기화학적 변화만 일어날 뿐이다.

중국의 고량주 증류 방법 중에는 세계 어느 곳에서도 찾아보기 어려운 고체 발효법도 있다. 신비의 고체 발효법은 물이 귀한 지방에서 고안된 것으로 제조 과정이 매우 과학적이고 경제적이다. 원료인 수수를 분쇄하여 왕겨와 섞고 물을 뿌려서 축축하게 적셔 버무린 다음 시루에 넣고 찐다. 왕겨는 반죽을 엉성하게 하여 찔 때 증기가 골고루 잘 통하도록 도와주는 역할을 한다.

술떡을 식힌 다음 표면에 누룩과 효모가루를 뿌리는데 이것은 메주를 띄우는 원리와 동일하다. 효모가 접종된 술떡을 깊이 2~3m의 갱 속에 묻는데 이것은 발효 온도를 적절하게 유지하는 데 좋은 환경을 만들어 주기 위해서이다. 발효 기간은 1주일에서 1개월 정도이고, 각 양조장의 전통이나 비법에 따라 달라진다.

발효시키는 갱을 발효지醱酵池라 부르는데 훌륭한 발효지의 벽이나 흙바닥에는 발효가 잘 일어날 수 있도록 도와주는 미생물 집단이 형성되어 서식한다. 따라서 새로 발효지를 만들 때는 유명한 발효지에서 흙을 얻어다 바르는 것이 통례이다.

발효가 끝난 술떡은 시루로 옮긴 다음 수증기로 찌는데 이때 증류용 시루 아래에 새로 버무린 술떡이 담긴 시루를 놓는다. 즉 술떡을 찔 때 나오는 증기를 이용하여 고체 상태로 배양해서 증류시킨다. 알코올은 물보다 비등점이 낮기 때문에 이 증기만으로도 충분히 증류할 수 있는 것이다.

여기서 나오는 백주의 알코올 도수는 50~70도로서 바로 원액이 된다. 한 차례의 증류로 이렇게 도수가 높은 술이 증류되어 나오는 것은 중국식 고체 양조법만의 비법이다.

4

중국의 8대 명주

중국인들은 예로부터 과장에 능했다. 그들은 폭포의 높이를 3,000척이라 하고, 심지어는 흙먼지가 자욱한 것을 황진만장이라 비유했다. 그러니 그들의 술에 관한 비유는 어떠하랴.

중국에는 증류주 공장이 5,500개가 있다. 이들은 제각기 자기들이 제조한 술이 으뜸이라고 주장했다. 1949년 현재의 중국 정부가 수립된 이래 해마다 주류 품평회를 개최함으로써 이런 주장이 정리됐다. 중국 정부는 전국의 5,500개 증류소에서 출품된 백주 중 뛰어난 술에 금장을 수여했다. 1953년 연이어 다섯 번의 금장을 수상한 백주가 여덟 개였는데 이를 8대 명주라 칭하게 됐다.

중국 전통 8대 명주 원산지

마오타이

중국의 남서부 귀주성은 산세가 험준하여 풍광이 빼어나고 강물이 맑고 아름답다. 양쯔강 상류인 이곳은 한무제 때부터 술의 고장으로 이름나 있었다. 이 고장의 명주로는 전 세계에 이름난 마오타이(茅台酒)와 가장 판매량이 많은 우량예(五粮液酒), 그리고 동주董酒가 있다. 증류주의 8대 명주 중 3개의 명주가 이곳에서 생산되니 이곳은 가히 중국의 주향酒鄕이라 할 만하다.

이 중 마오타이는 전통적인 고량주 제조 방법을 고수하고 있으며 국빈주로 지정되어 있다. 우량예는 말 그대로 다섯 가지 곡물로 빚은 술로서 끊임없이 과학적인 방법을 적용하여 마오타이와 맞서고 있다. 동주는 수수에 100여 가지 약재를 넣어 빚은 술로서 풍성한 향미를 자랑하고 있다.

귀주성과 이웃한 사천성 노주瀘洲시의 샘물은 촉나라 때부터 하늘에서 내려 준 신선의 주천酒泉으로 알려져 있다. 이곳의 노주 노교는 400여 년의 전통이 있는 술로서 8대 명주 중 하나이다.

우리나라에 널리 알려진 명주로는 죽엽청주가 있다. 죽엽청주는 고량주에 10여 가지의 약재를 침출시키고 당분을 첨가한 술로서 우리나라 주류 분류법으로는 리큐르에 해당된다. 이 술은 양나라 때부터 유명했는데 기를 돋우고 혈액을 맑게 한다고 알려져 있다. 죽엽청주는 산서성 행화촌에서 생산되는데, 이곳에서 나는 또 다른 명주가 분주汾酒이다.

강소성의 양하주洋河酒는 달콤하고, 부드럽고, 연하고, 맑으며, 산뜻하다고 이름나 있다. 조조의 고향인 안휘성의 고정은 남북조 시대로부터 물이 좋기로 이름이 나 있었다. 이 이름난 고정의 생수로 빚은 고정공주古井貢酒는 화사한 맛으로 모란에 비유된다.

중국의 서남부 사천성과 운남성이 접해 있는 귀주성은 지세가 험준하고 풍광이 빼어나며 강이 아름다운 지방이다. 장강의 남쪽 상류인 적수赤水가에는 예부터 미주가 이름을 날

재래식 마오타이 제조 시설

재래식 마오타이 증류(위)와 저장고(아래)

렸다. 기원전 135년경 이 지역을 평정한 한무제는 이곳의 술이 "달고 아름답다." 며 감탄했다. 그 이래로 종비주重碧酒를 비롯한 이곳의 술은 두보 황정견, 왕희지 등 시인 묵객으로부터 칭송을 받아 왔다.

원나라 초기 증류 기술이 전파된 이래 소흥주 등 전통적인 중국의 양조주는 그 색깔에 따라 황주黃酒로 부르는 반면 증류주는 무색이므로 백주라 부르게 됐다. 이 주향에서도 백주를 증류하여 이름을 내기 시작했다. 적수가의 마오타이 마을(茅台鎭)에서는 백주를 빚어 널리 판매했다. 여기서 빚은 술은 고을 이름을 따서 마오타이라 불리게 됐다. 1915년 파나마에서 열린 세계박람회에서는 주류 품평회가 있었는데 이때 마오타이는 세계 3대 명주의 하나로 뽑히게 됐다. 그리하여 마오타이는 세계 명주의 반열에 오르게 됐다.

마오타이

고대로부터 술을 빚는 데는 보리나 수수가 필수적으로 사용됐다. 이 곡물들이 싹이 틀 때 당화 효소가 다량 생성되기 때문이었다. 기원전 3,000년경부터 서양에서는 보리를, 중국에서는 수수를 이용해서 각기 토속주를 양조해 왔다. 귀주성은 기후가 온난하고 물자가 풍부한데 특히 수수의 질이 뛰어나 양조용 원료 공급이 원만했다.

1949년부터는 매년 주류 품평회가 개최되면서 8대 명주가 탄생했는데, 마오타이는 단연 명주 중의 명주로 이름을 날렸다. 1972년 베이징에서는 냉전을 종식시키는 윤활유로서 마오타이가 올려졌다. 닉슨과 저우언라이는 한 잔의 마오타이를 마시고 화해의 손을 잡은 것이다.

마오타이는 중국 국빈주로서 많은 외교 문제를 부드럽게 풀리도록 돕는 데 큰 역할을 했다. 최근 타계한 작은 거인 덩 샤오핑의 마오타이 사랑은 남달라 90세가 넘어서도 매일 반주를 했다고 한다.

술잔에서 솟아오르는 보름달이 묵묵히 대지를 돌아 흐르는 것을 바라보며 마오타이의 찬가를 음미해 본다.

오늘밤 술의 혼을 부르리니
달과 함께 천상의 봉래경을 노니세
우아한 비파 소리에 몸을 맡기고
마음은 마오타이에 맡겨 두세나

마오타이는 현대의 양조기술이 보급된 오늘날에도 전래의 제조법을 그대로 고수하고 있다. 제조 기간이 길기로도 유명한데 수수를 쪄서 밀기울로 만든 누룩에 버무려 약 9개월 동안이나 발효시킨다. 그런 다음 증류를 해서 항아리에 담아 2~3년 동안 숙성을 시키면 비로소 마오타이가 된다.

서양 술이 목통에서 숙성되는 것과는 달리 마오타이는 항아리에서 숙성되는데 숙성 전후의 맛과 품질의 차이가 현격하다. 마오타이는 향이 매우 짙고, 마신 후에는 한동안 입안에 단맛이 남는다. 알코올 도수가 55도나 되는데도 그 도수에 비하면 순하게 느껴지는 술이다.

마오타이의 알코올 함량은 53%인데 비해 맛은 매우 부드러우며 취기가 슬며시 오고 뒤끝이 깨끗하다. 특히 수천 개의 질그릇 항아리로 숙성하는 비법은 아직도 미스터리로 남아 있다.

우량예

중국의 남서부 사천성과 운남성을 경계로 하는 지역에 귀주성이 자리 잡고 있다. 이 귀주성은 양쯔 강 상류 지역으로서 산수가 빼어나고 기후가 온난하며 물자가 풍부하다. 삼국지에서 유비의 본거지였던 파촉巴蜀 지역이 바로 여기다.

귀주성에서는 예로부터 명주가 많이 생산되는데 그 가운데 중국의 증류주로서 가장 판매량이 많은 술이 우량예이다. 귀주성의 수도인 이빈宜賓에서는 3,000여 년 전 서주 시대의 청동 술잔이 출토된 바 있다. 이곳의 원주민은 '보(북)' 인이었는데 그들의 술 문화가 매우 발달되어 있었으며, 귀주성은 중국 술 문화 발상지의 하나로 간주되기까지 한다. 한 나라 때는 많은 한족들이 이 지역으로 이주했다. 한족의 문화는 토속 문화와 합류하여 이곳의 술 문화를 더욱 발전시켰다.

우량예는 삼국시대에 제갈량의 칠종칠금七縱七擒의 고사에 등장하는 술이기도 하다. 제갈공명이 남만을 정벌할 당시 형인 남만왕 맹획을 구하기 위해 거짓 투항한 맹우에게 권한 술이 바로 이 우량예인데 그는 술맛에 매료되어 대취하고 말았다. 그래서 그들의 계획은 수포로 돌아가고 맹획은 세 번째로 사로잡히게 된다.

여기에서 유래된 것인지는 모르겠으나, 이빈의 술은 목숨을 걸고도 마신다는 고사가 있다. 당나라의 시성 두보가 극찬한 종비주도 바로 이빈에서 생산된 술이다.

송대의 유명한 시인 황정견은 이빈에 살면서 우리나라의 경주에 있는 포석정 비슷한

우량예 제조를 보여주는 명 나라 시대 토우(위)와 제조 기구(아래)

곡수류상曲水流觴을 만들어 놓고 친구들과 술을 마시며 시를 읊었다 한다.

이 곡수류상에서 풍류를 가장 즐긴 사람이 동진시대의 명필로 유명한 왕희지였다. 이 곡수류상에서 S자로 파인 물길의 윗부분에서 술잔을 띄우고 그 잔이 멈추면 그 앞에 앉은 사람이 그 술을 마시고 노래를 불렀다. 귀주성의 이빈은 하늘이 술을 위해서 낸 곳이라 할 수 있다. 세계적으로 유명한 백주인 마오타이도 이빈에서 가까운 곳에서 생산된다.

우량예는 명나라 초부터 생산되기 시작했다. 이 술을 처음 빚은 사람은 진씨인데 우량예의 맛과 향의 비결은 곡식 혼합비율과 첨가되는 소량의 약재

의 내용에 달려 있다. 진씨의 비방은 수수 36%, 안남미 22%, 밀 16%, 찹쌀 18%, 쌀눈을 제거한 쌀 8%로 알려져 있다. 그러나 진짜 비결은 술에 첨가하는 소량의 약재의 내용과 함량인데 이것은 수백 년에 걸쳐 기술자들 사이에서만 비밀리에 전해져 오고 있다.

    1949년 현재의 중국 정부가 세워진 후 우량예가 대량생산되기 시작했다. 중국에서는 해마다 주류 품평회가 열리는데 우량예는 마오타이와 함께 매년 최우수 명주로 뽑혀 왔다. 이처럼 우량예가 중국 술 가운데서 최대 판매량을 유지하고 있는 이유는 훌륭한 기술자들이 꾸준히 대를 이어왔기 때문이라고 할 수 있다.

    '마스터 블렌더'라 할 수 있는 품질 관리 책임자 범옥평은 관능 검사의 최고수로 알려져 있으며 그의 후계자인 범국량도 대단한 고수로 알려져 있다.

    마오타이와 우량예는 같은 뿌리를 가지고 성장해 왔다. 다른 것이 있다면 마오타이는 과거의 방식을 변함없이 유지하는 데 비해 우량예는 지속적으로 새로운 기술을 받아들이고 있다는 점이다. 그 때문인지 우량예의 생산량은 마오타이의 5배 이상 된다. 같은 고향에서 태어난 중국 백주의 맞수 우량예와 마오타이는 수천 년 동안 이어온 귀주성 술의 명성을 지켜나가고 있다.

죽엽청주와 분주

죽엽청주竹葉靑酒는 고량에 10여 가지의 약재를 혼합하여 양조한 약미주이다. 당이 첨가되어 매우 달기도 한 이 술은 기를 돋우고 혈액을 맑게 하는 명주로 알려져 있다. 양나라에 간 문제는 죽엽청주의 맛과 향에 탄복한 나머지 "맑고 그윽함에 난조차 얼굴을 붉힌다."라는 시를 읊었다. 죽엽청주는 우리나라 사람들이 즐겨 마시는 중국술이다.

산서성 행화촌에서는 죽엽청주와 함께 분주汾酒가 생산된다. 분주를 마시면 입안에 향이 은은하게 오랫동안 남을 뿐 아니라, 소화가 촉진되고 피로 회복의 효과도 있다.

노주노교와 양하주

사천성은 한나라의 유방과 유비가 기업을 일으킨 촉땅인데 노주시는 예로부터 중국의 명주 생산지로 유명한 곳이다. 이곳의 샘물은 하늘에서 내려 준 신선의 주천이라고 알려져 있다. 400여 년 전부터 이름이 널리 알려진 노주노교는 사천의 명주를 대표하는 백주이다.

강소성에서 생산되는 양하주洋河酒는 달콤하고, 부드럽고, 연하고, 맑으며, 산뜻한 5가지 특징을 고루 갖춘 술이다.

양하주에 대한 평가는 "나는 새 술 향기 맡아 봉황으로 변하고 물에 놀던 물고기 술맛을 보니 용이 되어 승천하도다."라는 시의 구절을 통해 익히 알 수 있다.

동주와 고정공주

귀주성의 준의遵義시에서 생산되는 동주는 130여 가지의 약재로 빚은 술로서 풍성한 향과 오묘한 맛을 지니고 있다.

1963년에 동주와 함께 8대 명주의 대열에 자리한 술이 안휘성의 고정공주인데, 이 술은 고량, 소맥, 대맥, 완두를 주원료로 한다. 안휘성 호주無州시는 삼국지의 영웅 조조와 신의 화타의 고향으로 농작물이 풍부하다. 고정은 남북조 시대부터 물이 좋기로 소문이 나 있었고, 고정의 생수로 빚은 술 또한 이름이 나 있었다. 이 고정공주의 화사한 맛은 모란에 비유될 정도이다.

9장
일본의 술

1

일본 술의 역사

고대 일본에서는 무녀가 쌀을 씹어 당화하여 빚었다 한다. 《고사기》에 의하면 백제인 수수고리가 누룩을 이용한 양조법을 일본에 전했다고 기록되어 있다. 나라 시대 후기에는 율령제도가 확립되어 주조사造酒司라고 하는 관공서가 설치되어 궁궐을 위한 술의 양조 체제가 정립되고, 이에 주조 기술이 발전하게 됐다. 헤이안 시대에는 제사 때 술을 올리는 관습이 생겼다. 또한 사찰에서 술 빚기가 성행하여 나라(奈良)의 보다이센(菩提泉) 등 유명한 술이 등장했다.

가마쿠라 막부 시대로부터 상업이 발달함에 따라 술은 쌀과 함께 상품으로서 유통되기 시작했다. 《고주노닛기》에는 누룩과 증미(찐 쌀), 물을 2회로 나누어 첨가하는 2단 발효법이 기록되어 있다.

청주 제조 과정을 보여주는 그림이다.

    16세기에는, 나라(奈良)에서 술을 대량 생산할 수 있게 하는 10석(2000리터)들이 나무통이 제조되어 술은 사원주로부터 지역주의 시대로 변해갔다. 수많은 지역술(地酒)이 탄생하고, 경쟁이 심화됐다. 오늘날의 청주 주조의 완전한 원형이라고도 할 수 있는 모로하꾸(諸白) 제조법이 이 시대에 완성됐다. 이 시대에는 증류 기술이 전래되어, 일본의 소주 제조가 시작됐다.

에도시대 초기 무렵까지는 신슈(新酒), 아이사케(間酒), 간마에사케(寒前酒), 간사케(寒酒), 하루사케(春酒)라고 하여 연간 5회에 걸쳐 술을 빚었다. 그 중 겨울철에 빚는 간사케가 가장 우수한 것으로 밝혀졌는데, 이것은 저온 장기 발효 숙성에 따른 주질 향상에 의한 새로운 발효 조건을 정립하는 계기가 됐다.

1698년에는 2만 7,000여 개의 주조장이 있었다는 기록이 있다. 또한 주조용수로서 철분이 적고 유효 미네랄이 풍부한 물이 좋은 술을 만드는 데 중요한 조건임을 알게 됐다. 당시 에도의 양조장들은 한동안 오사카 부근에 있는 니시미야 지역의 미야미즈 샘물을 에도로 수송해서 사용했다. 훗날 산토리 위스키가 스코틀랜드 물을 수송해서 양조했다는 것과 마찬가지로 일본인 특유의 세밀한 장인 정신이 엿보이는 대목이다.

1800년대에는 판매 조직의 확대와 함께 일본주는 토산주의 개념을 넘어 전국에 유통되는 산업으로 발전했다. 오사카 부근의 대형 일본주 생산자들은 제품을 다루카이라고 하는 배로 에도에 옮겨 판매함으로써 서민들의 절대적인 인기를 차지했다. 에도 중기에는 주세제도를 신설하여 술에 세금을 부과하기 시작했다. 자가 양조는 밀조라 하여 완전 금지됐다. 메이지 15년에는 양조장이 1만 6,000곳, 생산량은 55만 킬로리터에 이른다는 기록이 있다. 메이지 19년에 유리병 제품이 개발됐고 메이지 42년에는 1.8 리터짜리 병 판매가 시작됐다. 이 시기에 속성 양조법이 개발되고 국립 양조 시험소가 개설되어 일본주는 과학적 산업 체계를 갖추게 됐다.

1920년대에는 온도 관리나 미생물의 관리가 용이한 법랑 탱크가 등장했다. 미생물학의 도입으로 효모의 채취, 분리, 순수 배양 등 기술 혁신이 잇따랐다. 쇼와 10년(1935)경까지 주조의 근대화 및 효율화를 이루는 데 필요한 계측기와 장치 기계류가 거의 등장했다.

그러나 1939년에는 정부가 쌀을 통제하기 시작해 정미가 제한되자, 양조장의 통합이 시작됐고 생산량은 절반으로 줄었다. 2차 대전 이후에는 각 지방주가 부흥하기 시작했다. 일본 경제의 부흥으로 맥주와 위스키, 소주 등이 비약적 발전을 이룩하여 1970년대부터 일본주는 양적으로 급감했으나, 월계관 등 일본주는 세계화에 성공했다. 2,000여 개의 일본주 제조장은 지역에 뿌리를 깊이 내리고 전통을 지켜가고 있다.

일본주는 양조용 쌀로 빚는다. 양조용 쌀이나 보리는 지방이나 단백질 함량이 적은 품종이 좋다. 단백질과 지방질은 쌀의 표면에 많이 분포하므로 양조 시에는 쌀을 깎아내고 사용한다. 쌀을 깎아낸 정도에 따라 사케의 등급이 바뀐다. 다이긴조(大吟醸)는 쌀을 50% 이상 깎아내 만든 사케의 최고 등급이다. 긴조(吟醸)는 다이긴조보다 한 단계 아래로 쌀을 40% 이상 깎아내고 만든 술이다. 도쿠베츠 준마이는 30% 이상 깎아내는 것을 원칙으로 한다. 섬세함은 떨어지지만 맛 자체가 강해 입에 와 닿는 느낌이 힘차서 마니아들도 많다.

순수하게 쌀만 쓴 것은 준마이(純米)란 수식어가 붙는다. 저급 사케는 양조용 알코올을 섞고 단맛 등을 첨가하기도 한다.

사케는 맥주와 유사하게 생주와 저장주로 나뉜다. 나마자케(생주)는 발효 후 미세한 필터에 걸러 병입한 술이다. 풍미가 있고 신선하며 부드러운 맛을 갖고 있다. 나마조조슈(생저장주) 발효 후 병에 담기 전 저온 살균을 한 술로서 유통 기간이 길다. 은은한 과일 향을 가지고 있는 것이 나나조조슈의 특징이다. 고슈(고주)는 청주를 빚어 오크통에 장기간 숙성시켜서 만든 술이다. 일반 사케에서는 느낄 수 없는 무겁고 중후한 맛과 향이 특징이다. 보통 3~10년은 숙성시켜야 고주라고 부른다.

2

일본 술의 종류

일본의 사케 클러스터

도꾸가와 이에야스가 150여 년의 전란을 종식하고 에도에 막부를 세울 무렵 평화 시대가 도래하자 농민과 상공인들은 산업 발전을 도모했다. 그 중 좋은 물로 유명하던 고베 부근의 마을은 일본 최고의 품질을 자랑하는 술 마을(고고五鄕)로 발전하게 된다. 고베에서 니시미야까지 해변가를 따라 동서 12km에 다섯 술 마을(나다고고灘五鄕라 한다. 이마즈고今津鄕·니시노 미야고西宮鄕·우오자키고魚崎鄕·미카케고御影鄕·니시고西鄕를 말한다)이 양조 클러스터로 등장하게 됐다. 이곳의 생산량은 일본 전역에서 출하되는 사케의 30%를 차지하고 있다.

교토를 대표하는 주류회사 게케이칸('월계관'이라는 뜻)이 운영하는 사케 박물관에 전시된 발효 용기

나다고고는 분지로서 롯코산이 병풍처럼 둘러싸고 있다. 여기서 흘러나오는 미야미즈(宮水)라는 물은 일본 제일의 양조 용수로 유명하다. 19세기 중엽 술도가 사쿠라 마사무네 주인이던 야마무라 다자에몬은 우오자키고와 니시노미야고에 술도가를 하나씩 갖고 있었다. 그런데 항상 니시노미야고의 술의 품질이 뛰어났다. 술의 원료인 쌀도 양조용 쌀인 야마다니시키(山田錦)를 사용했고, 기술자도 교대해 보았지만 니시노미야고 사케가 훨씬 우수했다. 궁리 끝에 니시노미야고의 물을 실어다 우오자키에서 술을 빚어서 같은 품질의 사케를 만들 수 있었다. 술 맛의 비결이 미야미즈라는 것을 알게 된 유명한 실

험이었다. 미야미즈는 에도에서도 실어가는 양조용수로 군림하게 됐다.

가을걷이가 끝나고 서리가 내릴 무렵 전국 유수의 주조 장인들이 고고로 몰려든다. 전통 일본주는 가을에서 겨울까지 담기 때문이다. 골목마다 쌀 찌는 냄새, 누룩 냄새가 진동을 했다. 양조장은 수건을 이마에 두르고 아랫도리를 걷은 채 장인들의 지휘 하에 질서 있게 움직이는 기술자들의 신나는 겨울철 일터였다. 모락모락 피어오르는 증기와 노랫소리 그리고 술 익는 향기는 이곳 술 마을의 풍경이었다. 오늘날 세계적인 산업 항구로 성장한 고베 항은 일찍이 고고에서 제조한 술통을 에도로 나르는 배로 북적거리던 낭만적인 항구였다.

일본에는 50여 개의 주조 박물관이 있는데 모두 그 지역의 명주를 보존하고 홍보하는 장소이다. 필자는 고고의 일본주 박물관 투어를 하면서 오늘날까지 이어지는 전통과 장인 정신에 부러움을 느꼈다.

일본의 소주

술의 증류 기술은 14세기 후반부터 15세기 무렵에 샴국(지금의 태국)으로부터 류큐로 전해졌다. 일본에서 처음으로 소주가 제조된 것은 류큐 왕조 시대로 15세기 말 무렵으로 알려져 있다. 물론 이때의 소주는 쌀 소주였다.

16세기 후반 가고시마의 사츠마 반도 남단의 야마카와항(山川港)에 기항한

일본의 주법

일본인들의 술 문화는 첨잔, 미즈와리(증류주에 물을 혼합하여 알코올 도수를 7~8도로 낮추는 것) 등으로 한국 음주 문화와 다르다. 일본주를 마시는 방법도 매우 독특하다.

우리나라에서는 사케를 뜨겁게 또는 차갑게 마시는 방법을 선호하지만 일본에서는 35~45도 정도로 데워 마신다. 사람의 체온과 유사한 온도가 맛있다고 생각하기 때문이다. 데우는 방법도 불에 직접 끓이는 것이 아니라 뜨거운 물에 잔째 집어넣어 중탕으로 데운다. 불에 직접 끓이면 향이 날아갈 수 있기 때문이다. 생주는 신선하게 유통되어 차게 마신다.

사케와 함께 즐길 요리를 고를 때는 요리가 얼마나 매운지, 뜨거운 요리인지 차가운 요리인지, 사시미와 같이 원료 자체의 맛을 살린 것인지 등의 여부를 고려한다.

회와 같이 조리하지 않고 식재료 본연의 맛을 전하는 섬세한 음식에는 준마이다이긴죠나 준마이긴죠 등과 같이 깨끗하고 드라이한 맛의 사케가 좋다. 튀김이나 조림, 데리야키 등 열을 가한 음식(소스나 맛이 강한 음식)에는 긴죠나 혼죠조, 겐슈 등이 어울린다. 즉 양념을 하지 않거나 적게 한 음식에는 깔끔한 순미주가 좋고 양념을 많이 하거나 튀긴 음식에는 주정을 혼합한 가미 사케가 어울린다.

포르투갈인이 친구 앞으로 보낸 편지에는 쌀로 만든 소주에 관한 내용이 확인되고 있다.

일본의 주세법에서는 소주를 크게 두 종류로 분류한다. 첫째는 증류식 소주로서 '소주 을류' 또는 '본격 소주'라고 한다. 소주 을류는 쌀이나 보리, 고구마, 옥수수 등의 전분을 누룩으로 당화하고 동시에 효모로 발효시켜 단식 증류기로 증류한 알코올분 45% 이하의 것을 말한다. 각 지방에서 시소 소주,

생강소주 등 증류식 소주가 개성을 자랑하고 있다.

두 번째는 희석식 소주를 '소주갑류' 또는 '화이트·리커'라 한다. 희석식 소주는 당밀 등으로 알코올 발효시켜, 연속 증류기로 순도의 높은 알코올(주정)을 제조하여 물로 희석하여 알코올분 36% 이하로 만든 제품을 말한다.

일본의 소주 중 가장 오랜 전통을 가진 것은 아와모리(泡盛)이다. 아와모리는 쌀을 원료로 흑누룩을 이용하여 발효한 것을 증류한 소주로서 오키나와현의 특산품이다. 원료 쌀은 길쭉한 인디카쌀로, 주로 태국산 쌀이 이용되지만 근래에는 계란형의 자포니카쌀을 사용한 것도 생산되고 있다. 아와모리는 그 어원과 같이 증류한 술을 그릇에 넣어 거품이 일게 한 후 거품이 사라질 때까지 서서히 물로 희석하여 제조한다. 이 원리는 증류주에 포함된 고가 알코올 등의 기포성 성분 함량이 알코올 도수에 거의 비례하는 것에 의한다.

아와모리는 15세기부터 19세기까지 봉납품으로 중국과 일본에 헌상 되고 있었다. 일본에는 시마즈 씨를 통해 도쿠가와막부에 헌상 됐지만, 공식적으로는 〈도쿠가와실기·스루가기德川実紀·駿河記〉의 1612년에 '류큐주琉球酒'로서 등장한다. 그 후 '소주'의 이름을 거쳐 1671년 이후 '아와모리'가 됐다.

향이 독특한 고구마 소주도 일본의 대표적인 소주이다. 중남미 원산의 고구마는 1594년 필리핀에서 중국의 복주로 전해져, 1605년에는 류큐(오키나와현)에 전파됐다. 1698년에는 류큐로부터 사츠마로 보급됐다고 시마즈번의 기록에 있다.

고구마는 태풍에 강하고, 마른 토양에 적합하고, 남국의 강한 햇볕을 좋아하여, 사츠마에 알맞은 작물이었다. 1732년에는 대기근이 있었는데 고구마가 구황 작물로 평가돼 사람들을 아사로부터 구하면서 널리 퍼지게 됐다. 소주 증류 기술이 전파된 이래 사츠마에서는 수수나 조 등의 잡곡류로 소주를 만들었다. 고구마의 보급으로 1700년대 중순에 고구마 소주가 탄생했다.

고구마 소주는 에도시대부터 가고시마현이나 미야자키현에서 넓게 음용되고 있다. 맛은 꽤 농후하고 비릿한 향이 있어 현지인들 이외에서는 싫어하는 사람들도 많아 최근에는 냄새를 제거한 고구마 소주도 등장했다. 전통적으로 고구마 소주는 쌀누룩을 혼합하여 제조됐다.

1997년에 고쿠부주조협업조합(国分酒造協業組合)이 일본에서 처음으로 100% 고구마 소주를 발매했다. 우국(고구마·감자누룩)도 일반화되고 현재는 많은 브랜드가 100% 고구마 소주를 발매하고 있다.

야마나시 와인 클러스터

일본 포도의 역사는 718년에 행기行基라는 승려가 중국에서 전해온 포도 종자를 고슈에 심은 것으로 시작됐다고 일컬어지나, 1186년에 가츠누마의 아메미야 가케유(雨宮勘解由)가 이 지역에서 야생포도를 발견하여 자택에서 재배한 것이라고도 한다. 어느 쪽이든 고슈에서 고슈 종이 일본 포도의 기원이 된 것은 부정할 수 없다.

일본인이 처음 와인을 접한 것은 1549년 포르투갈 선교사 프란시스코 자비에르가 사츠마의 영주인 시마즈 다카히사(島津貴久)에게 헌상한 적포도주로 오다 노부가나를 비롯한 전국 영주나 상인, 교토의 귀족들이 찾았다. 메이지 유신 이후 일본의 상류층들은 서구 문물과 함께 와인 문화를 받아들였다. 메이지 초기에는 쌀 부족 타개책의 일환으로 쌀 주조를 줄이는 대신 나라에서 포도재배와 와인 양조를 시작했다. 1877년에는 민영회사인 대일본 야마나시 포도주 회사(大日本山梨葡萄酒会社)가 창립됐다.

신맛에 약한 일본인의 기호에 맞추어 봉인포도주(蜂印葡萄酒, 벌포도주), 새우인감포도주(エビ印甘味葡萄酒), 산토리(적옥 포트 와인) 등의 감미 와인도 등장했는데, 도쿄 올림픽과 오사카 만국박람회를 계기로 와인 시장이 본격적으로 확대되기까지 일본 와인 시장의 주류를 차지하고 있었다.

고슈의 포도 재배 면적은 약 5,520헥타르, 포도 생산량 65,500톤으로, 와인 생산량은 327,460헥타 리터로 전국 산의 40%를 차지한다. 포도 재배지는 후지천 지류의 유역을 따라서 퍼져, 후지천의 원류인 후에후키천, 가마나시천, 시게카와 유역의 경사면이 가장 발달하고 있다. 특히 후에후키천의 지류인 닛카와 유역(가츠누마 주변)은, 고슈 종의 발상지라고도 일컫는데, 특유의 찬바람의 영향도 있고, 포도의 수확기에 기온 격차가 크고 숙도, 착색, 당과 산의 밸런스가 좋은 포도를 생산해, 일본 포도 재배의 적합지라고 하고 있다.

고후 분지 동쪽에 해당하는 가츠누마쵸 지역은 대부분에 선상지가 퍼져 배수가 좋고, 또 기후는 일교차가 크고 연간 강수량은 적은 편(1,000mm)이다.

이 때문에 포도의 재배에 적절한 환경이 되고 있어 일본 토착의 포도 품종인 고슈 종의 재배가 에도시대부터 행해지고 있었다.

2차 대전 후에는 와인용으로 메를로, 카베르네·프란, 샤르도네 등 프랑스계의 품종이 많이 재배됐다.

그러나 몇백 년간 사람들에게 사랑받아 온 고슈 종에 애착을 가지는 사람도 많아, 야마나시현을 중심으로 아직 식용으로 나돌고 있다. 또, 강한 산미나 독특한 향기가 없는 고슈 종으로 만든 백포도주는 일식에 가장 맞는 와인이 됐다. 고슈 종을 사용한 와인 양조는 20세기의 전반에 시작됐다. 오늘날에는 가츠누마쵸 지역뿐만 아니라 야마나시현 각지에 다수의 와이너리가 있다. 고슈 종 100%의 와인은, 프랑스 와인 등과는 다른 맛을 지닌다고 평가되고 있다. 2002년부터는 야마나시현이 주도해 '국산 포도를 100% 사용해 만든 일본산 와인' 생산 경쟁이 벌어지고 있다.

더.읽.어.보.기
일본의 명주 사케

일본의 후쿠오카에서는 해마다 소문난 술 축제가 열린다. 일본 최대의 술 축제를 일본 사람들은 사케마쓰리라 부른다. 사케는 한자 주(酒)를 훈독한 것이고, 마쓰리는 축제를 뜻한다. 이 축제에서는 전국의 유명 청주를 맛볼 수 있다.

일본에는 2,000여 개의 청주 회사가 있다. 우리나라에서 사케는 하늘·땅·사람(天·地·人)의 합작품이라 하여 젊은 층을 중심으로 인기가 급증하면서 수입량이 껑충 뛰었다. 우리나라에는 2008년 상반기에 752톤이 들어왔다. 2007년 같은 기간(515톤)보다 46% 늘어난 수치다.

사케를 빚는 쌀은 밥을 지어 먹는 쌀과 다르다. 밥쌀보다 1.5배쯤 큰 양조용 쌀이다. 대표적인 품종이 야마다니시키(山田錦)와 고햐쿠만고쿠(五百萬石)이다. 쌀알이 크다 보니 벼의 키가 크고, 바람이나 태풍에 쓰러지기 쉽다. 재배가 어렵고 수확량이 적어 값이 밥쌀보다 두 배나 비싸다. 이 쌀을 그대로 다 쓰지도 않는다. 겉 부분을 왕창 깎아버리고 술을 빚는다. 겉 부분이 술의 맛을 떨어뜨리기 때문이다. 절반 넘게 깎아버리기도 한다. 보통 10%를 깎아내는 밥쌀에 비하면 어마어마한 양이다. 정미율은 사케 등급을 매기는 기준의 하나다. 다이긴조(大吟釀)는 정미율이 50% 이하인 고급술이다. 그 뒤를 긴조(吟釀)와 혼조조(本釀造)가 잇는다. 순수하게 쌀만 쓴 것은 준마이(純米)란 수식어가 붙는다.

사케의 알코올 도수는 15~19도. 쌀의 전분과 아미노산이 분해되며 만들어진 은은한 단맛과 감칠맛이 난다. 사케의 맛을 크게 아마구치(甘口)와 가라구치(辛口)로 표현하는데, 아마구치는 단맛이 특징이다. 가라구치는 번역대로 하면 매운 맛인데, 와인의 '드라이한 맛'과 흡사하다. 병에 붙은 라벨에 맛(주도·酒度)에 대한 수치(-5 ~ +10)가 있는데 바로 이들을 의미한다. 제로(0)를 기준으로 플러스(+)는 가라구치의 세기를, 마이너스(-)는 아마구치의 강도를 나타낸다.

사케에도 명주가 있다. 그런 술은 부르는 게 값이다. 720밀리리터 한 병에 수십만 원, 수백만 원을 하기도 한다. 왕실에 진상한다는 니시키노마노즈루(錦の眞野鶴)나 고시노간바이(越乃寒梅) 등이 대표적이다.

한국인 사케 감별사인 홍준성 씨의 설명에 따르면 명주들은 맛이 섬세하여 생선회처럼 가볍고 부드러운 맛이 나는 음식과 잘 어울린다고 한다. 반대로 등급이 낮은 혼조조나 후쓰슈는 조림이나 데리야키처럼 진한 맛을 내는 음식과 마시는 것이 일반적이다.

사케는 상온으로 마시기도 하고, 차게 마시기도 한다. 겨울철에 데워 마시는 정종의 개념과 다소 차이가 있다. 이는 최근 일본의 술 제조 기술이 좋아져 품질이 높아졌기 때문이다. 데우지 않고 차게 마셔도 사케의 맛과 향을 고스란히 즐기면서 뒷날 숙취로 고생하는 일이 없어졌단다. 일본에선 차게 마시는 사케를 '레이슈(冷酒)'라 한다. 잔은 맥주잔보다 작은 것을 쓰는데 같은 용량의 나무 되를 내놓는 집도 있다. 이를 '마쓰자케'라고 한다. 품질이 낮은 사케는 대부분 따끈하게 데워 마시는데 이를 '아쓰칸'이라고 한다. 아쓰칸은 조그마한 도자기 병에 담아 '오초코'라는 작은 잔에 따라 마신다.

10장

토속주 이야기

1

세계의 토속주

 술은 사람이 있는 곳이면 어디서든 자연 발생적으로 생기는 것이므로 세계 어느 곳에도 토속주가 존재한다. 토속주는 대개 그 지방의 자연 조건에 따라 발달되는데, 특히 무슨 원료를 사용했는가에 따라 종류가 달라진다.

 아프리카에는 수수가 많이 나는 관계로 예로부터 수수로 술을 빚어 왔다. 수수는 보리와 함께 발아 과정에서 많은 효소를 생성하는 곡물이다. 따라서 아프리카에서는 토속주뿐만 아니라 현대식 비어beer(맥주는 보리로 만든 술이라는 동양식 표현이므로 엄밀한 의미에서 이 술을 맥주라고 할 수는 없다)나 위스키를 생산하는 과정에서도 수수가 그대로 사용되고 있다. 수수로 만든 술은 맛이 아주 담백한 것으로 알려져 있다.

필자는 스코틀랜드 유학 시절, 급우들과 술을 마시러 간 적이 있는데 그중 한 친구가 사이다를 주문했다. 그 친구에게 왜 술을 마시지 않느냐고 물었더니 "그게 무슨 소리냐." 하는 반문이 돌아왔다. 알고 보니 사이다가 바로 사과술이라는 것이었다. 무슨 이유로 우리나라에서는 무색의 탄산 청량음료가 사이다로 불리게 됐는지 모르겠다.

유럽에는 사과 과수원이 많기 때문에 사과술을 생산하는 곳이 많이 있다. 와인에 비하면 생산량은 미미하지만 사과술 특유의 산뜻한 뒷맛 때문인지 꾸준히 맥을 이어가고 있다.

동남아시아의 열대 지방에서는 야자의 과즙으로 야자술을 담가 마셨다. 야자는 공업적인 용도가 워낙 다양해서 야자술로는 그다지 많이 사용되지 않고 있다. 그러나 야자술은 축제 때 사용되는 열대 지방의 민속주로서 오랜 전통을 지니고 있다.

멕시코 고원의 사막 지대에는 곡물이나 과일이 자라기 어렵다. 그래서 그들은 사막에서 자라는 용설란의 즙을 이용하여 팔케라는 술을 만들었다. 이 지역 사람들은 전통적인 축제에서 완전히 취할 때까지 팔케를 마시는 것이 신에 대한 예의라고 믿고 있어서 축제 때가 되면 팔케를 걸신들린 듯이 퍼마시고 취하는 풍습이 있다고 한다.

회교권에서는 음주를 율법으로 금하고 있다. 그러나 회교권 국가의 고위 인사들이 전부 금주를 하고 있다고 보기는 어렵다. 그렇다고 하더라도 1970년대에 걸쳐 우리나라 경제 발전에 많은 기여를 했던 중동 건설에 참여한 한국인들이 무엇으로 사막에서 외로움을 달랠 수 있었을까?

중동의 오아시스나 식물 생장 가능 지역에는 석류가 흔했다. 과육이 풍부한 열대 지방의 석류를 까서 용기에 담고 한국에서 가져 온 건조 효모를 넣은 다음 밀봉하여 모래 속에 묻어 두면, 며칠 후에는 상큼한 술이 괸다.

이젠 지나간 이야기이므로 안심하고 할 수 있는 말이지만, 금주 지역에서 몰래 숨어서 마신 술이니 기분이 한결 짜릿하지 않았겠나 싶다. 모르긴 해도 이 석류주는 중동 파견 근로자들의 향수를 달래주는 데 적지 않은 기여를 했을 것이다.

이처럼 사람이 있는 곳, 기쁨과 즐거움, 그리고 외로움과 슬픔으로 얼룩진 인간의 삶이 있는 곳에는 반드시 술이 있기 마련이다.

초원의 술 마유주

광활한 초원에서 바람을 가르고 달리는 기마병단을 이끌고 세계 최대의 국가를 건설했던 칭기즈칸은 어떻게 그 수많은 병사들을 다스렸을까? 전투가 끝나면 병사들에게 취하도록 주어지는 술이 바로 마유주馬乳酒였다.

내몽고 지방에는 조, 수수, 강냉이 등 작물이 자라기 때문에 내몽고인들은 이들 곡식을 주식으로 한다. 그러나 고원이면서 강우량이 적은 외몽고 지방에는 곡식을 재배할 수 없는 관계로 목축으로 연명할 수밖에 없다. 그러나

각국의 술잔들. 왼쪽부터 중국의 금잔, 몽골의 은잔과 뿔잔, 우리나라의 탁배기이다.

보다 정확하게 말하면 그들은 술만 마시고 산다고 해도 과언이 아니다.

그들의 주식은 바로 말젖을 발효시킨 애락이다. 몽고인들은 일 인당 평균 20여 두의 가축을 기르는데 말과 양이 대부분을 차지할 정도이다. 그들은 집집마다 양가죽으로 만든 약 100리터들이의 가죽통을 가지고 있다. 여기에 말젖을 넣고 고무래 같은 도구로 하루에 5,000번 정도씩 이틀 동안을 저으면 1차 발효가 일어난다. 이것을 절반가량 덜어서 게르(집으로 사용되는 몽골 텐트) 안에 있는 가죽통으로 옮긴다. 밖의 말젖통에는 다시 새 말젖을 가득 채우고 휘저어서 애락을 만든다. 게르 안의 통에서는 당연히 2차 발효가 진행된다. 게르 속에서 2차 발효된 애락의 알코올 농도는 4~5% 정도이다.

몽고 사람들은 남녀노소 할 것 없이 누구나 애락을 마신다. 사실 그것 아니면 달리 먹고 살 음식이 없어서 그렇겠지만, 우리 식으로 하면 매일 막걸리만 마시고 사는 셈이다. 나이를 먹으면 모든 국민이 알코올 중독자가 되지나 않을까 걱정스럽기도 하다.

애락의 맛은 요구르트 맛과 비슷한데 새콤한 향과 맛을 지니고 있다. 애락은 젖산 발효와 알코올 발효가 동시에 진행된 일종의 유제품이라고 볼 수 있다. 잡균의 오염이 방지되도록 두 가지 발효가 적절히 조화를 이룬 것이 아니겠는가.

그들은 애락을 증류하여 '아르키히'라는 소주를 내리는데, 이것이 고려시대에 원나라에서 우리나라로 전파된 증류 기술이다. 내몽고에서는 말보다 양이 많기 때문에 양젖을 발효시켜 증류한 아르키히를 만들어 마신다. 내몽고에서는 이 술을 항아리에 담아 수년간 땅 속에 묻어 숙성시켜서 고급술로 쓴다.

외몽고 지방에서는 발효 기술이 단지 취하기 위한 술을 만드는 것뿐만 아니라 주식(말젖)을 보존하기 위한 수단의 하나로 활용되고 있다.

고로쇠 와인

예로부터 식물의 수액은 약품, 화장품, 공업용 원료 등으로 널리 이용되어 왔다. 삼십 년 전만 하더라도 농촌의 아낙네들은 초가을이면 수세미의 줄기를 자르고 거기서 분출되는 수세미 액을 받아 화장품으로 쓰곤 했다.

열대 지방의 고무나무의 수액은 고무 제품의 원료로 쓰이는 것이다. 그러나 지독한 술꾼들은 이러한 식물들의 수액을 이용하여 술을 담가 마셨으니 술에 대한 집착과 아이디어만큼은 실로 가상하다 하지 않을 수 없다.

수년 전 연변을 다녀온 한 친구가 연변에서 귀한 술을 가져 왔으니 한 잔 하자며 초청을 했다. 저녁 자리에서 만난 친구는 뜻밖에도 와인을 한 병 내놓

앉다. 연변을 다녀왔다길래 으레 도자기 술병을 내놓을 줄 알았는데 와인병이라니 싱거운 생각이 들었다. 그러나 그 친구는 그게 보통 와인이 아니라는 것이었다. 그건 고로쇠 와인이라는 연변에서 나오는 만주의 토속주였다.

5월 초 나뭇잎이 막 피어나고 가지에 물이 흠뻑 오를 즈음 고로쇠 나무와 표피를 벗기면 수액이 줄줄 흘러나온다. 이 수액은 풍당楓糖이라 하여 예로부터 위장병이나 폐병의 치료제로 사용되어 왔다. 우리나라에서는 지리산과 백운산 고지대의 고로쇠 나무 수액이 유명하다.

만주에는 고로쇠 나무가 지천으로 널려 있다고 한다. 그 액으로 술을 만드는 풍습이 언제부터 시작된 것인지, 그것이 원래 만주족에 의하여 개발된 것인지 아니면 후에 조선족에 의해 개발된 것인지도 정확하지 않다. 어쨌든 현재는 조선족 동포가 고로쇠 와인 공장을 운영하고 있다고 한다. 장백산(백두산) 일대의 고로쇠 나무에서 수액을 받아 이것을 한곳에 수집한 다음 지하 갱 속에 설치된 대형 발효조에서 2~3개월 동안 발효, 숙성시켜서 만든다고 한다.

고로쇠 와인의 향은 그다지 풍부하지 않았으나 부드럽게 입안을 적시는 맛이 대단히 감미로운 느낌을 주었다. 한마디로 이 고로쇠 와인은 여느 서양 와인에 비해서 맛으로는 손색이 없는 것 같았다. 이 와인이 고로쇠 즙과 같은 약효가 있는지는 모르겠으나 얼큰하게 취하도록 마셨는데도 전혀 숙취가 없었고, 게다가 은은한 기품마저 느낄 수 있는 술이었다.

한국 사람들의 억척스러움과 어디에서나 술을 즐기는 민족성이 그 척박한 만주 땅에서조차 여실히 발휘되고 있다고 생각하니 절로 웃음이 나왔다.

허니문과 벌꿀술

술은 당으로부터 나오고 당은 태양에 의해 만들어진다. 당이란 식물의 엽록소가 태양 에너지를 받아 탄소동화작용을 통해 생성된 단당을 말한다. 단당은 구조에 따라 여러 가지가 있으나 그 중 대표적인 것이 포도당과 과당이다. 포도나 과일 등의 과즙에는 당이 단당 형태로 들어 있다. 사람이 단맛을 느낄 수 있는 당은 단당과 이당二糖인데 이당은 당분자 2개가 결합된 형태로 존재하는 당이다. 효모가 이용할 수 있는 당 역시 단당과 이당이다.

대부분의 식물은 당을 변형시켜서 사용하거나 혹은 저장한다. 곡물의 씨앗이나 감자 등에 저장된 전분은 단당이 수백만 개씩 결합된 것이다. 쌀이나 보리를 입에 넣고 오랫동안 씹고 있으면 약간의 단맛을 느낄 수 있다. 이것은 씹는 동안 전분이 분해되어 당으로 변화했기 때문이다. 식물의 줄기와 뿌리, 그리고 잎도 실은 당이 변형된 형태이다. 꽃잎과 꽃술에 들어 있는 꿀 역시 당의 한 형태이다.

예로부터 부드럽고 단맛이 강하여 단맛의 상징으로 여겨졌던 꿀과 술에 대해 알아보기로 한다. 꿀은 당도가 80% 정도로서 그냥 두면 결코 부패(발효)하지 않는다. 꿀 속에 미생물이 있다 해도 매우 강력한 삼투압이 발생해 미생물은 세포막이 파열되어 죽을 것이다. 그러나 꿀을 물로 희석하여 당도를 낮추어 주면 다른 당액과 마찬가지로 알코올 발효를 일으키므로 꿀술을 만들 수 있다.

북유럽의 겨울은 길고 한파가 매섭다. 그래서 북유럽인들은 예로부터 술을 많이 마셨으며 종교 의식에서는 반드시 제주祭酒를 사용했다. 그 제주가 바로 벌꿀술로서 흔히 미드Mead로 부르는 것이다. 미드를 만드는 방법은 물로 꿀을 희석하여 당도를 20% 정도로 낮춘 후 구연산 등의 산과 향초를 넣고 와인용 효모로 발효시키는 것이다. 미드는 꿀에 들어 있는 고유의 꽃향기와 알코올이 어우러져서 미묘한 풍미를 갖고 있다.

북구의 여러 나라 가운데서도 미드가 가장 유명한 나라는 노르웨이이다. 노르웨이에서는 부부가 결혼한 후 한 달 동안 이 미드를 마시는 전통적인 풍습이 있다. 오늘날 신혼부부와 달콤한 삶을 허니문Honey Moon(밀월)이라고 하는 것은 바로 신혼부부가 벌꿀주를 마시는 노르웨이의 풍습에서 유래된 것이다.

태양과 꽃, 그리고 달콤함이 함께 어우러진 미드. 인생의 가장 즐거운 한때에 이런 술이 함께 한다면 그 생활이 어찌 달콤하지 않으랴.

우리나라에는 신혼부부가 첫날밤 조촐한 술상을 마주하고 합환주를 마시는 아름다운 풍습이 있다. 이 합환주로 벌꿀주를 쓴다면 가정생활이 꿀같이 달콤하고 화목해지지 않을까 싶다.

캐슈 피니

아열대 과일인 캐슈는 그 특이한 모양으로 '신이 실수로 만든 과일'이라 불린다. 대부분 과일의 씨앗은 과육 속에 있는데 반해 캐슈 씨앗인 캐슈너트는 과

신이 잘못 만든 과일 캐슈

육 밖으로 나와 마치 남근처럼 달려있기 때문이다. 캐슈는 신맛이 강하고 특유의 강렬한 냄새를 갖고 있다.

한때 포르투갈 식민지였던 인도 서부의 고아에는 캐슈 증류주인 피니Fenny를 만드는 소규모 증류소가 4,000여 개나 된다. 전통적인 캐슈 피니를 만드는 방법은 캐슈를 수확하여 욕조처럼 생긴 나무통에 넣고 호박돌로 으깨고 짓누르면 흘러 나오는 캐슈 즙을 코뎀Kodem이라는 옹기 항아리에 넣어 땅속에 묻어두는 것이다. 그러면 발효가 일어나 술이 된다. 이것을 옹기 고리나 동고리로 2회 증류하면 캐슈 피니가 된다.

캐슈 피니는 향이 너무 강렬해서 좀 과장하면 마신 후 5일가량 냄새가 입에 배어 있다고 한다. 땅콩, 아몬드와 함께 견과류 식품으로 애용되는 캐슈 너트는 피니와 어울리는 좋은 안주다. 아열대 지방의 과일 브랜디 피니는 더위에 지친 이들의 나이트 캡Night Cap(잠자리에 들기 전에 한잔하는 술)이라 할 수 있다.

캐슈너트 증류주 피니

야자주

야자나무 수액은 당분 함량이 10%가량 되어 좋은 술의 원료로 이용돼왔다. 수액 채취자가 야자 꽃대를 자른 후 조롱박을 달아 놓으면 수액이 고인다. 인도, 필리핀, 나이지리아 등 열대 국가에서는 이 수액을 냉장하여 음료로 마시기도 한다. 물론 야자열매 과즙으로도 술을 만드는 것이 가능하다. 그러나 열매의 과즙은 수액 채취량에 비해 많이 나오지 않기 때문에 술을 만드는 데는 수액을 사용한다.

이 수액은 야생 효모에 의해 급속도로 발효되는데 수액 채취 후 2~3시간 후면 알코올 농도 4%에 이르는 향긋한 와인(Palm Wine)이 된다. 이것을 그냥 두면 하루 만에 식초가 된다. 열대의 미생물들은 자연 상태에서 활기차게 움직이기 때문이다. 야자 술을 2회 증류하면 야자 브랜디가 된다. 이런 야자 술을 아락arrack, 오고고로Ogogoro 등으로 부른다.

서아프리카에서는 야자 와인이 사회 활동에 중요한 역할을 차지하고 있다. 결혼식이나 생일잔치 등 행사 때 사람들이 모이면 식이 시작되기 전에 땅에 야자 술을 뿌려 조상에게 인사하는 증표로 쓴다. 야자 술은 남녀 모두 즐겨 마시며 행사 분위기를 고조시킨다고 한다.

야자 열매

술을 알면 세상이 즐겁다
이종기 교수의 술 이야기

2009년 12월 10일 1쇄 발행
2019년 3월 20일 5쇄 발행

지은이   이종기
펴낸이   김영애
펴낸곳   SniFactory (에스앤아이 팩토리)

등록일   2013년 6월 3일
등록   제2013-000163호
주소   서울특별시 강남구 삼성로96길 6 엘지트윈텔 1차 1402호
         www.snifactory.com
전화   02. 517. 9385
팩스   02. 517. 9386
이메일   dahal@dahal.co.kr

ⓒ 이종기, 2009

ISBN : 978-89-89988-69-4 03590

값 20,000 원

다할미디어는 SniFactory(에스앤아이 팩토리)의 출판브랜드입니다.